柳田国男文集

王 京 主编

女性的力量

[日]柳田国男 著

彭伟文 译

いものちから

北京师范大学出版集团
BEIJING NORMAL UNIVERSITY PUBLISHING GROUP
北京师范大学出版社

体
例

1. 本丛书中，原文民俗词汇以日文假名书写时全部以日语罗马字表示。

2. 为尽量接近日语原来的发音，用日语罗马字表示时采用"黑本式"注音方式，与键盘输入时使用的"训令式"相比，以下假名较为特殊：し shi、ち chi、つ tsu、ふ fu、じ ji、しゃ sha、しゅ shu、しょ sho、ちゃ cha、ちゅ chu、ちょ cho、じゃ ja、じゅ ju、じょ jo。

3. 拨音ん n、促音为子音双写（如にっき nikki），长音不加 u（如とうきょう tokyo）。

4. 作助词时はwa、へe、をwo。

5. 原文中的旧假名写法，改为新假名写法后注音，如なほらひ naorai。

6. 单词中分节较为明确时，适当采取空格的形式分段，避免日语罗马字表音过长，如"yaki meshi（烧饭）"。

7. 本丛书中，原文民俗词汇使用汉字时全部以简体字表示。

8. 本丛书中，原文中有特殊意义的词语、民俗词汇、引用内容，均以引号标注。

9. 本丛书中，所有的脚注均为译者注，不再另外标明。另为柳田国男原注的，在正文中用"1""2""3"等标明。

10. 本丛书中出现的日本历史时代及分期(如江户、中世等)与公历纪年的对应关系，请参照书后的附录一。

11. 本丛书中出现的日本古国名及其略称(如萨摩、信州等)与现代都道府县的对应关系，请参照书后的附录二。

王　京

中文版序

　　柳田国男在日本可谓家喻户晓，不仅作为历史人物被记录，出现在历史书上，而且也是鲜活的存在，向我们提示着思考现代社会的视点、框架与方法。他关注日本社会与文化的历史，开拓了民俗学这门崭新的学问，在长达半个世纪的学术活动中，留下了数目浩繁的论著。这些研究将从未被思考、也从未被知晓的普通人生活文化的历史呈现在我们眼前，人们对日本社会及文化的认识也为之一新。如今，在思考日本的社会与文化时，从柳田的著作中学习已是必不可少的一个步骤。不仅在日本国内如此，对于世界各地的日本研究者而言，这也已成为基本的方法。

　　世界各地凡是懂得日语、可以阅读日语书籍的日本研究者，毫无疑问，都是柳田国男著作的读者。而无法阅读日语的人们，则缺少接触和了解柳田国男的机会。柳田的文章文体甚为独特，被翻译成他国语言的难度很大，所以，尝试翻译者众多，但实际出版者寥寥。包括英语在内，译为各国语言公开发行的柳田著作，数量并不多，且翻译对象又往往限定于极少的几本著作；中文世界的情况也同样如此。至今，除了日语以外，尚没有以其他语言刊行，并能够帮助理解柳田学问整体面貌的著作集问世。本次出版的"柳田国男文集"（以下简称"文集"）在此方面是一次有益的尝试，可谓意义深远。

1875 年，柳田国男出生于西日本中心城市大坂（今大阪）以西约 70 千米的农村地区。旧时的交通要道由此通过，略有一些"町场"（城镇）的气氛。柳田的父亲并非农民，而是居住于农村的知识分子，靠在私塾教授汉学为生。家中贫苦，生活也不稳定。柳田国男排行第六，有好几个哥哥，大都勤奋读书，之后赴东京继续求学。大哥成为医生后没有回乡，而是在东京西北 40 多千米的农村地区开业行医。柳田小学毕业之后就来到大哥身边，受其照顾。柳田从小生长的故乡与后来移居的地方虽然都是农村，但无论景观还是人们的生活，都迥然不同。这一体验，对他日后的学问形成产生了巨大的影响。

随后柳田来到东京，进入社会精英的摇篮——东京帝国大学，在相当于今天法学部的地方学习，专业是农政学。1900 年，柳田和当时东京帝国大学的大多数毕业生一样，成了明治政府的一名官员，最初供职于农商务省农务局。1908 年，柳田因公前往九州地区，进行了为期 2 个月的巡视。在此期间，他探访了深山之中的地区，接触到还在进行刀耕火种和狩猎的村落，感到惊讶，也深为感动。当时日本农业政策的主要对象是在平原地区种植稻米的农民，柳田得知在此之外，还有立足不同的生产劳动，有着不同文化背景的人们时，产生了浓厚的兴趣。这是他迈向民俗学的第一步。之后，柳田白天作为官员任职于政府部门，晚上及休假时间则研究深山之中的"山人"的生活文化，发表了一系列文章。1919 年，柳田辞去了官职。

1929 年 10 月开始的世界经济危机首先在美国爆发，不久就挟着巨大的破坏力席卷了日本。城市中工厂的工人大量失业，纷纷回到家乡农村。而承受着沉重经济打击的农村，还要接收这些归乡者，状况更为悲惨。面对农村的惨状，柳田以回答"农民因何而贫"作为最重要的课题，开始了新的研究，确立了之后被称为"经世济民之学"的民俗学。其研究对象不再是居于深山的人们，而是生活在日本列岛的占人口大多数的农民。他将作为民俗承担者的、以稻米种植为生活基础的农民称为"常民"。为了调查常民的生活文化，弄清常民的历史，柳田对包括家庭与生产劳动、衣食住行、婚丧嫁娶、节日与信仰等在内的常民生活的各个方面展开了研究，并探索和树立了与之相应的研究方法。

1945 年，日本战败，开始建设新社会。柳田认识到第二次世界大战后日本人自我认识的重要性，大力推动这方面的研究。柳田提出了"海上之路"这一假说，主张日本人的祖先是从冲绳出发，乘着"黑潮"（日本暖流）沿岛北上，最后扩散到日本列岛各处的。柳田逝于 1962 年 8 月 8 日。在民俗学领域的长期开拓，以及从历史维度理解日本社会及文化的不懈努力，凝结成其身后庞大的著述。伴随着上述使命感的变化，其民俗学著作的涉及面也甚广。本"文集"是从柳田国男卷帙浩繁的著述中精选了有助理解日本社会及文化的不可或缺的篇目而成。相信读者若能将本"文集"置于左右，必要时阅读或参照，一定能对柳田有深入的理解。

在阅读柳田著作时需要注意以下几个问题。

柳田民俗学，是收集与比较日本各地现行或尚有传承的民俗现象，通过它们之间的差异来阐明历史变迁过程的比较研究。比较研究虽然是所有学问均会采用的方法，但柳田的比较研究在将变迁过程作为其结果这一点上较为特殊。柳田将这种具有限定性的比较研究法称为"重出立证法"。比较的标准是地区差异，其假说是离中央较近处的民俗较新，距离中央越远处的民俗较古老，即新文化产生于中央，并向四面八方扩散，因为到离中央较远处需要花费较长时间，抵达较迟，所以古老的状态被保留在了远方，这便是"周圈论"。在柳田的著作中，常常会列举大量日本列岛各地的类似事例，甚至令人颇感倦烦。但各地事例之间的相同及不同之处，正是他导出答案的线索，也是其研究不可或缺的步骤。

在提示各地的民俗之时，柳田十分重视指示这一现象或事物的词语。日语虽然是与中文完全不同的语言，但一直以来，有着使用学自中国的汉字来表记现象或事物的传统。一般而言，人们也习惯从汉字入手来理解词语的含义。但柳田重视的并非汉字。他认为，通过外来的汉字及其意思是无法理解日本普通民众生活背后的文化的，因此非常重视这些词语的日语发音。他将各地表现民俗现象及事物的日语称为"民俗词汇"，以记录和比较日本各地的民俗词汇为基本方法。以语言为切入点进行比较研究是柳田民俗学的一大特色。但正因为柳田运用了这种方法，从而使将他的著作介绍到世界的工作变得十分困难。本次中文版"文集"的出版，翻译工作中最大的难关正在于此。承担翻译任务的译者们想方设法地使日本的民俗词汇在中文语境中能够得以体现。读者阅读时或许觉得文章记述颇有烦冗之处，其原因也在于此。

中文版"文集"得以刊行的首要意义在于可以通过这些著作增进读者对日本社会及文化的理解；能够凭借遍布日本列岛的日常生活

文化的种种内容，帮助读者理解日本人的生活文化。作为知识分子的思想家或文学家笔下的日本，往往容易偏于表面，而柳田民俗学则试图从内部把握日本人的生活，是一种内在理解。这种理解并不停留于表面，而是潜入日本人的内心，关注他们的意识、观念，以及作为其外在表现的行为、态度，并将这些与作为其结果的秩序与制度综合起来，从而诠释日本社会、日本文化的内涵。读者通过阅读柳田的著作，一定能够了解日本社会及文化的特色，同时也注意到与中国社会、文化的不同。

第二个意义在于读者可以通过对柳田民俗学方法的理解和批判性讨论，获得重新思考中国同类学问的方法论的契机。民俗学形成于 19 世纪的欧洲，之后传播到世界各地，在各自国家和地区都经历了一条充满个性的发展道路。中国也形成了具有中国特色的民俗学，与同样受到欧洲影响的柳田民俗学可谓大相径庭。在加强各自特色、谋求学问的深化与发展之际，参照或批判性地思考其他国家和地区的民俗学，充分吸收其成果，借以充实自身的学问内容，是不可欠缺的工作。中文版"文集"的出版，为之奠定了基础。可以说，中文版"文集"的出版，使得对柳田民俗学乃至日本民俗学理论及方法论的批判性讨论成为可能。本"文集"必将对中国民俗学的进一步发展做出重要贡献。

最后，请允许我作为日本的一名民俗学者，衷心地感谢勇敢挑战这一困难重重的翻译工作并出色完成任务的译者们；同时，向积极策划、出版本"文集"的北京师范大学出版社致以崇高的敬意。真切希望本"文集"能够拥有广大受众，得到大家的喜爱！

福田亚细男

2018 年 2 月

目录

序

　　家里奉过神的供品，女孩子是不能吃的。这种口口相传的习俗，现在可能仍然存在于很多地方的各个角落。若问其缘由，通常的回答是，不管哪家姑娘，吃了这个都会难觅良缘。从今天的常识来看，可以说这种事情断无存在的道理，但为人父母者到底还是担心，所以会记住并尽量阻止。但是，这类禁忌因为不引人注意而容易被忘记，偶然碰到不知道者居多的情况，便会觉得稀奇，遭到世人的讥笑嘲讽，最终便消失了。尽管如此，如果人类最初所行之事，无论好坏，并无哪一件是没有某种意义的，那么这些以一种简单的常识无法解释的事里，说不定反倒隐含着某种我们尚未知晓的前人对世事的看法。我花了三十年时间，终于想到一个假说：这是否意味着，因为原本侍奉神灵的必定是未婚女子，而同时能够获得进献供品的，也限于这些代表神灵的女性？我推测，这两个条件，其一当然是神圣的出发点，而另一个，说来不过是其自然的结果而已，但过去的人们无法这样将事物分开来思考，所以便先避开其中能够避开的，从而躲过与之相伴随的另一个东西。现世生活的趣味随着年月推移逐渐浓厚起来，与之相对的，保留原本模样的平常日子，虽然精致但却寡淡。希望让儿女能够品尝寻常家庭之乐的父母越来越多，然而这种希望，如今恰好全靠苦心孤诣的人情谋划方能实现。日本神道原本是由专门的社家①负责的，但那个时期早就过去了。而就像这样，只有所谓迷信保留了下来。可以肯定，穿着袜子睡觉会见不到父母临终一面之类的说法，即使不是由于对不可接近污秽一事的恐惧而产生的禁忌，应该也是出于相同的原因。此外还有火烧指甲便会发疯，或是坐在檐廊上梳头，掉下来的头发被风吹走，就会被鸟编到鸟巢里之类的说法。那些如果做了某件事，这位女性就会精神失常等种种以发疯为结果的禁忌的存在，也是因为传达神示之人必然是精神失常者。由此想来，这些禁忌恐怕暗示着此类行为最初也是投身巫道的方式之一，而且曾经有人自告奋勇去做这些事。

这样一些零零碎碎，乍看起来难以解释的习俗，我们称之为民

---

① 社家，世袭神职的家系。

间传承，西洋诸国称作 folklore 的，也都属于同样的残留物。认为这些具有某种文化史上的意义，通过力所能及的类例比较，以求哪怕略微搞清楚其根源，是从事这一学问的人的共同愿望。但是，直到最近，这种工作在日本都无法如所期待的那样取得进展，原因有二。其一是这些事实给人的印象普遍很淡薄，断言常民反正会做一些莫名其妙的事，他们因为受教育程度低而常常思考或者感觉一些没有意义的事，于是从一开始就不留意的人甚多。不仅如此，就连清楚知悉并无此理，知道他们即便没有学习过文字，心中也蕴蓄了祖祖辈辈经验的人，也为惰性所驱使，对眼前的事物不加注意，对为什么会有这样的习俗一事，懒于表示惊讶和疑问。也就是说，他们不知道能够为学问所用的民间传承格外丰富。其结果是，采集一事丝毫没有进展。同时，这些说法和习俗的传播甚不精确一事，又是第二个障碍。学问进展这种令人悲哀的迟滞，在此被我的一部文集加以最为痛切的证明，亦是无可奈何之事。

明治末期，我曾经做过一个大型文库的管理者，目睹了古语所云"汗牛充栋"的状态。一言以蔽之，便是陶醉于文献的宝藏当中。实际上，我确实有一个只要埋头读书，最终将会知道自己乡土过去所有事物的错误梦想。但是，实际上若无目标，则无以进入文林。只要没有确定想要知道什么，书本便不会成为对手与我们展开讨论。就这样，这一研究的出发点，归根结底还是细如芥子的民间传承，和我那认为这是不可思议之事而无法不问个究竟的似孩童一般的好奇心。在旅途中孤身一人，置身于有完全不同经验的人们当中，度过寂寥日夜的经历，正是点燃燎原之火的燧石。《乡土研究》杂志最初发行之时，虽然是无知者无畏，但我也曾经尝试过研究"巫女考"的问题，后来渐渐积累了三十余篇文章。这次试着将其中略有一些珍异，即便是冷淡的人恐怕也愿意不惜一顾的作品，摘取出十几篇。排列起来一看，自己也颇感震惊，因从古旧书籍引用之处甚多，而最重要的 folklore 所占分量甚至不如赤饭①中的红豆。虽然听起来很像借口，但这是时代的缘故。如果允许我正式地从同胞的眼前生活中，将遗留并传承至今的事物探寻收集，排列起来比较的话，大可无须这样借助古旧书籍。古旧的记录虽然准确，但量很少，若要对其进行彻底利用，则有时必须向自己的疑问之外扩展，若非如此便不得不牵强附会。近世的记录虽然甚多，但有的偏颇，有的不甚负责。若要使其准确可信，则必须严加取舍。要忠实地做到这两点，便不得不在文库的作业上花非常多的时间。最为令人烦

---

① 赤饭，用煮红豆的水将糯米染成红色后蒸熟的糯米饭，其中会拌入少许红豆，多用在庆祝仪式上。

恼的是，这种做法可能会被认为是日本民俗学所应有的形式。时至今日，资料已经收集了一些，对之加以使用的方法也已部分完备，再去追捧我这样的开道者的狼狈萎靡模样，已经没有必要了。

如此一来，可能又会引发另一个疑问：为什么要将这样一种既不能当样本也不能当范例的东西陈列出来？这并不仅是为了比较之用，或者视作用来回顾学问曾经进展到什么程度的里程碑，而是我们感到，注意这样一些星星点点的民间传承，对古书的理解容易了几分。在此之前无意间忽视了的事实浮出文字的表面，渐渐新想到了一些事。这到底是不是我们自己的乐观而已呢？我们希望能接受公平的读者的审查。更重要的是，这一问题之大，令人意外。行之不尽的广袤原野在面前无限铺展，我们深感目前为止已经得到开拓的不过是其中很小一部分。另外，再次痛切盼望我们所说的"女性的力量"的时代来临。正如这一卷将证明的那样，过去在精神文化的各个方面，日本的女性着实贡献良多。也许是无意识的，她们有时甚至对男性给予指导。由于这些领域如今突然显示出专业化的倾向，女性在精神文化方面的特色被排除在家庭之外，她们也逐渐加入被轻视者的行列。那些从来没有被尝试过的可能性，恐怕今天仍然沉睡在众多柔软的心怀之中。要找出被掩埋的过去，让它们成为新的社会力量，仅凭坚忍之志阅读背诵大量书籍是不够的。这些问题的线索反倒更多地存在于日常的人生当中，实际上我们也是在不起眼的偶然中注意到的。这个经验，我们实在无法不向人们宣扬。曾经有过为了让女儿过上凡庸平顺的生活，连参神的供品都不让女儿吃的父母，但这种杞人之忧现在已经没有必要。为人妻、为人母以后，仍然向着宏大的人间幸福竭尽全力的女性如今已经越来越多。过去民间的无名妇女们常常具备的聪慧和坚定，使其重现人间也不过是差一小步而已。正是因为相信这样的时代很快就会到来，所以无论在怎样的虚无当中我都不会失望。

柳田国男

昭和十五年八月

女性的力量

一

春天山樱刚好开始绽放的时节，我回到久违的出生地，对年轻人大谈了一次风景的推移。在日本的和歌或文章里，远观"故里如旧"仿佛已经成为一种样式，但是至少这里与我三十多年前的故乡相比，已经发生了令人想不起从前模样的变化。河流在与过去完全不一样的两岸间流淌，河面上架起了长长的木板桥，在曾经钓过鱼或游过泳的河堤上，曾经脱下衣服挂在上面的深水处的大岩石，如今只在小石滩上露出一个圆圆的脑袋。周围土红色太阳映照下的群山，树木密植，野草茂盛，每一座山的线条都变得柔和起来。雨和烟霞的风情，我想肯定也变得更美丽了。有瓦顶或瓦檐的人家也多了，不常见的草木被移植过来，长得很好。在很多不同地方游走以后，我才注意到，我家乡的村子也是日本少见的好地方。顺水而来的南北风和阳光，左右丘陵的高远，适宜作稻田的平缓斜面，即便没有濑户内海的丰饶供给，也应该是古人所喜欢并愿意定居下来的地方。繁荣的条件自古就已具备，因此稍为纵意便会生育过多。执着于愉快生活之余，本不该相互争斗的人们便争斗起来。有人叹着气远走他方，也有人因无法离开而苦恼。如果是在如今这样远胜过去的绿水青山中学会持续悠扬平和生活的能力的话，则居民的性情近年必然有显著变化。我这样一来就马上离开，恰如盂兰盆节的魂魄一般的人，要发现这种变化是很困难的。我便向旧友求助，请他们给我讲讲。

一直住在当地、慢慢走向年长的人们，实际上直到如今，对如此明显的景观变迁都没有注意到，日子就过去了。更何况父与子、祖母与孙女这样不同世代之间的感觉相异，原是循相同进化之路而来的本与末，是某一事物消逝以后随之新出现的时代风气，又怎能如此容易地感觉到呢？只是如果一定要求他们列举以前所没有的事物的话，我想必定会有一种全国共通的现象，那就是村落里会说话的人多起来了。即便是出生在贫穷之家的人，轻易便安于本分的习惯已经没有了。他们明白了固守旧时规范的勤勉，并不见得就是安全之道。同时，铁路和电话之类的工具频繁地将新的机会送到乡下来，即使不特别发愤跳出乡间，留在村里也可以自然地通过外部资金获得财富。这当中的原因，是远较运气之类更为确切的东西。归根结底，在无数知识技术中做出适当选择的人原本就能够获得成功，所以大体而言，和那些在与出生地关系不大的都市或远方工作的人有共通经验的话，将会比较有利。其结果是，在村里住着感觉最舒服的人反而对村里的事情最不了解，最不像村里人。因为他们不会有和近邻相争的想法，反过来支持着村落的安宁。看起来，这些恐怕就是最近的变化。在新的爱乡之心形成之前，这样一种冷淡和二心会使人对乡间生活略感满足。如果人们不变成世故之人、不轻视地方文化传统的话，小盆地里的生计想来便不足以自给，恐怕会不得已通过激烈的竞争，将一部分村人从这个安乐乡驱赶出去。如今这样，则不论如何，大家得以宽松一些，平静地生存。有人会认为，如果这样做的代价是古旧的东西接连不断地被破坏，那也是没有办法的事。

实际上，我认为这样也好。在我们的少年时代，乡间总是很悠闲，很多鸟会飞来啼叫，山上有鹿和猴子在游玩，但人世间的乐趣比现在最为不幸之人的还要少。现在的穷人虽然由于与人比较而感到不满，但是有慰藉、有希望，可以毫无困阻地让子弟接受教育。而这些子弟长大之后，可以预期又会有新的变化。正如曾经因为我们太过执着于"日本人"的整体概念而被长久埋没了的作为个体的"人"，在时机到来之时终于显现其姿态那样，不久也许就会像翻涌的海浪从岸边退去一般，寂寞旅人将会回来造访家乡。他们至少也会带着浦岛少年般的疑惑，将玉匣子打开来看看吧。① 我甚至会怀疑这一时期是不是已经到来了。虽然因混入纷繁事物而被遗忘疏远，但在岛上建立国度已有数千年的民族，到底也不会有无法传承下去的古老习惯一朝之间便消失的道理。就像睡眠带来意想不到的梦一样，在无意识地经营生活当中，过去的"日本人"反倒会在一些片段里显现出他们的模样，不过是至今为止没有人注意和思考过这一点罢了。我们以为是新时代所特有的又或者以为是突然出现的奇怪现象当中，不是有很多有来历、有因缘，而且以现在的学问之力不能解说的事物吗？例如，在我家乡的郡中，由于林野保护完善，不知何时山就变成了从前人们所说的树木葱茏如青绿屏障一般的山，但是回到故乡看到这种情形而惊叹的，只有我这般三十余年前的村人。对更加古老的世代的人来说，这无疑是久见的平常模样。但是，年代记、备忘录之类，无论在什么情况下都不会想到要记录平常的样子。与此相同，由于实在是太过常见，很多平凡人的生活反倒淹没

---

① 浦岛少年打开玉匣子，即浦岛传说的故事。据说浦岛太郎是丹后国的打鱼人，他将钓上来的乌龟放走后，随乌龟进入龙宫与龙女成婚。三年后浦岛太郎带着龙女所赠的玉匣子回到故乡，他忍不住违背龙女的嘱咐打开来看。匣子打开后，突然升起一阵白烟，浦岛太郎变成了老人。

不明了。现在所见到的这个地方的情形，哪些部分是新的变化，哪些部分是曾经暂时潜藏的古老本性的再现，不仅要分清它们的类别，恐怕还必须要有像我这样在不同的市镇和乡间游走，经过很久才回来，以好奇的眼光对其加以比较的人的判断。若是如此，则人的一生太短了。又或者是拖到下次，也不会有什么机会。所以我试着对这些旧友说，不管什么，请各位将现在所想到的都讲给我听。

二

就这样，话题一个接一个地涌现出来。有人说，不知别处如何，感觉这里的人整体变得和善了，尤其明显的是重视孩子的风气。以前的情形只是放养，只有自然成长起来的孩子才会长大，但现在这样随意的家长变少了。从一家的生计来看，花在孩子身上的费用，即使除去用在学校的钱，似乎也增加了不少。这附近的农家以前就养母牛，但是开始挤牛奶则是森永的大型工厂在河岸边建起来以后的事，就在不久以前。现在每天一大早，汽车就在各个村落巡回收集牛奶。婴儿的死亡率降低，也是这以后的显著现象，但无论如何，买来便宜的牛奶喂养母乳不够吃的孩子，也是父母之心的大变化所在。听了以后，我发现同样的爱也在小学生的服装上表现出来，而这种情形未必仅限于生活特别富裕的地方。

此外还有一个令人意外的话题：据说兄妹间的感情变得深厚了，尤其是哥哥成年后仍然需要妹妹帮助。兄妹相处甚好一事，如今几乎是世间共通的做法，而以前完全不知道有这种情况的人颇多。由于我是第一次想到此事，当时还没有准备好解释这种现象的资料，但是从这种情形来看，能想到的原因有几种。无论如何，这都是一个很有意思的问题。

也许会有人将这种现象解释为妇女解放的一个过程，这也绝非错误。对男女严加分别的近世儒教法则虽然对女性尤其残酷，但它并非支配着所有国民的家庭。然而，家中若有两个房间，则属于女性的必然是里面的那个。身处深闺便会让人觉得高贵娴雅，这也是事实。那些成为主妇后鞭笞丈夫的勇敢妇人，在尚是少女、妹妹之时，都是极度贞淑的。"贞淑"一词意味着面无表情，就像今天上流社会中不时残留的那样。做出完全什么事都没有的样子，乃是一种技术。这着实是一种无聊的流行，但正如其已经被命名为女性心得，换言之，这对年轻女性而言是一种趣味，并非为外界所强迫，也不是使女性一生中在公私两面性情大变的某种重要主义。这只是回到过去兄长不能对妹妹不客气地指手画脚的情形而已。

打算以古来的风俗画略窥社会生活之一端的人，经常会对一件事觉得不可思议。绘卷①上的美人，总是被用一根线画出细长的眼睛。即使是浮世又平②时代的精细写生画，艳丽之人也总是画着细长的眼睛或盯着某个方向。但是，不知道从什么时候开始，"女目应如铃"之类大而圆的眼睛成为美女的相貌特征之一。不管如何说，其都是时世崇尚的选择，一个民族之中不可能出现如此大的面貌差异。这必然是人以其技术乃至意图，抑制天然遗传的结果。我家的几个女儿中，也有一个被哥哥取绰号为"汽车"的大眼睛孩子。我试着以此做实际检验，结果发现是她常常将可大可小的眼睛睁得大大的。无论原来的眼睛是什么形状，避开用力圆睁的机会，一直低垂着眼睛，只看额头以下的东西的做法流行起来的话，则谁都像百人一首③的女性歌人那样，保持着随时可能倒下的娇弱姿态，那她们的眼睛就必须用细线来画了。恐怕是因为这种模样下偶然抬起头，表现出认真看人的态度时，有力的表情才得到解放，于是这种表情便

---

① 绘卷，以卷轴的形式绘制的绘画作品，主要由文章和与其对应的画交互排列而成，以左手展开、右手卷起的方式横移鉴赏。盛行于平安、镰仓时代，内容包括图解经书、故事、日记、高僧传、神社和寺庙缘起、战记、肖像等。

② 浮世又平，净琉璃《倾城返魂香》中的画师。浮世绘画师一勇斋国芳有名作《浮世又平名画奇特》，1853 年发行。

③ 百人一首，将一百名歌人的和歌每人选择一首结集而成的歌集，有不同版本，其中藤原定家所选的《小仓百人一首》最为有名。

混入公众当中，那些以歌舞为业者的品位传播到了普通家庭的缘故。

　　同样的变化还表现在服饰等上面。例如，最近看到的女性的拔衣纹①，直接原因不用说应该是为了保护发型，也就是那种毫无意义地长长突出的后发髻，但想出以这种形式去装饰后颈部，其目的归根结底还是与将眼睛画得很细相同，也是始终将这一长而白的部位露出来的做法流行起来的缘故。长长黑发垂下的时代过去以后，所谓发脚便成了优雅的姑娘们外貌中最为重要的部分，为了让它好看而形成了各种趣味。但是，仅仅数年间，无论都市还是村落，已经几乎没有人再在这件事情上花工夫了。只要不是生病，再也看不到身体向前弓着、低垂眼睛、抿着嘴走路的姑娘，大家都将衣领拉好，头恢复到天然的高度，以一种只要是出现在眼前的东西，不管是什么都要看看的姿态往来行走。虽然在日本还有很多令人不满之处需要指出，但这一点确是正确教育之力。妹妹和哥哥的交流普遍变得可能和自由起来，我想也是这种教育的结果。

　　但是，我并不认为这个解释是全部的理由。一方面，即便说女性从没有必要的谦逊中解放出来，以各自的快活天性使家庭明快起来，尤其是给容易感觉到苦恼的青年兄长带来快乐，那也可以认为

---

① 拔衣纹，女性将和服的后领向下拉，露出后颈的穿法。

是相当大的变化。但是，今天的"百事通"们以卑俗的唯物论者居多，似乎欲将这样一种兄妹间的新现象归因于单纯的色情心理。另一方面，习惯性的悲观家们又与前者合体，甚至往往企图以此为根据，宣扬解放的弊害。但是，他们的观察明显是错误的。若兄妹间感情的根本动机潜藏着年轻人所应有的，或者人所应有的热情，世界上还有比这更为无害的作用吗？不仅无害，这样一种异性的力量还常常保护单纯的人们避免其他恶性娱乐之害。且不论所有生物皆是如此，在人类社会，直到新的家庭分房而居实行之前的时期，绝非婚配关系的男女人群便是如此互相爱护，维持着最大的和平。那就是家庭。现在不过是恢复到那种至为单纯的原来的形式而已，换言之，这不就是我们的血亲之情的复古吗？

因此，将这种现象命名为爱情的解放，也未为不可。但是，如果过分深入地推测其动机，即便不对不可能存在的危险产生忧虑，也往往会有人将这种自由视作无用或报之以轻蔑，这才是为旧时风所困。在寻常人家，当众人聚集时，母亲不会大大方方地走出来。人们有一些心境，只有在全都是女性或全都是男性一起聊天时才会吐露。而这样的心境，也从来没有人见过母亲们向长大后的儿子倾诉。父亲也好，丈夫也好，总是以看起来像是在生气一样简单、生硬的语气回答她们的话。这是一般的态度，女性也以为理所当然。

但是，这并不完全是因为母亲和妻子们愿意如此。很久以前，女性就有种种禁忌，不准参与像渔猎、战争这种只属于男性的活动。这些严格的习惯之所以存在，是因为人们已经不知道其原本的意义，不知道在什么时候就变成了这种形式。像萨摩之类的地方，直到最近仍然以憎恨、厌恶女性作为强大武士的特征，与西洋的骑士精神恰好相反，比戒律森严的圣道之僧更有过之。然而，绝没有相信堂堂男子仅仅因为接近一下，就会被女子气和阴柔之气传染的道理。虽然被称为不洁、污秽等，但简言之，这些禁忌不过是以为女子有看不见的精灵之力。这也是人们曾经对女子从磨刀石上跨过，磨刀石便会裂开，从钓竿或秤杆上跨过，这些东西就会断掉之类的男子靠膂力和勇猛无法做到，而女子具有轻而易举地破坏某些东西的力量深信不疑的一点残留。这种奇异的俗信已经消失，而不明所以的畏惧却长久留存。原本熟悉且应该相互爱护的人，以至少在表面上保持疏远的形式，进入了这个充满活力的新时代。撤去这种无用的樊篱，是至为自然的结果，而在今天之前都没有人想到这一点，可以说是延误了。

三

但是，现实绝非这里所说的那样简单。禁忌并非如对其不了解的国家的人所想象的那样，是无谓地束缚着我们的迷信。以社会某一部分人的便宜为目的，出现了强行设置的律令，但其本意毋宁说是对未知的外部世界的一种抵抗策略。其他力量单薄的动物，常常由于无法度量危害的大小，将生涯一半的力量都浪费在遁走和藏匿上。与此相反，我们人类能够确信只要遵守一定限度的条件，便可以自由行动而无所畏惧。这也正是得益于禁忌。换言之，正是禁忌培育了人类的勇气。当然，错误的判断推论使我们把一些原本可以抛弃的束缚当作头等大事保护起来，这也是事实。但是，这一点即便是今天的议会也难以避免。整体来看，某个时代被认为无论如何都是必要的做法一旦成为习惯，在只要它被破坏就会令人感到不安的时期内，人们就不得不遵守它。人类的智慧中，有很多不确定之处。要赶走这种不安，并不是容易的事。一概地不敢接近女性，又或者是很多男性的工作不准女性参与，在我们看来不仅没有道理，而且是最初的经验已经被遗忘，而如今人们已经习以为常，没有人再去解释的做法。然而，当遇上最近这样的变化，出现了由于自己也难以理解的担心而侧首蹙眉的老翁，便会令人想象，会不会是有种深埋于根底的惰性中的本来力量潜藏在其中的缘故呢？

以我们的学问，在此之前已经知道的是，祭祀祈祷这些宗教行为，原本关键部分都是由女性负责的。在这个民族，巫原则上就是女性。由于家系或神灵的指定，其后代中的一小部分从事神职，其他则都被以凡庸视之。在过去，似乎各家各户的女性必然都侍奉神灵，只是其中最为贤良者成为最优秀的巫女。国家之神在其之前原是地方之神，而再往上追溯，则是各家之神。不仅如此，从现在家中依然有专门的神，季节性地或临时性地受到拜祭来看，在很长的时期内，这一职务都是很重要的。而最初认为这一职务特别适合女性的理由，恐怕是因为其容易感动的特性，使她们每当有事之时在人群中最早表现出异常心理的作用，说出不可思议的话来。聪敏的儿童中，往往有能够见到神并口宣神示的，但这种特性不仅随着成长很快就会消失，而且生下这种孩子的到底还是女性，因此女性常常会受到重视。尤其是女性的特殊生理，也对精神作用产生很大影响。对与自然为战、与异部落为战的人来说，有必要从女性的预言中寻求方法和指导之处甚多。甚至更进一步，为了改善已经定好的运势，常有需要用到这种力量的情况。因此，对女性的力量既忌讳又畏惧，正是原本对女性的力量完全相信的结果。其意义就如将所有神圣之物从日常生活中分离开来另外安置一样，实际上本来是为了敬而远之。

　　直到这种待遇几乎已经失去必要性的近世，在有些情况下仍然会相信柔弱之人的力量。不仅仅是有害的魔性之力，同时还存在某些必须依赖女性的巫术。每年的活动中最为明显的就是插秧。旧时之人的推理法则很有意思。他们的想法是，因为女性有生产之力，那么重要的生产行为就应该求助于女性。伴随着这种想法的各种仪式，还保留着古风的部分，因此也就有神秘的禁忌。此外，老妇人与神交媾的故事，被当作真事传讲者不可胜数。实际上，这种不可思议之事有数千年的根柢，日本的男子为其所动也就丝毫不算异类。虽然世界性宗教已经被大规模输入，但是我们生活的不安定、对未来的疑惑和担忧，靠佛教和基督教无法全部解决。作为现世幸福的手段，它们的不足之处已经显现。而应该补足其缺陷的任务，正属于古来同胞中的女性。正如倭姬命①的祭祀变成单纯的典礼以后，便开始了光明皇后②、中将姬③的祈祷那样。当一个形式变得不完整，则必须思考第二个方法。因此，妹妹慰藉兄长的寂寞，换言之可能也不过是此民族延续的一种重要力量、一个新的浪潮而已。

─────────────

① 倭姬命，垂仁天皇的皇女，在伊势（今三重县）的五十铃川岸建神社以祭祀天照大神，并成为第一代斋宫。日本武尊东征之时赠予其草薙剑，救其脱难。

② 光明皇后，圣武天皇之后，孝谦天皇之母，藤原不比等之女。设有施药院，要求各地每年上供药草，设置悲田院以开展救济等，有功于佛教弘扬。

③ 中将姬，传说中织造奈良当麻寺所存曼陀罗的女性，横佩右大臣丰成之女，虔心敬佛，剃发在当麻寺出家，依靠阿弥陀佛和观音等所化身的比丘尼的助力，以莲丝织就一丈五尺的曼陀罗，不久诸佛来迎，往生极乐。

四

　　最近，我在寂寥的东北乡间行走，不期然间遇到了古风的女性力量之一例。那是在向东方翻过山后一座相当深僻处的山村。有一户在地方很少见的富裕旧家，在数年前六兄弟姐妹一起发疯，震惊了当地人。详细的来龙去脉还需要调查，但这似乎是有什么遗传病的家族，实际上他们的祖父也发疯并活到了现在，而父亲则因为发疯，在佛坛前自缢而亡。据说，只有长子一人是健全的，但也由于重重噩运而绝望，常常怀揣巨款到都会挥霍，欲以酒色解忧。结果，他也得了神经衰弱，投身井中自杀了。村中某寺的住持是一位贤明之人，想做点什么将他们从苦难中救出来，插手其中做了很多事，但并没有效果。如果找这位僧人问问，也许便可以知悉事情的细节，但这六个人现在正在恢复。发病之初，最小的妹妹十三岁，其他五人都是她的哥哥。不可思议的是，这六个疯人都一条心，而且其首脑是十三岁的妹妹。例如，如果有旅人从那边走来，妹妹说他是鬼，则此人在兄长们眼中便也成了鬼。只要妹妹说一句要打杀此人，五个人便一起飞奔出来同时攻击此人。由于这几个强壮的年轻人所做的这些无法无天之事，有一段时间几乎完全没有人经过这座沿河村落。

这像是铃木正三[①]《因果物语》里会出现的故事。如果让佛门中人来说的话，必定会有某种理由，但这除了单纯的狂暴遗传以外，我感觉还潜藏着与其他古来的奇闻逸事中很多例子共通的某些法则。假如这些狂人稍微平和一些，不是见到鬼而是见到神仙，乃至像《著闻集》[②]中的猎人弯弓搭箭射到的那样，看到三尊来迎的模样，那又会如何？近世的俗人对不可思议的祥瑞之事的分类法，实际上是非常单纯的。像一个平常就多病敏感之人，见到梦中和半觉醒之间不可能的事物，他们会称之为幻觉或夸张妄信，不愿一听。但是，如果有三个人、五个人一起说真的见到过的话，他们马上就会为他鼓舌称奇。过着同样朴素生活的旧时人，心理上也有相同的倾向，利害、好恶、感情都很相似，其结果是无法将谬误变成经验，尤其是像前文所举的例子。他们当中出现了强有力的统一力量是很明显的，但还没有人去想过此事。

---

① 铃木正三(1579—1655)，江户初期假名小说作家，曹洞宗僧侣，三河国武家出身。《因果物语》为其假名小说作品，以佛教的因果故事为中心，由各地怪异、奇谈构成。

② 《著闻集》，即《古今著闻集》，镰仓时代中期故事集，共20卷，橘成季(？—1272)作，1254年完成。

同样多见于奥州①的例子，座敷童子或是 kurabokko、sumakko warashi 之类，有各种不同名称的儿童形态的家神，说见过他们的证人故事就有很多。据说一个叫作关口善平的人在年少之时，和几个朋友一起在邻家的座席上见过这位神灵跳舞。除与一般将头发披散、剪到齐耳长相反，而是光头这一点以外，若如今再去问他神灵衣饰之类的问题，因为他是一个诚实的人，所以只会说不记得了。根据儿童简单的想法，当时若试着一个一个问他们，可能也只会根据提问的内容，全都回答"嗯"，很快就自己也记成问题所描述的样子。这些如果让他们精确地记述下来便必定会有若干差异之处的记忆，却被相信无论这个还是那个全都一样的例子，应该很多吧。例如，有一个日本全国都讲述的例子"天狗伐树"。白天山里传出大树被锯倒的声音，整个村落的人都同时听到了，但是到声音传出的地方去看的话，却没有任何痕迹。在城里，有人深夜听到热闹的歌乐之声，场所和方向并不确定，但一时间很多人都会说："啊呀！今天也玩起来了啊！"这类情况有很多。这样一种简单但是曾经听到过的音响再现，即便是数千人的共通感觉，也可以认为是幻觉。在铁路开通之初，虽然时间不对但却听到列车通行或是听到汽笛的声

---

① 奥州，日本古令制国之一陆奥国的别称。

音、车辆的轰鸣之类。虽然这是新鲜的奇事，却在无数村落都有这样的说法。有的人解释说是狐狸在模仿，甚至还有狸猫太笨了，和真的火车相撞死掉的传闻。也就是说，即使是在没有一个带头人的情况下，只要有强有力的因缘，很多人的幻觉就会一致起来。也许现代的每一个人，自以为是在依照各自的想法巧妙地生存着，但是在流行和感染的问题上，实际上仍然像这样被从前隐藏的力量带得团团转。

五

因此，即使到了大正十五年以后，恐怕也难以期待这种事会完全消失。福岛县的箭内名左卫门氏是地方的先觉和新知识分子，但前年我造访他所在的村落时，他告诉了我这样的事。在附近，每三十年或四十年，一定会出现一个异人。其威力绝顶之时，咒术和预言都能灵验。任何熟知其原本身份的人，都不得不皈依敬仰。但是，经过一年，其灵验就会衰退，当中很多人在大家没有注意到的时候便已不知所踪。这些异人最初被大家认可，几乎都有一定的形式。据说，他们在若干微弱的前兆之后，会突然显现出被附身的模样，跳上屋顶，并且像骑马一样跨坐在屋脊的一端，抱着大梁推动，无论多么大的夯土库房都会哗啦哗啦摇动起来。聚集起来看到这种情形的众人，已经无法再怀疑其力量，因而虽然明知道这是在物理学法则上不可能的事，但由于多数人承认了这些事实，便谁也无法再有异议。

去年初夏，我正打算从陆中的黑泽尻去往羽后的横手方向。在和贺川的左右两岸，这一带特有的东向单侧屋顶的草葺农家，不时从茂密的草木中露出孤寂的身姿。同行的阿部君打开火车车窗，指着其中一座说，那家在两三个月前出现了一个相当灵验的占卜者，至今仍然每天有人从远方来请其占卜。这个人看起来像是年轻妇人。当地有很多这样的例子，有时甚至会同时涌现三五人，她们不得不互相竞争。她们本来是在普通的田地里劳动的女性，与在东北常听说的moriko、itako之类必须经过修行或者口承的职业巫女不同。因此，如果最初没有某些奇瑞之事先让周围的人感到震惊，世间是不会知道此神姥的出现的。但是，平时总是对她说一些态度生硬的话，在人前连视线都不会与她对上的兄长和丈夫，实际上暗中对家中女性的言行给予深切注意，因此也很容易发现其异常情况。这些通常完全不表现出灵验之力的女性，在四五天前便会食量减少，目光变得锐利，动不动就躲进卧室不出来的时间变长，然后便开始时不时说出一些奇怪的话。据说平时稍微有些阴郁、喜欢钻牛角尖的女性，偶然会有些人的家人很早就担心她们，这种担心可能会在一定程度上促进这种状态的出现。即便不是如此，在生产前后或是其他身体状况发生变化之时，这种现象也可能出现。由于新的医学理论对此毫不关心，他们赋予了这些情况完全不同的神秘意义。因此，外间对这类流言绝不会冷淡处之，但她们的第一批坚定的信徒，无论在何种情况下都必然是家族中的男性。

与其说家中男性相信女性神灵附身，不如说不相信神灵附身的家里是绝不会发生神灵附身之事的。像大和、丹波的近世巫女教那样，追随者立志要使其广布天下，但其发端都是小规模家用而已。过去，在一个个家庭中需要向神灵求告的问题远较现今为多，毋宁说甚至有祈求家中女性发狂的必要。但是，附身的神灵有八百万，正邪优劣之差极为显著，并不会都如被附身之人所期待的那样，因此在这里就会创造出仪式、禁忌之类烦琐的条件，以求尽量选择有助于人间生活的尊贵访问者。

我们这个民族的固有宗教，就是在这一点上分成两股，最后实现了不同方向的发展。家与家、部曲①和部曲之间的竞争中，能够

---

① 部曲，亦作"部民"，大和时代豪族的私有民。部曲不同于令制的家人或奴婢，是有一定职业，大体上以村落为单位从属于豪族，纳租税，服徭役，在其主家名后加"部"字以为姓的自主经营之民。大化改新后废止。

由优秀的巫女之力迎接最为尊贵的神灵的家，便能如愿获得一族的繁荣和附近居民的信服。男性的事业借此成功的同时，信仰也逐渐被统一，祭祀成为这个中心家族的事业。而得到差劣神灵的家庭，则很早就因此各自停止请神之事。但是，这只不过是停止积极地指名道姓地迎接神灵之风而已，女性会被附身的性情却无法断绝，反过来较以前更甚。饥饿之灵、愤怒之神等远较以前等级更低的神，常常作为不速之客造访寻常家庭，此等情形令人无计可施。从公认的神道来看，不用说，这些都是邪神，但对家庭来说则是熟悉的旧识。他们不仅对其尊敬奉祀，而且甚至打算利用。例如，狐狸精、蛇精之类低下的神，只要其灵力在人类之上，对其祭祀礼敬便能得到冥助，而惹怒它们则其惩罚比正神更为猛烈。家中祖先之灵，又或是与居住地因缘深厚的天然诸种精灵之类，即使有能够躲避或赶走它们的方法，人们也不忍无情地加以驱逐。更何况在人和它们之间进行斡旋和沟通的任务，主要在细心温柔而又对父兄能够有很大影响力的女性之手。这正是日本人家中的宗教虽然原本的形式早就逐渐崩解，但其碎片仍然能够得以保存的原因，同时也是各种新的迷信相继兴隆的原因。

六

我们今天读到的所谓"历史"这个舞台上女性走出来发挥作用的事例数量非常少，但在表面上显现出来的政治、战争等事业背后，她们暗中参与的力量实际上很强大。以这样的观点再次试着审视前人的家庭生活，则正因为被长久掩埋，那些令人怀恋的民族心理的痕迹更加无限勾人心魄。但是，说它令人怀恋，却并不意味着应该恢复从前的做法。不仅今天没有必要再遵从如此麻烦的约束，而且我们所说的古风，上古以来也一次次受到时势的显著影响，到头来已经无法再指出哪个应该被称作信仰的原本形式，没有徒然追随的理由。

即便如此，在对历史的追寻中，为了方便论述，以及为了设定这种信仰变迁的标准，我们先假设有一个被称作"玉依彦、玉依姬之世"的时代。如众所周知的那样，这两位神祇是贺茂①神人的始祖，同时也分别是上社所供之神的母亲和舅舅。过去，曾经有过神

---

① 贺茂，指贺茂神社，京都市北区上贺茂的贺茂别雷神社和左京区下鸭的贺茂御祖神社（下鸭神社）的总称。上社即指上贺茂的贺茂别雷神社。

灵从心灵与身体俱洁净的人类处女当中，选定其中特别年轻且未婚者降临其身的时代。其他很多有历史的神社长久以来也遵守这一惯例，这种情况下，必定是由其兄长之家代代世袭神职，担任比木匠约瑟夫①更为自然的保护和侍奉，并依凭这一神灵的力量而得以对附近的部曲发号施令。这也就相当于人间的藤原氏在长久的年代中，始终以外戚之父的身份作为力量得到仰赖一样。由此可见，兄妹之缘比父子相续更加确定。如今若是高天原之神仍如很久以前那样重视母系血统，且要求女性纯洁的话，则除依赖这样的联系将侍奉之职由姑姑传给侄女以外别无他法。神巫的家系，无论哪座神社都是这样保存下来的。后来，逐渐开始设定年限，到了年龄便被允许嫁人，或不再要求必定是处女。伊势内外宫②被称为"物忌③父"的，以及越前飞驒寺的某些旧家中成为 tete 的，都可以视作这种玉依彦思想的二次延长。

像这样一种兄妹间宗教上的提携是多么自然之事，从远近多种

---

① 木匠约瑟夫，即圣母玛利亚的丈夫。由于夫妻之间没有血缘关系，因此柳田认为由有血缘关系的兄长之家世袭神职，保护和侍奉神灵附身的女性，是比约瑟夫更为自然的关系。

② 伊势内外宫，伊势神社的内宫与外宫。

③ 物忌，在伊势神宫以及贺茂、春日、鹿岛、香取等各大神社斋戒侍神的童女或童男。

民族的类似例子中也可以看到。近者如阿伊努的民间故事，根据最近由金田一氏①翻译的传说，占据各地岛山的神灵，必定是兄妹二人一组。冲绳原本就是我们这个民族的远支，保存着古旧的样式，这里也有御岳②的神灵必定是男女两位的情况。从其名字的对偶判断，也可以想象这与我们的《神代卷》③中的双神一样，原本都是一母同胞的神灵。在那个海岛上，直到近世仍然保留着由斋院④祭祀神灵的习惯。原本一个个旧家名门各有其一定的玉依姬，这一点至今仍然存在无可怀疑的痕迹。与内地由于政治的需要，祝⑤、神主⑥等男子逐渐抑制了巫女之家相反，在边地祭祀之事至今由女性独占。尤其是在重要的祭祀中，原本常常有拜祭"onari 神"的习惯，也就是说，以作为神女的妹妹为中介面对神灵。在各个海岛上，"onari"一词现在又意指我们所说的姐妹。在内地使用同一个说法

---

① 金田一氏，即语言学家、文学博士金田一京助（1882—1971）。

② 御岳，冲绳拜祭神灵的圣地，村落等共同体都会有一个或以上的御岳以拜祭其守护神。其规模从以村为单位到以国为单位皆有。

③ 《神代卷》，即《日本书纪·神代卷》。《日本书纪》为奈良时代编撰成书的日本历史书，日本最早的正史，汉文，编年体，共 30 卷。

④ 斋院，平安时代在天皇即位之时，侍奉贺茂神社的未婚内亲王（即皇女）或皇族女性。其居所亦称作"斋院"。

⑤ 祝，古代的神职之一，侍奉神社之人，又称作"祝人"，地位略低于神主、祢宜等，但与此二者并没有明确的区分。

⑥ 神主，在神社祭祀事务中负责主持祭祀仪式的人。

的，只有在插秧仪式中拜祭田神的时候。这个任务极为神圣，而且在各家各户的生活中至关重要，从歌曲和口头传承中即可窥知。

本打算简单地进行论述，反倒使需要说明的地方多了起来，但我并不打算由此下一复杂的学术上的论断。在新时代的家庭中，妹妹从兄长那里获得的待遇看起来被完全改变，但今后女性对社会所起的作用应该并不会往不同的方向发展。如果她们以外出工作的男性所欠缺的细腻感受性，对生存的理法做最为周到的省察，并因家门与血亲的爱提出亲切建议的话，则困惑会消除，新的勇气会涌现，其幸福恐怕不仅惠及一个个小家庭。为此，有必要先知道女性本身数千年来的地位。人类之开始做某件事，不可能从起初便没有意义，却以其为迷信之类，轻视之而不做思考。这是没有人情的做法。关于这一点，我认为有必要尝试去告诉新时代的年轻女性们。

（大正十四年十月 《妇人公论》）

玉依彦的问题

一

伊波普猷①氏的贡献当中，有几处不仅为我等同时代学徒提供了巨大启发，而且提出了在长远的将来，人类无论如何必须了解明白的地方。昭和二年年初，他在《民族》杂志发表的《Onari 神考》正是其中之一。但据我所知，在那以后，这个问题不仅没有被特别展开讨论，反而正在一点点被忘记。在南海的群岛广为通行、意指同胞姐妹的 onari，在古时候被认为是对其兄弟而言在某些特定场合的守护指导之灵。因而"onari 神"一词不仅留在很多典籍

① 伊波普猷(1876—1947)，语言学者、民俗学者，冲绳人。东京帝国大学毕业，主要从事冲绳的语言、民俗、表演艺术、历史等方面的研究。

中，而且时至今日，恍惚是其痕迹的习俗尽管依稀模糊，但仍然在各处传承。这一事实几乎已经被证明。这确实令我等惊叹，但它到底是不是这一极东伟大民族的固有信仰？若果真如此，则为什么很早就在国土上的一部分地方消失，又或者它是如何改变形貌，而潜入一般人不会注意到的底流的呢？要搞清楚这重要的一点，则必须知道更多关于其情况的事实。更何况，这到底是大地上所有人类社会共通的、必须经历的文化阶段之一，不过是偶然在很多国家不为人所注意，还是仅仅居于海岛之上的日本民族被特别赋予的经验？这二者必居其一，绝无二者皆非的道理。但要确定是哪一种情况，则我以为现在的知识还不够。我既然是伊波氏的学友，则与这一问题也有若干关系。因此，我想在此加上少许注脚，至少为将来的学者省却一些搜索之劳，并说明我等的关心从最初起便并非微不足道。

二

接触到这个关于姊妹神的信仰的报告时，我也曾恍然大悟地想起一些事。如果尽量按照顺序讲的话，作为文部省的项目，大正三年出版的《俚谣集》①一书，收集了岛根和广岛二县的很多插秧歌，几乎占据了全部篇幅的一半。"onari"这一词语第一次进入我等的视野，就是此时。从以下歌词中可以窥知，onari 意指在插秧仪式当天年轻或盛装的女性。

onari 小姐垂下的红色单衣

（答）飘飘荡荡的红色单衣哟（安佐郡插秧歌）

今天请来 onari 小姐的

是兵库的町中之町

（应）要请 onari 大小姐的

大家高高兴兴地用轿子来迎接吧（迩摩郡插秧歌）

（左下②）onari 小姐擦亮十二个釜

（少女）去煮三拜神③的饭（饭石郡插秧歌）

---

① 《俚谣集》，明治三十八年由文部省文艺委员会策划，大正三年以各都道府县提交的报告书为基础编纂发行的民谣、歌谣集。次年，又以《俚谣集》遗漏的两府十三县为中心，刊行了《俚谣集拾遗》。
② 左下，插秧仪式的领头人。
③ 三拜神，即田神。

白天的 onari 要送到哪里？

送到哪里呀？送到梶岛上哟（神石郡插秧歌）

这种歌不止在几个村落有，每个地方都是上午有等待之语，下午有送走之语。由此可以清晰地看到，与其他地方的田歌和神事歌中白天的间食意义相同，onari 指不仅负责做当天的饭，还将饭带到田边犒劳在田里工作的人的女性。但是，从歌里唱到乘坐马轿、拉起织锦的帐子迎接之类极尽绮丽的空想之辞来看，onari 似乎是参与到这一天的田神祭祀中的女性。

现在，onari 在中部以西的方言中，仅仅意味着炊事。不能说没有人会认为她们就是平时担任炊事的女性，在插秧之时被赋予一项任务，因为年轻，所以成为歌谣的题材。但是，在山城贺茂神社的旧记中，就已经有"殖女"和"养女"的名称一同被记载的例子，"殖女"是指 ueme，即插秧少女，"养女"的"养"有 onari 的古代训读之意，因此其曾经应该是不可或缺的职位之一。至少这里的 onari 是古语，而且不是仅限于一地的土语，但除伊波本人参与编纂的平凡社《大辞典》外，最近的词典都还没有收录。我觉得，插秧歌里的 onari 人、onari 小姐也同样，并不是在 nari（业）前加上"御"字而成的，而是与采女（uneme）或 unai 有关的词。正在我很想知道这个词的缘起之时，恰好到访冲绳，得知它是意指姐妹的词，大正十年一月因此而值得永久纪念。冲绳的 unari 是 wa 行的，而往先岛方向，则变成 ba 行，既有 bonari 又有 bunaji 的说法。此外，我还想到一点，在宫城、岩手两县也有几处 bonari 石，在古文书中写作"巫女石"。虽然也有人解释因为石头低吼而出现了 bonari 的名称，但在远野町附近的却不是石头，而是有巫女母女被沉入深渊的故事，而文字也写成母也（banari）大明神。也就是说，在最遥远的东北乡间，onari 仍然是指参与祭祀的女性。

三

我抱着这样的新兴趣在八重山郡的石垣岛登陆，正是我出门在外而家中第四位 unari 满三岁的时候。不知道四箇村如今怎样，当时村民会在门外竖牌子，将所有家人的名字都列在上面。其中被称为 bonari 的女孩子，比冲绳本岛的 ushi、kamado 还多。一位来到岩崎翁家中观看舞蹈，脚趾上有小小刺青的平民家的少妇，其名字也是 bonari。我造访据称是这座岛上第二代大阿母多田屋 onari 出生地的家庭时，确实还有一位 bonari 在。比这更令人怀念的是在大滨一座寂寞的海边村落中，拜谒保留了前代最为有名的 onari 神所留下的痕迹的崎原御岳之时。她的神社面对着大洋无边无际的波涛,虽然为山所阻隔,但这是岛上唯一确知其信仰源流来自大和的神社。此外,至今侍奉此神的创始者家庭,仍然被称作本若屋,这一点也与奥州莫名相似。虽然成文年代并未注明,但应该是明和大海啸①之前略早的事,因而应该并非特别古老。因为这段记录看起来修饰较少,故将其"由来记"引用如下。

上古大滨有一对兄弟,名为 hirumakui 和幸地玉 kane,当时我岛尚未有锄、锹和镰刀,无论如何都希望得到这些工具,于是造船制桨,让兄弟二人乘船出海。如此在萨州②坊泊被称作下町的码头靠岸,正在购买所希求的锄、锹和镰刀之时,一位白发老人走来问道:"尔等是何处人?何方船?"兄弟答道:"我们是八重山岛的 hirumakui、幸地玉 kane,为购买锄、锹和镰刀来到这座岛上。"老人又问道:"你们岛上有崇敬的神灵吗?若没有,我将授予你们。"兄弟二人答道:"欣然拜受。"老人将一个柜子封好交给兄弟二

---

① 明和大海啸,即明和八年(1771 年)八重山地震引起的大海啸。
② 萨州,萨摩国(今鹿儿岛县)的别称。

人，并说："此柜在海上当会鸣响，一定要向其鸣响的方向行船，当无事回到岛上。回到岛上后，当求助于你们的姑母或姐妹，请她打开此柜。"兄弟二人恭谨领受。正当此时，顺风吹起，兄弟以为神赐，欣喜解缆扬帆，乘船出海。果然如老人所言，此柜鸣响，兄弟甚感奇妙，开柜察看，柜中空无一物。正自不解之时，风向突变，将船吹回原来的坊泊码头。先前的老人又再走来，问道："汝等是否在海上打开此柜？"二人据实以告。老人又封好柜子，对二人说："我曾严肃告知汝等不可在海上打开此柜。"兄弟恭领后，再次吹起顺风，二人欣然扬帆，如老人所言向鸣响方向驶去，不久乘风回到大滨村崎原码头，立即请姑母打开此柜，神灵附身降言。其时，hirumakui 和幸地玉 kane 遂在御岳开始祭祀，至今祭礼毫无懈怠。据传，此为我岛新神灵渡来之始。（注：因在大御神以后渡来，故称新神灵）。

四

这一故事之所以最易令人信服，不仅因为到萨摩的坊泊购买农具，将故事编织进历史当中，而且因为箱中之神发出声音，为行船者指示前进方向之事，是至今仍被在西国海上讨生活者所承认的灵异。只不过我们如今的船灵已经失去了打开柜子倾听神谕的做法，只有造船人的头领在将称作 goshin 的神像放进船中之前，先将年轻女性的头发扎起来放进其中作为神的实体这一点，与很多海岛的 onari 神信仰形式相近。也许是因为这一习惯过于神秘，现今大部分似乎已经消失，有的地方甚至将未婚男女的头发合起来放进神像，但据说最多的还是只放船主妻子或女儿的头发，在伊豆的岛上，也称之为"奉船灵"。东京附近的海边则会希望用童女的头发，但是传说将头发献给船灵的神体寿命会缩短，因而越来越多的人避免这样做。

但是，女性作为自己的兄弟和神灵之间中介的风习，当然不是此时才从坊津输入的。岛上很早就开始有这样的古老习俗，即便没有白发老人教导，打开柜子马上就能够宣示神谕的，除姑母或姐妹外应该别无他选。实际上，八重山关于兄弟所乘的石垣船的起源，就有另一个 onari 的故事。过去在竹富岛上，哥哥名为岛仲，时年七岁，同胞妹妹为五岁的 awareshi。哥哥在福崎的海边玩耍，捡到像上弦月形状的东西，受其感动而模仿其形状，起意造船。正在砍木头时，妹妹送来食物，哥哥便向她说："你也快些长大为神灵传言，为这艘船起名。"笔者手中的由来记在这里出现了中断，但引用古老传说并做比较可见，此时年幼的妹妹马上唱起了祭礼的歌。就这样，哥哥的愿望立即得到实现，神灵马上就附身在妹妹身上，赐予神谕，为岛仲所造的船命名为"五包七包船"，并告诉他应乘此船在海上往来。此船后来漂流到邻近的黑岛，这里也开始模仿这一形状造船，但仍以竹富为其起源。初期的造船场设在竹富岛上，恐怕也是因为这是有来由的旧家中 onari 们所传说的故事。

住在岛上的人们造船的起源，必定是很久以前的事。因此，曾经得到女性帮助的说法，因错讹或湮灭而变得模糊也是在所难免的。但是，将这个故事推测为某种旧习的痕迹，应该也没有错。在《壹岐岛民间故事集》①中所载的《摇钱树》一篇，是无法归入民间故事的部类中的，且略微有些破碎，但某些片段与竹富岛 awareshi 的故事甚为相似。过去，在当地寺庙修习学问的孩子们，相约各做一艘小船带来，在寺庙的池塘上漂浮着玩耍。有一个家中贫困的孩子因为没有材料而发愁哭了起来，他姐姐说："今晚我会给你做一艘小船，你不用担心，去睡吧。"把弟弟哄睡后，姐姐从地里挖来一些土做了一艘泥船，并把船外面用纸粘了一层，第二天早上交给这个孩

---

① 《壹岐岛民间故事集》，此处当指山口麻太郎（1891—1987）所编，1935 年出版，收入《诸国丛书》的版本。另有 1943 年出版，收入柳田国男主编的《全国民间故事集》的版本。

子。姐姐告诉弟弟，这艘小船绝不能在别人之前放到水面上，要等大家的船都推出去以后再在最后放出去。我不明白这一段话是什么意思，但无论如何，弟弟将小船放在水面上，它不仅没有沉下去，反而独自在水上划行，动起来比其他船都灵活。弟弟因此为同学所嫉恨，被灌了酒，醉着回到家里就倒下死了。姐姐将弟弟的遗体放在书桌前做出未死的样子，其后又将遗体埋葬，在上面栽了一棵小树，后来逐渐长成了一棵摇钱树。这个故事看起来混入了某些其他故事的内容，从叙事上就无法成立，但因为结局是这位姐姐是一位神灵，所以可以推测这很可能是关于船的传说。今后如果注意的话，其他地方恐怕也会出现同一系列的故事，应该能够让我们了解其变化的路径。

五

　　想来前代的女性主要掌管着灵界的事务，通过周详地为世间除去眼睛所无法看见的障碍，预告必定到来的厄运，消弭难以描述的大量不安，甚至对男性无法单独决定的困难问题给予各种暗示等，暗中发挥着重要的作用。这些在我国已经是彻底清楚的历史。但这是仅限于几个最为优秀的家族的事实吗？又或是以民族固有的生活样式为其普遍基础，只是偶然在尖端的所谓国家大事之际，被代表性地记录下来？关于这一点，在伊波先生的《古琉球的政治》或是已故佐喜真兴英①君的《女人政治考》等中都未能得到充分说明。由于研究者的态度不同，冲绳的文化史可能包含着不仅对日本而且对整个世界的智慧都能够有所贡献的资料，这一点岛上的精英们反而至今没有注意到。在每岁相交之际的祖先祭祀，又或者在稻麦之穗孕育的重要季节的仪式中，男性退后而让女性承担更多工作的习惯，绝不是最近发明的分工。也就是说，onari 的力量在太初就得到承认，直到人们对其由来完全遗忘后，仍然以此作为人生最为有效的手段。因此，那些如今若不到非常幼稚的民族中已经无法见到其最初模样的习俗，由于被大海所包围，在海岛上仍然清楚地传承着。

除此以外，即使我们有将很久以前流传至今的说法巨细无遗地笔录下来的热情，但国乱连连，名家频频没落，如果人们的眼界仅限于现世生活，同时对歌谣辞章的珍爱之情不像这个南方海岛那样普及小民的话，则故事之消亡散佚恐怕会超过今日所见之情形。应该说，伊波氏及其同志生于好时代，又或者说生于最好的海岛。记录巫女历史的书籍，如果要搜集的话，在大和也有若干。在神社和

① 佐喜真兴英（1893—1925），出生于冲绳，明治大正时代民俗学研究者、冲绳研究者、民族学研究者。

寺庙的缘起及其他说法中，要寻找她们的生活痕迹并非不可能。但她们反映在故事中的形象总是正面对人，能够推察其周围情景的资料非常稀少。与此相反，在冲绳虽然形式上已经略有衰退，但眼前不仅仍然能够看到古风的女性生活，从口口相传的旧时之事中也令人意外地可以窥知写实性的消息。对在不同地方成长起来的我们来说，这是特别值得珍惜的。前面引用的八重山的两个故事也是其中的两例，但更值得注意的是作为宫古岛的船立御岳由来讲述的故事。在过去的神代里，久米岛按司的独女由于嫂子的谗言而为父亲所憎恶，被送到一艘小船上推入大海，漂流到此处而后成神。如果仅仅是关于这个事实，其他相似的例子在别处也有，但宫古的故事中，这位美丽小姐的兄长，亦即按司的继承者抛弃家庭，离开妻子，跟随不幸的妹妹也来到这座岛，二人一起住在现在成为御岳的地方。此外，虽然这位女性与隔屋一位被称作兼久世之主的人结为夫妇，成为九个男孩的母亲，但在船立作为祀神受到拜祭的仍然是这兄妹二人。

六

最初向宫古岛提供金属农具的是船立御岳的某个家系，这种说法必定有很深刻的意义。九个男孩无论如何都想拜见外祖父，造好船载上母亲来到久米岛。按司也痛悔前非，极尽亲子之爱，将关于制铁的卷轴和铁材作为回礼送给外孙。兄弟九人将这些带回来后，农耕较以前更加遂意，岛上的生活富裕起来。在"由来记"的文本中有"其兄为聪慧之人，工于锻冶，打出刀镰"的内容，这里的"其兄"恐怕不是九人中的长兄，而是指九人之舅。"其由来传曰，万民免于饥馁，得享安乐，皆因此兄妹恩泽之故，遂将兄妹遗骨纳于船立山，以一社之神崇敬之。"由此记载可见，"其兄"亦同时移居御岳了。

妹妹对兄长的生活计划有强大指导力一事，也许可以解释为原本女性的体质和生理特征就特别适合看见神或听见神的声音，但古人对此的确信，却是基于平时的体验之上的。在岛上，使这种印象保持新鲜的事情不仅直到比较近世仍然反复发生，而且影响这些事情发生作用的其他因素应该也远少于其他地方。在所谓 onari 神的习俗仍然有少许遗留之处的人们，仅仅阅读从这种习俗已经完全消亡的地方得到的书籍，也并不会产生了解这一问题的想法。我感觉到，精确地观察事实的必要性，在伊波先生的家乡尤为迫切。

但是，目前还没有能够供我等使用的资料，因此除更加细读同种旧记以外，仍然别无他法。由于使这座岛屿几乎天翻地覆的大动乱，八重山的民间故事湮灭了很多，但仅在现今仍讲述的故事当中，就有在宫屋鸟御岳的兄长听从以妹妹为媒介的神灵教诲而得到安泰的故事。而名藏村的白石御岳则讲述着兄长顽固地不肯相信妹妹所言，主动挑战神威而受到严厉惩罚的故事。尤其是后者，其神灵是万年青岳山上的女神，原本与筑前宗像①的大神一样是姊妹三尊的神灵，从大和渡来。大姐神在首里的弁岳驻留，另两尊神则先后降临在久米岛的两座山，但中间一位神所驻山峰较妹妹神所驻者低矮，于是又飞到八重山的最高峰，垂迹②于此。这一点尤其值得注意。因为在内地也有我此前笔录的陆中山村的古老传说。山阴③的海岸地区等也流传着这类三女神分领的故事。这里也同样为我们提供了一丝线索。万年青岳的女神名为 omoto ooaruji，宣示其神谕的妹妹则名为 omoto onari。兄长有两人，其一顺从，另一则其为凶暴，各得赏罚。这种古风的讲述方式也很有意思，但比这更令人感兴趣的是，包括大和的金峰山在内，本州各地想要登上灵山之巅受到神灵惩罚而石化的遗迹都是姥石、巫女石、比丘尼石，与此相反，岛上则是强行登山的坏兄长变成石头，立在名藏的野地中。如果说南北崇拜山岳的信仰源出一处的话，这种显著的男女颠倒，无

---

① 筑前宗像，即筑前国（律令制国之一，相当于现福冈县西北部）宗像大社。宗像所祭祀的神为三尊女神，又称宗像三女神。

② 垂迹，佛、菩萨为救渡世人而以日本诸神的形象现身。

③ 山阴，本州西部面向日本海的地区名，包括鸟取、岛根两县及山口县北部。

论如何都需要探明其理由。

七

在思考这个问题之前，我打算先从古旧传说的角度，看看 onari 神信仰渐渐衰退下来的路径。这也是遗老传说中不可思议的一节。很久以前在南风原一个叫作神里的地方有一位巫女，她怀孕时突然想吃露兜的果实，其兄拒绝给她吃，巫女发怒诅咒说，从今以后此地的露兜皆不可结实，果然神里的露兜虽然树木兴盛繁茂，但永不结实。遗老传说只不过是说说"由此看来巫女亦非常人"之类已经清楚明了了的话，但这恐怕与白石御岳的情况一样，是玉依彦虽然并非坚决不信但却不服从玉依姬所言的一个例子。应该可以将它与内地很多的石芋、不能吃的梨等一样，视为对这个地方某种特殊自然现象假托神意的普通解释。由于故事的文字非常简单，无法知道为什么不让她吃，很可能是因为露兜是洁净的上流社会妇女通常不应该吃的食物。在巫女怀孕属于异常情况的时代，她的"孕吐口味"被视作应该特别注意的事。邻近的民族也有伴随这种现象的种种故事，例如，尼亚斯岛关于妻子想吃雷的故事，不止一二例。在日本，东北的盲法师之间咏唱异想天开的食物种类被称为"孕吐口味"，直至最近仍然能听到。随着将妹妹视作精神界的指路人这种风习的一点点衰退，多少有些反抗这种倾向的想法恐怕给这类传说的传播提供了帮助。

由此再进一步，还有一个现在已经要以哄笑的态度去听的十二月八日鬼年糕由来的故事。让我们试着虚心地思考一下，如果仅仅是为了说明这一天不能没有年糕，吃了会获得幸福的话，并不需要借用如此夸张的想象。换言之，这个故事可能表达了一种反感情绪，认为会被妹妹欺骗或者惩罚的兄长，不过是那种会见到鬼的无用之人而已，但我从这里更加具体地看到了 onari 神关系的破裂，亦即兄妹之间精神联系断绝的模样。当然，发展到鬼年糕的形式之前应该还有若干个阶段，为了探究这个问题，必须在"上面的口，下面的口"这样恶俗的笑话之外，收集和比较更多保存在村野中的故事。

在此之前需要先说明一下，与前文的鬼年糕恰好相反，关于妹妹是鬼的故事，在奥羽地区也有零星流传。故事一般是三位哥哥毫不知情地回到家中，前两人被先后吃掉，又或者是三人都想方设法逃出来，好不容易获救。在近年出版的《朝鲜民谈集》①中也有类似

---

① 《朝鲜民谈集》，通过田野调查和文献检索搜集整理，结集而成的朝鲜民间故事集，孙晋泰(1900—?)编，乡土研究社 1930 年出版。

的故事，似乎西方也有相似的故事，因此要将这些故事理解为纪念兄妹之间精神上绝缘的民间故事就成为更加困难的推测。但若断定完全无关，则又是过于大胆武断的结论。如果过去兄妹之间的关系如今日普通家庭中那样淡薄的话，便不会有此种异常的想象故事产生的余地，这点对以上两种故事来说都是一样的。因此，群岛之间是否还遗存与此有关的传承，我想有必要再一次认真搜集一下。

八

反过来思考一下巫女怀孕一事。在我们民族中，各个家庭侍奉神灵的女性原本亦是独身女性，亦即与寻常的婚姻及怀孕完全无缘之人。很可能是始于政治上的动机，这个法则首先在冲绳上流社会被修改，这一做法逐渐影响到村落里最有力的骨干家庭。前文关于露兜的传说中，被汉译为"巫女"的，恐怕应该是 yuta①。直到现代，yuta 的婚姻仍然是不公开的事实婚姻，又或者据说成为 yuta 丈夫的男人难以长寿，因而当地人不愿与其成婚的地方有很多。至于

---

① yuta，主要分布于冲绳、奄美群岛的巫女。

大小的祝女①神人，原则上是由家中主妇担任的，何时开始变成现在这样，已经被彻底忘记。在这一点上，其与本州的物忌、女神觋的存在最为显著不同。朝廷的斋宫②和斋院制早就中断，而其威势虽然远不及琉球的闻得大君，但她归根到底还是不会与男性结缘。在各处的大型神社中，直到维新变革为止，流传着很多选择洁净女性侍奉神灵的实例。若偶然有组成平凡家庭的巫女，便能看到为了在继续其职分与保持其家庭俸禄之间进行妥协的新努力的痕迹。由长女继承家业而让其弟弟分家的做法，在农商之家也不算罕见，在一些地方甚至被视作不成文的法律，但这也还是因出生顺序而决定的。然而，在女性任神职的家庭，则是无论长幼，均由女儿继承，男子则至少在表面上看来不过是家庭成员而已。因此，如果允许她们缔结世间的普通婚姻的话，那么她们身边就会出现两种比兄弟更加亲近、更加深系利害的人。其一是她们的丈夫，如果不愿意让自家的职分转移到外人身上，那么这个家将不得不服从于赘婿的支配。其次是自己生的女儿，让其继承家业。这样做虽然看起来比传给侄女更为自然，但她们的儿子长大后仍然会碰到同样的问题。也就是

---

① 祝女，冲绳、奄美群岛担任官方司祭者的神女，原则上以血缘关系继承。
② 斋宫，在伊势神宫侍奉祭神的未婚皇女或王女，与贺茂神社侍奉的斋院并称"斋王"。

说，女性作为姊妹神为自己的兄弟担任神威中介的机会消失了，只有她们的丈夫和成长起来的儿子能够将她们的灵力用在生活中。仅在我所知道的例子中，如果没有记错的话，应该是越前的今立郡，有称为廷廷的神职家系，以由女性代代继承为一家的脸面。类似这样的家族应该还有很多，但因为没有记录而无法列举确切的例子。总而言之，这种家庭的男性成员认为这是自己家的非凡之处，因而一直遵守其约定而没有不平。但是，现在的新民法实行以后，这种另类的例子必然不再被认可。然而，冲绳方面似乎从最初就没有出现像代代赘婿这样一种家庭制度，其实际到底又是怎样的呢？希望今后的年轻学者能够彻底搞清楚。这也是对伊波氏的辛劳和创见最为有效的致敬方式。

九

研究民法历史的各位可能已经注意到了，日本虽然是养子制度特别发达的国家，但其中以继承为目的的养子是比较晚近才出现的。即使同是婿养子①，并不全是因为家里只有女儿没有儿子。从外

---

① 婿养子，指结婚之时女婿与岳父母结成养子关系的做法，亦指成为养子的女婿本人。

姓引入男子，看起来另有目的。无论子代有几个兄弟姐妹，都必定会指定其中一个女儿，将家交由其配偶继承，这种情况才算是母系继承。不过，现在还没有发现某些能够看到这种痕迹的特殊家规。如果说有的话，那也是仅限于女性有正式职务的巫祝之家的做法。然而，她们被允许有寻常婚姻，是因为后来的时代产生了这样做的必要性。

在这里，对这一研究具有无可比拟的重大意义的，是中世以后社会情况出现差异而相互独立地发展起来的两种家族制的比较。其探明了按照冲绳所说的祝女、神人的职务继承法，尤其是 onari 神的信仰衰退或逐渐变化的路径。尽管侍奉神灵的洁净处女难以坚守世俗的独身生活的原因在北方和南方都存在，但与内地制定年限，收缩职能，又或者设置赘婿继承，以期家族血统不会断绝的做法相反，岛上最高位的闻得大君已经改为由其他家族嫁来的王妃担任的制度。其下的大阿母志良礼①和阿姆加那志②应该也照此方式，不再留在各自血统纯净的家中。如此一来，继承关系又变成了什么样子呢？应该没有超出原本一定的尊贵范围，但至少各个家族的男性族长们不能再利用其优秀家系的 onari 们的灵力了。然而，直到接

---

① 大阿母志良礼，冲绳的神女体系中地位仅低于闻得大君的三位神女，分别为"首里大阿母志良礼""真壁大阿母志良礼"和"仪保大阿母志良礼"。

② 加那志，琉球语中表示尊敬的结尾词，敬称。

近这个旧体制的终结为止，民间仍然有男性得到各自姊妹的守护，又或者有根据姊妹智慧的暗示决定行动方式的习俗，即便不过是梦，但也并未消亡。这一点正是我等民间传承这一学问的兴味所在。如果诸君由此而能够注意到这残留的两端习俗是到达什么分界线后互相抵触或调和的，即便难以为如今世界上所议论的家族制发达问题直接提供参考，但至少能在日本上代史中繁难的几十页上投下骤然明亮的光，进而让人们注意到岛内仍有很多人生的未知之处，为向来偏重于书斋作业的文化研究并非幸福之事而叹息。

十

简言之，伊波先生的《Onari 神考》就是告知这一重要学问之黎明到来的鸟啼之声。因为关于过去我们当中最为清丽的女性将其一生奉献给神灵的目的，归根结底是让与自己同一血缘的兄弟的家能够完好存续的推论，经由将这样碎片似的事实综合起来，已经将近成立了。本州的常陆被称为"鹿岛物忌"①的斋女，是直到最近仍然

---

① 鹿岛物忌，鹿岛神宫（位于茨城县鹿岛市宫中的神社）在本殿内侍奉的未婚女子。

保留着的古旧形态，这一点我在《巫女考》①中曾经写到过。这些女性必定出自东氏一家，她在保持洁净，为神灵纺织、炊煮期间，无论到什么年纪都不具备成为妻子的条件。随着年岁渐长，退位之时来临，接替她侍奉神灵者总是根据神意，从族人当中选定。也就是说，按照惯例是从姑母到侄女的继承方式，恰好与在缝殿寮②服务的猿女君③、稗田氏等的继承法相似，与母系氏族中现在仍然可以看到的由舅舅向外甥交接财产的做法也是一脉相承的。伊势神社等各地有名且历史悠久的神社，其顺序也大致与此相同，大抵是将侍奉的时期定于少壮之时，故而继承问题不再引人注目。虽然无法确认是否属实，但应该是在丹波某神社，据说巫女稍微年长，俗世之心开始萌芽之时，她周围便会忽然出现令其感到恐惧的事物，难以再在山中停留。如此一来，神必定会指定下一个适任者，职位由此更迭。由此可见，她们即使有了夫婿，也仍然能够承担祭祀、卜问的工作，无论如何都只能说是信仰的退步。岛上姊妹神的说法也变得非常模糊而碎片化。因此，我认为若将岛上的姊妹神信仰视作与

---

① 《巫女考》，柳田国男自 1913 年起在《乡土研究》分 12 期连载的关于女性在信仰方面的角色的论文。

② 缝殿寮，律令制下中务省掌管女官人事、宫中服装制作的机构。

③ 猿女君，古代负责朝廷祭祀的氏族之一，也写作"猨女君""猿女公"。关于"猿女"，参见本书《小野阿通》中的注释。

本州不同系统的现象，那应该是错误的。

鹿岛的信仰曾经支配过关东以北的乡间，其御子神①的神社自古以来一直被继承，至今仍受崇敬。也就是说，能够说出所谓神意被视作一族的光荣，将一族的安宁系于一位女性的思想，在其传播的各个迎请神灵之地也同样存在。栃木县的箕和田良弥君的祖母是一位九十岁的老人，她曾经这样说过：

> 如果成为鹿岛大人的妾，就会永远保持十七岁的模样。
>
> 那么，如果被鹿岛大人辞退出来，就会突然变成五十岁、六十岁，
>
> 牙也掉了，头发也白了呢。

仅以一个例子当然不能做出重大的判断，但老人的说法看来是值得注意的信仰遗存。我们必须再在这方面做一些搜集工作。既然在冲绳方面仍然有 onari 神的信仰，那么可能在旧记以外，还有某些流传的说法。在缺乏文字教养者的说法中，恐怕反而有并不粗疏

---

① 御子神，在神社中被拜祭的神灵为亲子关系中子代神灵，又称"苗裔神"。鹿岛神宫作为东国开拓的据点，其御子神较多。

的记忆。伊波氏的方法应该被人更多学习。

我以《玉依彦的问题》为这一篇的题目，是因为玉依彦这个名字在山城贺茂的神传中记录得最为详细，而且最近这段时期为很多人所瞩目。玉依彦是御祖神①的兄长，同时也是非常大的一族的高祖，但其名字仅仅停留在人界，并不是现在神社中拜祭的神。守护和信奉作为其优秀妹妹的女神及其儿子，首先得到最大恩泽的就是玉依彦和他的后世子孙。在世界上一直流传不尽的母子神教中，这是最为自然的源头。相较之下，有约瑟夫这样一位被解释为神子之父的男性介于其中的信仰，尽管有后世的大量解说，但也必须承认是经过变化或复合的结果。在这里，反过来再次思考一下南风原神里露兜果实的传说，便会感觉到兄长在意 onari 的孕吐口味，对此加以阻拦一事，应该有更深一层的意义。那就是，如果孕吐口味是露兜这种不适合洁净高贵女性的食物，那么她生下来的到底是天神的孩子还是仅仅是俗界的常见现象便令人怀疑了。兄长纠结的原因，似乎正在于其无法论定。由于这是男女之间的隐秘问题，故我们也就无法更加深入地讨论了。

（昭和十二年七月 《南岛论丛》）

———————————

① 御祖神，贺茂神社主神的母亲，即玉依姬。

附　记

　　由于本文中伊波氏的《Onari 神考》是非常有名的论文，故《南岛论丛》不认为对其进行详细引用是必要的。这篇论文最初发表在我所编辑的杂志《民族》2 卷 2 号上，其后又在名为《Onari 神的岛屿》（昭和十三年）的论集刊出。为了尚未阅读该文的读者方便，在此尝试对其要旨做一介绍：（一）冲绳诸岛直到最近，仍然存在姊妹有守护兄弟身体的灵力的信仰，因此保留着当兄弟出门旅行时，向同胞姊妹求取头发或手巾等惯常使用的物品带在身上的风习。（二）无论是在四百多年前的神歌中还是在历代的所谓琉歌中，歌咏这一信仰及其相伴生的幻象者不知凡几。（三）这种姊妹之灵，古时候统一称作 onari 神。闻得大君就是一国的最高 onari 神，实际上以国王的姊妹担任此职是原本的规定，其职责与本朝的斋王、斋院十分相似。"onari"一词现在仅仅作为姊妹之意使用，亦如本文所论述的那样。这是否与本州的西北部很多乡间在正式插秧之日，把将食物送到田间、被称为 onarido 或 onari 小姐的女性含义相同，虽然是很有意思的问题，但现在还不能下结论。伊波氏论述，onari 与我们称幼女为"鬌发子"①的古语可能有

---

　　①　鬌发子，日语发音为 unaiko。

同样的起源(《南岛方言考》第60页),但现在内地的onari在上文所述的插秧以外,仅仅意为一种调制食物的行为。

《壹岐岛民间故事集》中姐姐为弟弟造船的故事,其后在喜界岛也发现流传着相同的说法。最近面世的《冲永良部岛民间故事集》①中,也有题为《姐姐与弟弟》的一篇长文,同样有在弟弟与别人为船争论时,姐姐为其做了一艘不可思议的船的内容,结尾也与壹岐岛的那篇很相似,只不过这里的故事更加复杂。将来如果这个故事的分布状态得到更多的调查,也许通过比较会发现意外的事实也未可知。《今昔物语》②中出现的妹背岛的故事③等,是关于兄妹二人漂流到岛上成为居民始祖的故事,但其发端也是在船中睡着而不知道船缆已经解开。竹富岛上的岛仲和粟礼志兄妹造船的故事原本也是某个大型故事的一个碎片这一点得到证明的日子,也许不久就会到来。另外,妹妹是鬼的故事也存在于奥州的某个地方。只要注意到它确实有一例存在,其后类似的例子就会一点点显现出来。泽田博士在飞驒的丹生川村采访到的碎片中,虽然只剩下哥哥十年后回到

---

① 《冲永良部岛民间故事集》,岩仓市郎(1904—1943)著,民间传承之会发行,1940年出版。

② 《今昔物语》,平安时代后期的最大型说话集,作者不详,共31卷。

③ 妹背岛的故事,《宇治拾遗物语》《今昔物语》等记载的兄妹漂流至无人岛婚配产子的兄妹婚故事。

家中父母已经去世，妹妹变成大蛇的部分，但不可思议的是，故事中有大蛇和竹林中的老虎打了起来这样一种不像日本风格的内容。然而，南方诸岛的故事中，在奄美大岛和冲永良部岛的结尾都是老虎将鬼姐姐吃掉而救了弟弟，因此出现这种内容不是偶然的。故事的大致意思是，弟弟偶然看到姐姐半夜悄悄起来将马杀死吃掉，就把这件事告诉父母，结果不仅未能获信，反而因此激怒父母被赶了出来。七八年后回来，发现家已经荒颓，只有姐姐一人在家。半夜有两只老鼠出现，是父母的亡魂，告诉弟弟说因为没有听他的话而被鬼吃了，让他赶紧逃走，最后老虎来报恩救了弟弟。丰前企救郡的故事中，熊替代了老虎，也是妹妹变成大蛇将母亲吃掉这样一种令人不愉快的内容。但在这个故事中，在母亲去世七周年时回家，被妹妹追杀而好不容易逃脱的则是姐姐（《福冈县民间故事集》）。最令人意外的是，与此大致相同的内容，在孙晋泰君的《朝鲜民谈集》中也有采录，但据说这在半岛上是很常见的故事。虽然还无法设想其流传路径，但至少变成这样奇特的形式并不是新时代的事。朝鲜的故事中妹妹是狐狸精，结尾是逃窜这一点和日本是相同的，但救命的是从某位道士那里得到的三个瓶子，一个个扔出去制造障碍，这一点则更接近我们所说的"三枚护符"的故事，而在朝鲜反倒没有召唤老虎这一条。兄长是鬼这种冲绳的鬼年糕由来，或是不听妹妹的劝谏而暴死的八重山万年青岳神话等，我想在某种情况下，可能是说明这种广泛分布的民间故事根源所在的例子。总而言之，这些故事的最初形式在其他地方，而妹妹的地位特别重要这一点则是古今一贯的。

（昭和十五年六月）

玉依姬考

一

　　八幡三所①这一尊称是有相当长的历史的。关于宇佐②，在《延喜式》③中就已经列记了八幡大菩萨宇佐宫、比卖神④社、大带姬庙神社的神名。关于石清水⑤，则在更早之前的贞观七年四月神宝造进告文中，记明了大菩萨、大带命和比咩大神三位神祇的名字。但

---

　　①　八幡三所，八幡宫祭祀的三位神祇。
　　②　宇佐，指宇佐神宫，位于大分县宇佐市，为八幡信仰的源头。
　　③　《延喜式》，平安时代中期编撰的法令集，共 50 卷。延喜是年号（901—923 年）。
　　④　比卖神，音 himegami，指与主神关系密切的女神，并非一个具体的神名。文中的"比卖""比咩""日卖"等均是 hime 的不同汉字表记。
　　⑤　石清水，即石清水八幡宫，位于京都府八幡市，日本三大八幡宫之一。

是，在八幡东迁的初期，神是只有男女二尊的。亦即在天平胜宝元年十一月附身降言向京之际，所奉神阶①为大神一品、比咩神二品，翌年的二月则是充奉一品八幡大神，封八百户位田八十町②，二品比卖神封六百户位田六十町，并没有关于第三位神灵的记录。添加祭祀大带命，完成今天这种三社的形式，必须视作此时以后贞观以前发生的变化。根据《宇佐宫御降言集》③，比卖神最初的神谕是在天平三年正月，随后在天平六年建造了她的神殿，而大带姬则在那以后又过了八十余年，依据弘仁十一年的神谕才营造了与另外二神相仿的神殿。此书虽然原本就不能说是精确的旧记，但至少世人以为是神功皇后④的大带姬庙神社。其建造远较比卖神社迟，这一点是无可争议的。《神社覈录》⑤的作者在上文天平胜宝中的神阶神封记录所做眉批称"所谓比咩神即神功皇后，此无疑义"，无论如

①　神阶，朝廷向诸神奉授的文位和勋等。
②　町，长度单位，1 町相当于 60 间，约 109 米。
③　《宇佐宫御降言集》，全称《八幡宇佐宫御降言集》，1313 年宇佐弥勒寺学僧神吽所撰宇佐神宫的缘起书，共 16 卷。
④　神功皇后，《古事记》和《日本书纪》中的人物，仲哀天皇皇后，应神天皇之母。据传有通神能力，仲哀天皇不遵神谕而死后，皇后遵照神谕征伐新罗等朝鲜半岛国家，归途中诞下应神天皇。在应神天皇即位前，摄政 69 年。
⑤　《神社覈录》，江户时代末期京都吉田神社神官铃鹿连胤（1795—1871）著，上下 2 编，1902 年刊行。

何都是很勉强的结论。

那么这个大带姬庙神社的建立，是以应神天皇为八幡神这种信仰的结果抑或反过来是其原因，当然是一个难以下定论的大问题。但是，私以为，会因附身降言方式而向任何一种模样急剧变化的八幡信仰，借用 ootarashi① 这样一种并不精确恰当的神名，恐怕是极为值得注意的一点。换言之，为了说明大带姬神就是息长足媛皇后②，需要更多的注释，而这也许将会说明拜祭应神天皇母子的传说在当时尚未充分成立。关于宇佐的神到底是不是应神天皇的疑问，栗田博士③的《八幡神考》（《栗里先生杂著集》卷 1）已经做了充分论述，但尚未得到令人满意的答案。我并非打算在此之上添加多余的辩论以招致题目争议之人，但我们对博士的假说感到不安之处，是因为中世根据各种利害、基于各种学问所记述的僧徒巫祝的言行录之类，假设它们当中包含着若干真实情况可供调查的话，说得难听一些，看起来不过是将对自己有利的说法抽取出来，以此为

---

① ootarashi，即"大带"。

② 息长足媛皇后，即神功皇后。神功皇后之名为息长足媛命，又作息长带比卖命、气长足姬尊。

③ 栗田博士，即栗田宽（1835—1899），幕府末期、明治时代史学者，号栗里。《栗里先生杂著集》为其著作，1901 年由吉川弘文馆发行。

证据加以使用而已。想来像《宫寺缘事抄》①等所载录的很多旧记，中代的八幡传说并不像后世贝原氏②书中所见的那样单一，只能证明可以质疑的余地仍然不小。借此探寻信仰的根源，将不会起到作用。但是，在可以信赖的其他材料并不丰富的情况下，不得已作为一个权宜之计，将中世至少一部分人士所相信并传承的某些事实作为某种意义上远在其之前的时代的人的想法，又或者是他们理解错了的某某事实的痕迹，幽玄、不可思议的八幡信仰由来将由末世的研究而揭开面纱，变得如看花一般明白。虽然我尚未能抱有这样的希望，但无论从哪一方面来看，应该作为问题讨论的地方还有很多。这一点恐怕是没有争议的。

作为《巫女考》的续篇，我尤其想研究的就是这里的比咩大神的问题。在宇佐的本宫中，这位神被供奉在三殿的中央。这座中社的前方有告殿，即拜殿。虽然有因为她是在八幡大神示现之前就在此地坐镇的地主神，故而就照原来的样子放在中殿拜祭的说法（《八幡宫本纪》四），但从西社为第一殿、中社为第二殿这种自古以来的习

---

① 《宫寺缘事抄》，镰仓时代初期别当家的田中清道（1169—1206）整理、书写石清水八幡宫的传来文书、记录，在按照项目分类编辑而成的资料基础上，其子孙代代继续书写而成。

② 贝原氏，即贝原好古（1664—1700），江户时代前期儒者，纂述有《八幡宫本纪》等。

惯，以及神阶、神封的判定也总是较大神略低一等来看，这个理由不足采信。但也许是受到道教或佛教的"三尊"形式影响，从男山①请回来的时候，已经将男神奉于中央，而将姬大神奉祀于西殿。在其他将神殿分为三座的神社，似乎并没有不将主神放在主殿的例子。《宇佐宫缘起》等书中所载的比咩大神天平三年神谕，亦作"为大菩萨之副以助神威"，因此他们的关系应该没有什么可怀疑之处。但即便如此，后世之人依然有难以理解之处。亦即，既然说八幡大菩萨即应神天皇，大带命为神功皇后，那么比母亲神更为亲近和尊贵的比咩大神到底是什么样的神灵？其他两三个地方对这一问题采取了甚为大胆的解决方法。例如，河内的誉田八幡、长门的龟山八幡在三社的中殿供奉应神天皇的同时，分别以仲哀②、神功这一对父母为其左右的祭神。《朝野群载》③三中的《筥崎宫纪》等亦做同样记载，但这些并不能说明宇佐、石清水和鹤冈④等的比咩大神是什么神灵。

①　男山，即石清水八幡宫，别称为"男山八幡宫"。
②　仲哀，即仲哀天皇，应神天皇之父，神功皇后之夫。
③　《朝野群载》，对平安时代的诗文、宣旨、官符、书札等各种文书加以分类，由算博士三善为康（1049—1139）编纂而成，1116 年成书，其后有增补，最终完成时间推定为 1135—1141 年。原有 30 卷，现存 21 卷。
④　鹤冈，即镰仓鹤冈八幡宫。

二

　　《延喜式》完成之前，人们可能仅将姬神①视作某个女性神灵，但既然已经作为第二宗庙得到朝廷的崇敬，以现人神②之名奠定了历史上的基础，那么这位姬神也必须是历史上某个有名的人。由此，各种各样的说法被提了出来。在这当中，比卖神即玉依姬的说法，由于其理由意外地难解，似乎最为古今的学者所注意。此外有应神天皇之皇女(《诸神记》③)或皇姐(《镰仓志》④)，又或是皇后(《日次纪事》⑤"正月二十三日"条)等说法。最后一说似乎是相当容易发生的想象之说，但在《愚童训》⑥等当中所见却颇为用心，称

----

①　姬神，即女神，又或是彦神(男神)的配偶神。

②　现人神，意指在这个世界上以人的模样出现的神，又称现御神、现神、明神等，亦写作"荒人神"。此外，还作为生存期间获得与死者同样的尊敬，"是人的同时又是神"之意使用，主要指第二次世界大战结束前的天皇。

③　《诸神记》，神职家系吉田家的神社研究书，推定为战国时代末期所作。

④　《镰仓志》，即《新编镰仓志》，江户时代的地方志，以水户藩主德川光圀(1628—1701)在1673年镰仓旅行的见闻记为基础，由该藩藩士河井恒久(生卒年不详)编纂，刊行于1685年，共8卷12册。

⑤　《日次纪事》，以江户时代前期的京都为中心的年中节庆解说书，黑川道祐(？—1691)编，共12卷12册。

⑥　《愚童训》，即《八幡愚童训》，镰仓时代末期成书的八幡神灵验故事书，以愚童亦可理解的方式解说八幡大菩萨之灵验，共2卷。

神功皇后从龙宫借来干珠和满珠①之时，曾让龙王之女与腹中的天皇缔结婚约，是为妃子比卖大神，因而也成为近世关于八幡即是彦火火出见尊②之说的证据之一，又或者成为我论述应神即王神之误③时的材料（《乡土研究》1 卷 11 号）。与这些几近荒诞的传说相比，认为姬神即宗像三女神的说法似乎稍微有些根据，因此现时的学者中打算接受这个说法的人很多。但这恐怕是石清水等其他东国的劝请④社骤然间难以表示赞同的说法。贝原氏的《本纪》、橘三喜⑤的《一宫巡诣记》对此已经承认，据说是出自大宫司⑥家的说法，未必是由近代的考据家们最早发表的意见。但若论此说的根据，则

---

① 干珠和满珠，传说中有灵力的宝珠，为龙宫宝物，将干珠投入海中则海潮退去，将满珠投入海中则海水上涨。

② 彦火火出见尊，即《海幸·山幸》神话中的山幸，与海神之女丰玉姬成婚。

③ "应"与"王"发音均为 o（长音）。

④ 劝请，将神佛的分身、分灵移往他处。劝请社就是奉祀劝请而来的神灵分身的神社。

⑤ 橘三喜（1635—1703），江户时代前期的神道家，橘神道的提倡者。1675年起离乡巡回参拜各国地位最高的神社，在各地讲说神书，1697 年回到江户。这期间的纪行文就是《一宫巡诣记》。所谓"一宫"，就是令制国等一定地区内社格最高的神社。以下在意指专有名词的情况下，将直接使用"一宫"一词，除此之外均意译为"某某国最高级别的神社"。

⑥ 大宫司，明治以前管理伊势、宇佐、热田、鹿岛、香取、阿苏、香椎、宗像等神宫、神社的长官。

《书纪·神代卷》的"一书"①中，似乎有"日神②所生三女神，使降苇原中国之宇佐岛矣，今在海北道中，号曰道主贵。此筑紫水沼君等所祭之神是也"这样一段模糊记载（《武藏总社志》③中卷）。然而，只要 usa 这一地名古今不限于一处，以及只要所谓水沼君氏住在丰国东郡并侍奉祭祀此神一事无法证明，便令人难以简单地同意此说。宗像之神总是三尊在一处示现，往往以"三女神"这一简单的称谓享受祭祀，形式上也明确是三座神像。若说唯有宇佐宫中是一座比卖神，则只能认为当时将三位神灵分别拜祭的说法已经失传。此外，似乎也有仅三女神中间的湍津姬命附祭于第二神殿一说，但难知其由来。如果一个人认为神武天皇的母神被合并祭祀在宇佐的做法没有理由，却认为如果是宗像的女神则有可能这样做，那么无论如何都是矛盾的，但中国地区④以西那些看起来直接从宇佐劝请而

---

① 一书，书籍编纂中由未收入资料编辑而成的其他版本，异本。

② 日神，即天照大神。

③ 《武藏总社志》，猿渡容盛（1811—1884）以其父猿渡盛章（1790—1863）著《新撰总社传记考证》为基础所著的考证书，1868 年完成。

④ 中国地区，明治后期将日本分为 8 个地区的其中之一，指位于本州西部的区域，由鸟取县、岛根县、冈山县、广岛县、山口县构成。"中国"一称来源有诸多说法。其一，古代对畿内和西海道之间的通称。其二，古代以畿内为中心将日本各地分为近国、中国、远国，相对于九州地区的远国，此地相当于中国，故有此称。但这些起源说都无法确定。

来的八幡神社，现在似乎大多接受此说。

在小寺清之①的《老牛余喘》中，有以下一说：宗像三女神是由玉生出的神，可能是出于这个缘故，在宇佐便将其与玉依姬混称（《下总国式社考》②所引）。这一说法恐怕无论谁看了都会毫不犹豫地评价为牵强附会，实际上却是从将神称为玉依姬这一名字出发，意图搞清楚这一说法由来的最初尝试。称宇佐的第二神殿所祀者为玉依姬的说法，始于《降言集》等中世的社记之类。当然，并不是说这就是旁证，但如果说无论是附身降言还是后来的访谈录都不会在没有任何联系之下突然说出空口无凭之事，应该也不算强辩。因此，到底是从什么时候开始流传这样不常见的说法，这个问题应该有仔细思考的必要。栗田博士在其考证中对中世社僧之辈的虚构深为痛恨，但他不仅仍然从他们的笔录中采纳了关于玉依姬的内容，而且还蹈袭了玉依姬就是神武天皇之母的主张。为了给自己关于八幡就是彦火火出见尊的说法提供便利，他甚至提出了玉依姬可能便是丰玉姬的论点。这种材料取舍之法的问题，是我们最应该提出异议的。既然已经承认了原本的社传，何故如

①　小寺清之(1770—1843)，江户时代后期国学者，《老牛余喘》为其随笔集。
②　《下总国式社考》，江户时代后期至明治时代初期国学者、历史考证学者清宫秀坚(1809—1879)著，刊行年月不详。

此轻易地放过在我们看来极为棘手的灶门神社①的玉依姬神？这不得不令人惊讶。想来宇佐与灶门山之间应该至少在某一段时期内有紧密的关联。这里的所谓宝满菩萨即玉依姬，据说左右相连的神殿内分别拜祭应神和神功，而在筥崎亦有将神功皇后置于中央，拜祭次三尊神灵的说法（《筑紫道记》②），亦即看起来与近国③的宗像三社或者纪州熊野的三所权现④等形式相同，三尊交替成为主神。又或者像传为八幡大神延喜年间的神谕中所说的那样："灶门是我伯母，参诣之辈从该社无视而过，使我甚为心痛。"无论如何，只要能够令某一时代的信徒心悦诚服，这样的现象便是一个重要的观察点。无论是像明治初期的陵墓调查官那样，将这座山迅速判断为神代的皇后御陵，还是像中古的天台宗僧侣那样，认为这是弁财天女⑤的垂迹或坚牢地神⑥的示现，在相隔不远的宇佐和筥崎有相同

---

① 灶门神社，位于福冈县太宰府市，又称宝满宫、灶门宫，祭祀玉依姬命、神功皇后、应神天皇。

② 《筑紫道记》，室町时代连歌师宗祇（1421—1502）于1480年由山口出发，途经太宰府、博多等地进行为期36天旅行的日记。

③ 近国，律令国等级区分之一，离畿内近的律令国。

④ 权现，日本神的神号之一。佛教的佛或菩萨以假借形象出现的日本诸神。

⑤ 弁财天女，即弁才天，因同音而常作"弁财天"，佛教天部神之一，随着神佛融合被神道吸收，在日本有诸多变形。日本的弁才天吸收了吉祥天等其他神祇的特征，与印度、中国有微妙差别。其真身垂迹多与宗像三女神之一市杵岛姬命等同。

⑥ 坚牢地神，佛教天部神之一，司掌大地，通常为女神。

的神受到祭祀这一事实不应该没有某种解释。《续风土记》的作者①
甚至对此颇为努力地做了说明，称八幡神所说的"灶门是我伯母"，
实际上是如伯母一样亲近的意思。即使勉强不去讨论这种说法是否
难以成立，也仍然留下了为什么与八幡神如此亲近的女神是玉依姬
的问题。另外，也有将玉依姬作为神功皇后的姐或妹，或者皇后的
名字，又或者像长门丰浦郡乳母屋神社的古老传说那样，是震旦国
的王女归化日本后成为仲哀天皇乳母，或是像同郡杜屋神社所称那
样，是应神天皇保姆的说法（《明治神社志料》②）。将其解释为神武
天皇之母以外其他女神的说法也越来越多，但在书籍上流传的最为
古旧的说法，还是将其解释为神代史上的玉依姬。若将这一说法作
为不可动摇的基础，那么社家、信徒方面只要称之为神秘、不可思
议之事便可，而研究者则会像栗里先生那样，虽然多少有些勉强，
但也只能将天孙降临③以后的历史中心放在宇佐。此外，在宫寺④

---

① 此处应指《筑前国续风土记》的作者贝原益轩（1630—1714）。贝原益轩为
江户时代本草学者、儒学者，《八幡宫本纪》作者贝原好古为其侄，后收为养子。

② 《明治神社志料》，关于全国府、县、乡各级神社的由来与现状的资料集，
井上赖囶、本居丰颖、物集高见监修，1912 年刊行，共 3 册。

③ 天孙降临，即神孙降临。日本神话中，日照大神之孙琼杵尊受神伤，带
着从日照大神处所受的三种神器从高天原降临在高千穗峰。

④ 宫寺，神道和佛教融合而产生的，在神社设置、对神社进行管理的寺院。

刚刚开始出现的时代的各种缘起中，还有海神的往来、龙王的婚约之类多少有助于其空想的材料。但是，拘泥于名称从一开始就是谬误，所以与史料的增加成正比，其相互抵触与混乱愈发严重。因此，为了简化讨论，无论如何都要先将玉依姬这一神名的意义搞明白。

三

认为玉依姬之名上下古今都属于唯一一位尊贵女性的想法，恐怕是最为容易订正的谬误。《神社覈录》的作者在"信浓埴科郡玉依姬比卖神社"一条中这样写道："玉依姬者，同名异神之三神也。难知当社所祀者为何，唯以与诹访神之缘思之，则其为葺不合尊之妃耶？"那么，诹访与此社除在同一国之外，到底还能想象他们之间有什么样的缘分呢？想来，这里的"三神"可能指除神武天皇之母以外，还有三轮的大物主神①之妻、神职之祖神活玉依媛，以及下鸭御祖神社的祭神、上贺茂的别雷命之母多多玉依比卖。但必定限于

---

① 大物主神，日本神话中的神名，奈良县樱井市三轮山大神神社的祭神，其妻为活玉依媛，所生之子大田田根子成为祭祀大神神社的神主。

以上三神中的某一位吗？之所以有这种说法，完全是因为吉田一流的独断余弊。他们认为，若非在《古事记》①《旧事纪》②的数页记载中能够得见其名的神，便不会成为各社的祭神。我打算在此篇尝试论证的正是以上推测毫无理由。据我所见，玉依姬之名本身意味着专得神灵眷顾。亲近侍奉、参与拜祭神灵的贵女常常伴有此名，并非不可思议之事。认为这一名字最初是指高级祭祀女官的普通名词的看法，可能才是正确的。因此，如果神武天皇之母名为玉依姬，事实上可能是协助其父皇执行灵贵职责，或单纯因为这是佳名而采用。这个问题先不谈，简言之，她仅是一名玉依姬而已。宇佐和灶门山的玉依姬也是同样的一种人，这一点当然没有其他充分的理由，但也不能否定。由此，宇佐的比卖神成为玉依姬一事，也有与之相应的其他理由。

在说明这个理由之前，首先要阐述一下的就是，八幡以外的各个神社同样祭祀比咩神的例子有很多。在社中只有两位神灵的情况

---

① 《古事记》，日本现存最早的历史书、文学书。据其序，由太安麻吕编纂于712年，呈献给元明天皇。

② 《旧事纪》，即《旧事本纪》《先代旧事本纪》，平安时代前期历史书，共10卷，作者不详，被认为成书于806—936年。

下，由于通例是以日子和日女①作为区别而冠以同一名字的缘故，似乎将其解释为夫妇神，谁都不会怀疑。但是，在三尊以上的群神当中受拜祭的比卖神，其由来便往往一直不得明了。在山城的大社，平野祭神四座中的比卖神正是其中一例，幸而在八幡神的本质明了之后，通过类推可以得知其来历。其次是摄津的住吉坐神社四座，在《书纪》②中作"墨江之三前大神"，而后面却配有一座女神，现在这也已经定论为神功皇后。这是《释日本纪》③以来流传的说法，另外在《奥仪抄》④中还有衣通姬的秘说。春日⑤以及大原野⑥的所谓四所大明神也同样是三位男神与一位女神，但这里的比卖神原本是在河内的枚冈⑦与天儿屋根命⑧成双设置，此事从仪式的祝词行文中便可以想象，亦即应该与大带姬神配祀之前宇佐八幡宫的

①　日子和日女，分别读作 hiko 和 hime。"日子"即"彦"，发音相同，为男子的美称；"日女"即"姬"，为女子的美称。

②　《书纪》，《日本书纪》的简称。

③　《释日本纪》，镰仓时代末期的《日本书纪》注释书，略称《释纪》，卜部兼方（生卒年不详）作，共 28 卷。

④　《奥仪抄》，平安时代后期的歌论，藤原清辅（1104—1177）著，约成书于 1124—1144 年，共 3 卷。

⑤　春日，即奈良的春日大社。

⑥　大原野，即京都市西京区的大原野神社。

⑦　枚冈，即今大阪府东大阪市的枚冈神社，古代河内国中的最高神社。

⑧　天儿屋根命，日本神话中天照大神藏在天之岩屋内时上奏祝词的神。天孙降临时伴随的五伴绪神之一。

形式相同。白山的菊理媛命①是其中显著的例子。她也与宇佐一样，虽然具备了三所权现的形式，一直以来却只有比咩神特别受崇拜，这可能是因为得到了天台神道②教理的支持。在其他情况下，当她被解释为诸神之妻时，几乎都是作为同位同体得到崇信。若是神的女儿或妹妹则会低一等，其后更会被放到摄社、末社③这些低微境地。在八幡宫是姬若宫④的宇礼、久礼之类，在阿苏神社则是四宫比咩御子神，便是这一种情况。制作神的系谱图去论述其亲疏，原本是胶柱鼓瑟之见，但尽管如此，像宇佐是神武天皇之母这样唐突的说法，在别处未曾听闻。简言之，就我所见，从山城、肥前两国的淀神社⑤起，河内道明寺则传为菅神⑥的伯母，一直到伊势辛洲宫⑦的天照大神姨母一说，似乎曾经有比卖神被视作所有主神的亲族女性而享受祭祀的时代。

---

① 菊理媛命，日本神话中的女神，全国各地白山神社的主祭神。
② 天台神道，平安时代末期到镰仓时代之间，从天台宗总本山比叡山延历寺产生的神道流派。
③ 摄社、末社，神社中附属于本社的小社。
④ 若宫，父母辈神灵（御亲神）的下一代神灵（御子神）及其神社。"姬若宫"即女性子神。
⑤ 淀神社，京都府、佐贺县的与杼神社，祭神为三尊女神。
⑥ 菅神，菅原道真的神灵，天满天神。
⑦ 辛洲宫，即位于三重县津市香良洲町的香良洲神社。

四

　　然则，这位别名玉依姬的比卖神，原本是八幡神的什么人呢？坦白地说，我认为最初是将她视作被称为八幡的王子神之母，也就是信其为天神之妻而开始拜祭的。后来，由于大带姬神示现，支持了神功皇后和应神天皇母子神之说，这位姬神的本质归于不明。这也是无可奈何之事。但幸得玉依姬之名意外地保留了下来，得以与其他神社的同名之神进行比较，使我这个看起来过于奇怪的观点不难证明。由此，下面我将尝试按顺序举出类似的例子。

　　受宇佐和筥崎影响最甚的九州地区，有两个明显与前文所述不同系统的玉依姬传说。第一个是肥后玉名郡玉名村大字玉名①的玉名大神宫。这座神社的祭神，如今已经将伊势和阿苏的祭神合并为五座神灵，但其旧名称作遥拜大名神，据说是菊池②初代领主藤原

---

　　①　大字，"市町村"行政区划的"字"之一种。"字"的起源已无法追溯，相当于一般意义上的"村"。"大字"是 1889 年施行的市町村合并中，原本的村名被保留而形成的一种区划。例如，A 村与其他村合并为 B 村，其新地址则被写作"B 村大字 A"。"玉名村大字玉名"即玉名与其他村合并为玉名村后的新地址。

　　②　菊池，肥后国菊池郡(今熊本县菊池市)。

则隆之女玉依姬所创立。玉依姬以玉名郡为化妆田①，住在辻城，每月到阿苏神社参诣，由是尊明神之言，称自己所住之山为若宫神，以遥拜宫为西配殿，又有尊崇其父则隆为八幡的社殿。此外，还有俚俗之说，称玉依姬为嵯峨天皇在位时代的人，迁来肥后国时被授予该郡为化妆田，而原本称作土车的地方，由于成为贵女的住所而更名为玉名(《明治神社志料》)。据推测，所谓若宫，是这位女性开始拜祭的神，不知道是来自伊势还是来自阿苏，但从另有遥拜宫来看，总之并非主神的神社。将武士或其他普通人称为若宫加以祭祀，是八幡信仰的特色之一，但这恐怕是有若宫之名后产生的说法。这里应该注意的，是巫女和神都来自其他地方这一点。第二个关于玉依姬的著名说法，围绕着萨摩南部流传了很久。古来的俗说中，这位玉依姬是以仙人为父、以灵鹿为母的绝世美女，据说她在天智天皇时代曾被召入宫中充为妃嫔，但因恐惧后宫的嫉妒而遁回乡间，最终成为此山之神。这个地方的民间信仰与宇佐的相似之处在于，各地称为六所明神，在天皇和玉依姬之外，还有男女各二的若宫合并祭祀的做法，此外还有在姬神归国船中诞生的皇女的神

---

① 化妆田，武士之女在结婚时以化妆钱的名义被授予的，仅限其在世期间拥有的田地。

社。另有一点必须说明的，是所谓山路的养牛人①的古净琉璃中，被口口相传的用明天皇微服临幸的故事，在大隅国和萨摩国一带则原样放在天智天皇身上。近代麑藩②的国学者虽然特别憎恶这种毫无根据的说法，但为有助于所谓地方骄傲的神代旧迹争夺，很早就将以上奇怪的贵人流寓传说用作主张这一海门灵山即所谓冲津鸟凫著岛的资料。时至今日，已经到了连小学生都背诵所谓祭祀天智天皇就是祭祀彦火火出见尊、玉依姬就是丰玉姬之类讹传的程度。但这到底还是基于无法想象世上会有第四、第五位玉依姬这样一种目光短浅的观点，所谓开闻的缘起③和神代史的海宫④原本就有很大差异。而且宫中的贵人因恋慕美女而流寓偏僻之地的故事，绝非只有丰后的真野长者⑤传说。这类故事一点点变形的同时，一直流传

---

① 山路的养牛人，真野长者传说中，橘丰日皇子（后来的用明天皇）微服出京，改名为山路，在长者家当养牛人以求娶长者美貌女儿的故事。

② 麑藩，即萨摩藩，正式名称为"鹿儿岛藩"。由于"麑"字包含"鹿""兒"两字，故以此一字表示"鹿儿岛"。

③ 开闻的缘起，《开闻山古事缘起》（传为开闻神社别当瑞应院和尚快宝上人1746 年所作）中山幸彦与龙女丰玉姬的异类婚故事。

④ 神代史的海宫，日本神话中的山幸彦与龙女异类婚的故事。

⑤ 长者，通常指富翁，同时还有"福德圆满之人"等含义，故保留"长者"的汉字表记。

到奥羽的边缘，换言之，这与《竹取物语》①的赫夜姬等是同一系统的古老故事。偶然选取其中一个作为神代史的讹传，这种做法不得不说是极为草率的。民间的传说原本并非以历史为根据形成，但总而言之，对那些在很长的历史时期里，人们都相信拜祭称作玉依姬的女神和作为其配偶的贵人，以及其王子、王女的做法，以并不确切的学问去改变其解释的想法是不对的。

五

关东、东北的府县分布着很多羽黑神社，拜祭名为木花开耶媛的生育神的同时，以玉依姬为祭神。作为其本社的羽前羽黑山，如今已经被认定为《延喜式》中的伊氏波神社，其神灵也被恭称为伊氏波神。《和汉三才图会》②等书，有其为仓稻魂命③的说法，而《出

---

① 《竹取物语》，平安时代的故事，作者不详，据信约形成于9世纪后半叶或10世纪中叶。竹取翁从竹中发现并养大的赫夜姬极为美貌，拒绝五名贵人的求婚，不应帝召，在八月十五当夜返回归月中。
② 《和汉三才图会》，由江户时代中期医师寺岛良安（1654—？）以中国的《三才图会》为范本编纂的日本类书（百科全书），成书于1712年，共105卷。
③ 仓稻魂命，日本神话中的神，为水稻之灵神格化而成，司掌五谷和食物。

羽风土略记》①则认为这种说法没有根据，提出所拜祭之神为玉依姬的说法。这里的神也与宇佐一样有三尊，但名字甚不明了，应该被视为信仰中心的，毋宁说是作为其摄社的蜂子皇子。据说蜂子是崇峻天皇之子，与圣德太子为堂兄弟的关系。虽然因容貌丑陋而被弃于边野，但因缘际会，在此地隆兴佛法，得入仙道而被尊为灵山的开山之祖。故事与白山、箱根、伊吹等诸神社的草创记甚为相似。估计是编写缘起的法师们只有半生不熟的史学，因时代久远而无法将姬神与王子的关系说清楚。即便如此，据说蜂子太子最初驻足的八乙女洞，又或称为玉依姬灵窟，不仅隐约可见初期的信仰，而且今天仍然在除夕夜守岁之时，终夜歌唱名为 *Syamojiya* 的鄙俗歌谣。据传这样做是因为玉依姬神喜听性歌谣，尤其喜欢 *Syamojiya*（《三山小志》②），令人不禁想象这就是羽黑神子舞的起源。而主张这里的玉依姬就是宗像三女神的人，很可能也是从宇佐学来的新见解。但是，自《羽源记》③以来，与萨摩的古学者一样，称其为日向朝廷的尊贵女性的说法，在出羽的深山里也流行起来了。

---

① 《出羽风土略记》，进藤重记（生卒年不详）所作出羽国地方志，共 10 卷。

② 《三山小志》，关于山形县鹤冈市的出羽三山信仰灵山羽黑山、月山、汤殿山的地方志，1901 年出版。

③ 《羽源记》，羽黑山住僧健元院信介在 1624—1657 年访寻故老，以其体验口述为基础而编写《奥羽越战记》10 卷，其后增补成 20 卷《羽源记》，成书于 1843 年。

在东部日本有一位令人意外的玉依姬神，就是下总香取郡橘村大字宫本的东大神，也称为香取御子神，其祭神传为玉依比卖命。她的神体据说是从海中感得的一枚灵玉。很可能是出于这个原因，她的其中一个神号是玉子大明神。据传在康和三年四月，海上郡高见的海面发生震动，波浪滔天，数日不止，当地人向朝廷奏闻后将这个神社的神舆迎到海边，平息灾害的时候得到此玉，这就是尔后每年习惯在四月八日将神舆抬到海边举行祭礼的滥觞（《明治神社志料》）。此地以前属于海上郡。但是称其为香取御子神一事，当中是否有什么详情，目前我还不知道。与此相反，自现在的海上郡饭冈町大字饭冈起，九十九里滨①沿海各处所祭祀的玉崎神社祭神，全部都是玉依姬，此事与上述玉子大明神的神社有关，这一点首先是毫无疑义的。这些玉崎神社的本社，是上总长生郡一宫町的国币中社②玉前神社，亦即上总国的最高神社。现在，其祭神被称为生产

———————

① 九十九里滨，千叶县房总半岛东岸，从刑部岬到太东崎之间长约66千米的海岸。

② 国币中社，国币社为律令制下由令制国拨付币帛或币帛金的神社，以及自明治时代起至第二次世界大战结束为止模仿律令制设立的近代社格制度中，由地方官拨付奉币的神社。在近代社格制度下，从国家获得奉币的称为官币社，与国币社合称官国币社，其内模仿律令制社格，分别设大、中、小三个等级。国币中社即国币社的中社。

灵尊，设有大宫和若宫两座。此外，该社还有祭祀天明玉命的说法，恐怕这两种说法都只是推测。根据《房总志料续编》①，该社在八月十三日的祭礼上，由内乡四社中原、和泉、椎木、纲田出发的神舆，四处皆被称为玉前大明神玉依姬命。至少在氏子当中是这样认为的。而这一神社一直流传到近世的灵验故事，无论怎么看都与上述海上郡玉子大明神相似。《上总国志》②记载的该神社起源是：曾经有一位地方上的老翁偶感异梦，早上到海滨去，东风吹起，有一物形如风神的袋子，发着光飞来，飞到面前一看，乃是一颗明珠。老翁将明珠卖掉建起这座神社。该社神职风袋氏即老翁后人（《地名辞典》）。据我所知，这个故事极端平凡化以后，就是在《本朝俗谚志》③等书中所载玉前明神浪来石的传闻。在《俗谚志》中为下总国，在《云根志》④中则为下总铫子浦，在《笈埃随笔》⑤《和训

---

① 《房总志料续编》，田丸健良（1774—1846）所作房总地方志，1833 年成书，为中村国香（1710—1769）《房总志料》的补充和续作。

② 《上总国志》，安川惟礼（1819—1898）所著上总国地方志，共 6 卷，1879 年出版。

③ 《本朝俗谚志》，江户时代菊冈沾凉（1680—1747）著。下文《俗谚志》为其简称。

④ 《云根志》，关于奇石的博物书，作者木内石亭（1725—1808），共 3 编 16 卷。

⑤ 《笈埃随笔》，白井塘雨（？—1794）所著随笔集，遗稿 12 卷。

栞》①中则是发生在上述一宫町的事。这座神社的鸟居②建在很靠近海边的岩石上，据说每天在鸟居附近都会有四五块大小不等的圆石头被浪打上岸。神主捡起来堆在神社旁边，像小山一样。由于这附近总的来说是缺石头的地方，周边乡村的村民遇有建筑工事，便来讨去供基石之用，称之为玉前的浪来石。从古人歌咏赞叹被冲到岸边的玉之类的东西，据说也仅是指美质的小石子之意来看，也许足以推测像浪来石这种程度的神灵恩德有时候也会产生"玉寄"的神名。但是，若论到上代的信仰，则很少有如此简单的情况。《古今著闻集》卷1记载，延久二年八月三日上总国一宫的附身降言中说：怀孕后已及三年，如今明王治国之时来临，将诞若宫。据此到海边一看，有明珠一颗，是其本体无疑，诚为不可思议之事。上述"其本体"一语，说明御前神社原本的神体到底还是灵玉。若如此，这座神社与东大神存在相似的传说，未必是延久年间祥瑞之事的误传。想来在今人眼中只觉奇怪的上述降言，恐怕实际上是在不同时代、不同场所反复发生的事，而这又是这些地方的玉依姬神的神德。要证明这一假说，必须进一步对若宫诞

① 《和训栞》，江户时代中期国学者谷川士(1709—1776)所著辞典，共93卷。
② 鸟居，建在神社进香道入口处或殿宇围墙上所开的门，为神社神域的象征。

生的思想再做深究。

六

将石头作为神加以尊崇信仰的古来风习，至少其中一部分是来源于大海的灵异。某日风吹起来，从苍茫波涛底下，被波浪推到岸边的美丽或形状奇异的石头，被认为是由目所不能见的灵力带来的，乃是极为自然的事。关于这些，有能使万人信仰的降言等为据。《三代实录》①"贞观十六年九月八日"条中记道，石见国上奏曰，有石神二尊由出云国来，是日天皇授此二神从五位下。有一种说法认为，这应该也是将海中冲上来的石头从出云国移来，但此说尚未得到确证。在这条记录之前的齐衡三年出现在常陆国大洗岩石海岸边上的石神，则恰是上总玉前神的类例。根据《文德实录》②，有煮盐翁夜眺海上，见光耀烛天，翌日天明，视岸边有尺许怪石二，其体神造，非人间之石。其后一日，又有二十余小石色彩非同

---

① 《三代实录》，即《日本三代实录》的简称，平安时代历史书，记清和、阳成、光孝天皇三代 30 年间事，编年体，共 50 卷。由藤原时平、大藏善行等奉宇多天皇之命撰，901 年成书。

② 《文德实录》，即《日本文德天皇实录》，平安前期历史书，记文德天皇在位 9 年间事，编年体，共 10 卷。藤原基经、菅原是善等撰，879 年成书。

寻常者聚来，在前石左右如侍座。在地方官的公文中，也将此事记为"神灵新降"，并称此时神附人身，宣其降临理由道："我乃大奈母知少彦名命，昔造此国，事毕离去，往驻东海，今为济民归来。"这一信仰略做变形，长久以来遗存在渔村，从散布各地的惠比须神由来即可推测得知。在如今这个时世，熊野的那智黑现在已经仅仅作为制造围棋子的用石为人所知，而津轻卒土之滨的舍利石已经不过是民居炉边的装饰。但若回到过去，一窥对其珍而重之的人们的心境，就会发现它们伴随着石成长或石分身这样一种意义深远的俗信。这类传言有哪些部分能够获得自然科学的承认，我尚未知晓，只不过将其归为神灵之力的例子比比皆是。南河内的驹之谷村大字大黑，出地方名产大黑石。大黑寺缘起中记述此石由来称，过去役行者①在葛城山修炼之时，大黑天出现在山顶，授其孔雀明王之法，行者由此开创修验道，自刻大黑天现身之像在此安置。自此，在石头河床上的流水中，每天均有一颗形似大黑天像的小石头从上游的金刚山流出（《河内名所图会》②）。由熊野或伊势携来的小石头

---

① 役行者，传说中 7 世纪末大和葛城山的咒术师，被视为修验道之祖。在信奉山岳佛教的各山中均有役行者的传说。

② 《河内名所图会》，"名所图会"为江户末期刊行的关于各地名胜旧迹、风景区的由来、交通等情况，并插入大量写实性风景画的通俗地方志。《河内名所图会》为 1801 年刊，共 6 卷。

逐渐成长或生子的故事，在全国各地都有。其中海南种子岛坂井浦的熊野神社传说是作为神体的小石头经过很多年后高达四尺余，且生子达十一个之多，其中一个分灵到鹿儿岛。人们为其建神社一座，而这枚子石也产有一子，成长后其形状与母石相同。但是，关于这座神社的海边，还有自上古以来每年除夕之夜，一块由海底而来的大石头出现在沙滩上，这些石头相连形成一片陆地的说法（《萨隅日地理纂考》①）。对马船越村大字芦浦的乙宫神社，又称为盐灶社，其祭神亦是玉依姬。据说在这座神社，每年从海上由神送来的石头，或十二块，或十三块（《津岛记事》）。这里的乙宫，可能就是若宫之意。这些都可以视作不再相信神灵生出石体以后，内容多少发生了变化的故事。前面提到过的信浓埴科郡玉依姬比卖神社，在很久以前同郡的东条村池田宫，又名矶并三社大明神的，即可作为一个例子（《地名辞书》）。这座神社也有奇石诞生的祥瑞之事，每年正月为此举行严肃的石占神事。这些石头称为儿玉石，被视为神宝。明历年间以后的记录称，在仪式当天恭恭敬敬地打开七重纸包，以数子石的数量和形状占卜领主以下各村的吉凶。第一年小石

---

① 《萨隅日地理纂考》，明治时代的萨摩、大隅、日向地方志，鹿儿岛私立教育会编。

头的数量有六十余，其后有增有减。据记录，宝永三年有二百九十二颗(《土块鉴》①)。也有人说神名的"玉依"是"玉占"的讹误，若依我所见，这种说法不值一顾。只要知道这座神社后方山腹路旁有一块六尺见方的被称为儿玉石母石大石头的说法，便可以推测，这里的神宝灵石也是在与上总的玉前宫同样的教理之下诞生的。

<h1 style="text-align:center">七</h1>

我认为，仅凭以上诸例，玉依姬这一神名的意义已经明了。所谓 tama②，原本就是神的灵。所谓 yoru③，就是其灵附在人类身上，仅侍奉神的巫女、尸童做超人间的言语亦可使用这一称谓。然而，过去显现了更加具体化的灵力，灵力成果的出现又愈发证明其凭依的身体非人而近神。明玉诞下儿孙的传说，我想应该是表示神的分灵并非徒有虚名的一种象征。如果从另一方面加以说明的话，像这样能够管理灵石的，仅限于以附身降言为职分的巫女。因为她们能

---

① 《土块鉴》，收录松代藩(现长野县松代町松代)领内地理、传说等的地方志，宝永年间(1704—1711 年)落合保考著。

② 玉依姬的发音为 tama yori hime，tama 即这里的"玉"。

③ 玉依姬中的"依(yori)"的动词形态。

够主张自己的祖先也即上代的巫女，是可以接近神，达到产下神的王子的程度的神异女性。同时，过去的氏子连如今我们无法相信的事也能够相信。这就是玉依姬信仰的起源。若宫诞生的传说，在大和的春日明神那里也曾经有过。《春日社记》记曰："若宫出生，朱雀天皇①朝承平三年之事也，其后六十六代，一条天皇②朝长保五年三月三日巳刻，时风③之五代孙中臣是忠④拜见之，旧记有之。"而《诸社根元记》则不相信这种说法，力陈若宫出生应在神代，在保延以后另造神社迁往（以上见《古事类苑》⑤）。但若与上总最高级神社在延久年间的降言集合起来考虑，则这种程度的不可思议在那个时代是不需要感到奇怪的。我并非把所有的若宫诞生都认为是神石分出的子石，只不过我认为，为了确立这种程度的虔信之心，有必要用神托以外的某种具体方法向世间宣示这一事实。《日本灵异记》⑥下卷记录了一则故事：美浓方县郡水野乡楠见村一个姓县的

---

① 朱雀天皇（923—952），第 61 代天皇，在位时间为 930—946 年。

② 一条天皇（980—1011），第 66 代天皇，在位时间为 986—1011 年。

③ 时风，即平安时代春日大社神主中臣氏之祖，生卒年不详。

④ 中臣是忠，平安时代春日大社神主，生卒年不详。

⑤ 《古事类苑》，明治时代政府所编百科事典，内容广涉历代制度、文物、社会等各方面，1896—1913 年陆续出版。

⑥ 《日本灵异记》，平安时代前期的佛教故事集，药师寺僧景戒（生卒年不详）著，共 3 卷。

人，其女年二十余未婚，延历元年二月下旬怀孕三年后诞下两块石头。因石头的大小有一丈四尺见方，应该是成长以后测量所得尺寸。其一色青而有白斑，另一则全是青色，据称每年都会增大。其邻淳见郡内有大神名为伊奈波，托卜者之言宣道："该女所产二石是我之子。"因此，该女子便在家中被尊为神灵凭依之人而享受供奉。此等事古往今来尚未见闻，亦圣朝中一奇异事实。虽然据说宇佐的神也在其后以黄金之牌制作了神体，但是当初成神之时，在马城峰出现三块高宽各一丈五尺的大石，每块大石上均有一洼清水，神的形貌映在水中。这种说法可见于前文所述的《降言集》中。为了推断这类对石的崇信和比卖神之间的关系，虽然难免会让读者感到烦扰，但还是必须先陈列若干旁证。

八

我在目前为止的引用中，特地留下了贺茂和三轮两处玉依姬传说未涉及。关于贺茂，由于伴翁①在《濑见小河》中已经进行过

---

① 伴翁，伴信友（1773—1846），江户时代后期国学者，《濑见小河》为其所作贺茂神社考证书，1841 年成书，共 4 卷。

颇为周到的史料批判，我便放心地在这里抄出它的概要。根据《袖中抄》①等引用的贺茂神社缘起，玉依日卖是贺茂建角身命之女，玉依日子则是玉依日卖之兄。玉依日卖在石河的濑见小川附近玩耍时，有一支朱漆的箭从上游顺流而下。她把箭捡起来插在床边，不久便感生诞下一名男婴。《贺茂旧记》②中也载有此事，甚至叙述道有一美箭随河流而来靠近其身边，其遂捡起来插在床下，此箭夜间化作美男子与之交欢。男婴成长以后，身为其外祖父的建角身命为了知道男儿的父亲是谁，招请诸神汇集，举行七日七夜宴会，对男儿说，若认为哪位是你的父亲便请将此酒敬给他。男儿听闻此言，即刻举起酒杯向天为祭，酒杯穿破屋脊飞升到天上。于是，男儿依外祖父之名，称为贺茂别雷神，也就是如今上贺茂神社的祭神。其舅玉依日子的后裔，就是神职贺茂县主。被称为御阿礼的将神木竖起来的仪式是该社特有的祭礼。据说原本是御祖神在恋慕哀思的夜梦之中，告知男儿若要见到身为天神之子的父亲，便如此这般举行祭礼的神定仪式。古书中也称，所谓 miare 这一说法，恐怕是神灵诞生之意（《乡土研究》3 卷 9 号）。由此看来，有足够的理由推测这里

---

① 《袖中抄》，平安时代末期的歌学书，歌人显昭（约 1130—1210）著，文治年间（1185—1190 年）成书，共 20 卷。

② 《贺茂旧记》，记录贺茂神社 1193—1274 年周边情况的年代记。

的玉依姬是其他女神。若如此，则在研究难以取得进展的时代，众说纷纭实在是情非得已。《雍州府志》①卷2认为她是鸬鹚草葺不合尊之后玉依姬，因是将初代人王之母祈请而来，所以把下鸭神社的祭神称为御祖神；《名所都鸟》②第6册中也载有同样的说法，并称上贺茂神灵是最初降临在此国的天孙琼琼杵尊。所幸这些说法早就已经被证明是谬误。

所谓三轮神话当中，如果要列举出最接近上文贺茂神话的故事，便是《古事记》中所述神武天皇的皇后为神灵所生之事。三岛湟咋之女中有一名为势夜陀多良比卖的美人，美和的大物主神为之心动，化作朱漆的箭进入此家水沟中顺流而下，刺入美人阴部。美人将箭带回屋内放在床边，此箭忽然化作美丈夫与其行敦伦之礼，所生者即比卖多多良伊须气余理比卖。在《新撰姓氏录》③卷14，大和国的"大神朝臣"条中，美人则是名为三岛沟杭耳之人的女儿玉栉姬。大国主神娶此姬，因仅在夜间来访，未明即去，此姬将苎麻纺成线绑

---

① 《雍州府志》，关于山城国（现京都府南部）最初的综合性、体系化的地方志，黑川道祐（1623—1691）撰，共10卷。
② 《名所都鸟》，江户时代中期的名胜指南书，记录了山城国名胜70余处，作者不详。
③ 《新撰姓氏录》，平安时代初期815年，由嵯峨天皇下令编写的古代姓氏录，共30卷及目录1卷。

在神的衣服上，天亮后循着苎麻线寻觅其踪迹，最终到达大和国的真穗御诸山。回程中再看遗留的苎麻，只剩三根细丝，遂依此以大三繑为姓。这种颇似在后世也常看到的缘起故事的三轮山由来，在《古事记》的"崇神天皇"一条中已经存在，且比上文的故事更为详细。作为三轮神社最初的神职意富多多泥古，被以神灵之子的理由载录其中。而在《日本书纪》中，其名字则为大田田根子，是大物主神的神裔，并为大神氏先祖。① 在《古事记》和《日本书纪》两书中，除将美人之名记作陶津耳命之女活玉依比卖之外，还有其他与贺茂的玉依姬故事相近之处。亦即美人的父母对女儿没有丈夫而怀孕一事感到奇怪，为知道其人是谁，教女儿将红土撒在床前，又或是纺麻线穿针刺在神的衣摆上这样的情节。如果进一步思考其中细节，则虽然大和国与山城国这一点是不同的，但大和国有上文所述大田田根子的子孙大神氏同族，而山城国则有贺茂氏一派。虽然山城国的贺茂氏以县主而非朝臣为姓，但仍然是由大和的葛木地区移居而来的。大神朝臣一族居住于丰前和丰后，尤其是世世代代充任宇佐神职这

────────────

① 在以上多个故事中，"三轮""美和"的发音均为 miwa，同样的，"大神""大三繑"两个姓氏的发音也是 miwa（其中"大三繑"由意指三根苎麻丝的"三繑"而来）。此外，"意富多多泥古"与"大田田根子"是同一个名字的不同汉字表记，发音皆为 ootataneko。"大物主神"与"大国主神"为同一神。

一点，不能说没有意义。而且，保存着最新三轮式神话的妪岳之神，也出自大神一族的家史。我认为这一点值得注意。

九

贺茂神社的红箭与该社祭礼中的御阿礼木之间应该有关系，这个问题此前曾经论述过。根据《出云风土记》①，佐太大神之母枳佐加比比卖命在临盆之时丢失了弓箭。女神发誓道："若我所产之子如我所信，是麻须罗神之子的话，则愿丢失之弓箭出现。"先有牛角所作弓箭顺水流出，女神说"这不是我的弓箭"并扔掉。又有黄金的弓箭流出，等流到眼前捡起，女神说"这里是昏暗的岩窟"，并弯弓搭箭射穿岩壁，光辉粲然，遂命名为加贺神崎，随即将御祖神支佐加比比卖命的神社定址于此。而女神也是神魂命之女。恐怕这也都是让神之灵依凭于女神的美丽箭矢之一例，与后世的人牲故事必然伴随出现的白羽箭一样，是神指定处女的方式之一。在《姓氏录》中，女神之名为玉梳姬也是有因由的。箭原本

---

① 《出云风土记》，即《出云国风土记》，为元明天皇于713年下令编写、圣武天皇在位的733年完成的记录奈良时代出云国地方文化及地势等的风土著作。

就是斋串①中最快之物，既然如此，圣灵托于其上便是讲故事时极为自然的技巧，但我想同时也不能拘泥于其名称而怠于追寻其本性。与布留川附近灵验杉木的故事②，以及天野告门所见丹生津比卖的忌杖之事③放在一起思考，则可以推测，与神石的分身相对应，忌串就是神木的分身。通过御阿礼木，阿礼少女的灵验愈发得到证实。三轮之神的由来在《土佐风土记》中又以倭迹迹日百袭姬命的故事流传。故事内容几乎都与《姓氏录》相同（但是，原文仅见于栗田博士《姓氏录考证》中的引用，未见于古风土记逸文）。倭迹迹姬就是在《日本书纪》中，于崇神天皇七年成为大物主神降临附身之人，传达"拜祭我则灾息国安"神谕的女性。关于此神与这位女性的关系，在同书的"十年九月"条中记载，倭迹迹日百袭姬命为大物主神之妻。与《古事记》中所记活玉依姬相同，由于她对男神仅在夜间来访，不显露其形象一事感到奇怪，极力恳求一见威仪，神以美丽

---

① 斋串，也称为忌串、玉串，日本神道中在神木或细竹等小枝条上挂纸、麻、棉等所制币帛以供奉神灵之物。

② 灵验杉木的故事，即到神社参拜时将杉树的小枝条或杉苗带回家，若能生根便意味着能够得到福报，反之则没有福报的故事。

③ 忌杖之事，"忌杖"即标示对该地占有权所用的木杖。在日本神话中，丹生津比卖由天而降后，在大和国、纪伊国各地插下忌杖，开展开垦与田地管理工作，最终镇座天野原。

小蛇的形象现身，藏于梳妆盒中。女见蛇大惊，神大感羞愤，腾空登御诸山而去。女仰视神灵，悔恨之余，旋即薨逝。在这个故事里，该女也以筷子自插阴部。像前面所举那样的神怪事件在同一位大神身上出现多次，无论如何都难以想象，但如此便断定只有其中一个故事是真的而其他都是误传，现在也完全没有这个必要。简言之，只能将它们视作各家将自己关于古时候三轮大神以斋串指定神少女的习惯，用传说加以夸张和故事化的现象。在四国，将倭迹迹姬当作主神的神社特别多(《乡土研究》4 卷 11 号)。尤其是在赞岐的东部，以各处存留的相传为这位女神流寓行游遗迹的石头，作为她寻觅驻留之所标志的灵验之石的故事，见于《全赞史》①等书籍中。我想这应该就是三轮信仰的遗存。

十

下面，再回过头来就八幡神的由来简单论述一下。中古时代频频出现的降言集一类杂说，我也承认都是幽怪、不足信之言。但

---

① 《全赞史》，江户时代后期及末期的儒学者中山城山 (1763—1837) 所著赞岐地方的历史书。

是，如果将这些都单纯视作僧巫弄巧，则又太过武断。如果他们是有目的地虚构新的谵妄之语，则恐怕会在使其前后相符一事上更加努力少许。尤其是对否定八幡即应神圣帝一说的各种旧传之类，有私心之人应该更会企图掩盖它们。关于宇佐的降言中有不少虚伪之说混杂其中一事，神灵自己在后来也承认，因而我从过去开始就难免有几分不相信。然而即便如此，我想附身降言既然是正式的仪式，与由于不孚众望就不采信一样，把没有说过的事说成神谕也是不可能的。既然如此，就应该思考一下，是什么原因使后来的巫女们说出如此难以解释、矛盾重重的诸种言语？这个问题是贯穿整个《巫女考》的根本问题，若关于民众心理的研究不取得更大进展，则连想象的假说也难以提出来。但我认为无论她们是假装入寐说出自己想到的话，还是实际上陷入沉迷不知道自己在说什么，归根结底都是无法超出她们的经验以及平生观点的。由此看来，以上两种可能的结论大体上是相同的。也就是说，这些杂乱的降言以及以此为基础的旧记类，皆是曾经在巫祝之辈头脑中有过的我们这个社会的信仰。因为可以看到，虽然在分解组合上有些讹误，但传说的各个部分新附加的内容意外地少。而在众多的八幡神传中，最为离奇的、与近代的宇佐信仰难以调和的，是大隅正八幡宫的缘起故事，

《惟贤比丘笔记》①中也有记载。在此社的传说中，八幡之母为震旦陈大王之女大比留女，七岁时怀孕九月诞下男儿，天子王臣都对此事甚感奇怪。问其与谁交媾，女答梦中与无止人②共寝，醒来环顾四方，朝日之光在胸间，自此日起心神不安。三四年后母子被饬令一起乘虚舟，携带印鉴漂泊，以着陆之处为领地，最终漂流到日本大隅的海岸。这个故事当然甚是荒唐，但在《后汉书》中已经作为百济、高句丽始祖王的事迹被记录下来，不仅因其后裔归化我国者沿用而来，而且很早就有《古事记》中作为新罗王子天之日矛的传记。其记载了贱女昼寝时日光如虹直至其阴部，感应而生红色珠子之事。珠子化作丽女与日矛成婚，后遁走渡海到日本为波涛所止，被拜祭在比卖碁曾社中。而在《日本书纪》中，则说这里的比卖许曾社之神是白色神石化作童女从韩国渡来，称这是都怒我阿罗斯等之事。这些都说明，前文所说的上总国最高神社中玉依姬的故事，其骨干是从遥远的天神与人类少女相通这种扶余旧传而来的。虽然这样说多有不敬，但八幡之母大比留女的说法，乃是八幡神以太阳为父这一信仰的反映。所谓"第二宗

---

① 《惟贤比丘笔记》，僧人惟贤于 1335 年在镰仓圆顿宝戒寺从各种书中将日吉山王相关内容抄写出来，解说山王神道立场的书，全 1 卷。

② 无止人，指血统和身份都极为高贵之人。

庙"的称号，从这一点来看也不是毫无意义，并非像《降言集》的编者在其序文中所忧虑的那样，是留下了前后不一的痕迹，而是能够将大比留女与八幡神作为母子神加以崇拜。今天的神职人员中，如果有人因为这种说法与自己的解说难以相容便称其有损神灵尊严，若信其言，结果便是有时候会陷入不得不追随毫不足取之人的谬误，望读者引以为戒。

十一

简言之，我的看法是，八幡三所中的比卖神是女性中最为尊贵者，是感受天神之灵诞下神子，伴随其子降临此地，共同享受祭祀之人，也就是巫女的始祖。随着时移世易，其神格越来越高，进而为了感受此神的灵力并向人传达，又需要第二个神巫，最初的神子若宫成为独立的神，在产生第二、第三个若宫的同时，比卖神也分出了比卖御子神。在将玉依姬当作某一人的名字固定下来之前，这个称呼应该一直意味着侍奉神灵，以为神诞下王子为任的灵巫。为了证明这一推测并非无稽之谈，必须深入说清子安神的成立过程，但是读者恐怕已经很不耐烦。只不过必须在这里先说明的是，肥后的阿苏神社在二月中巳日的田作神事中，每年都从子安河原①将女神迎来行神婚之礼。据传在这个仪式中，会选定纯洁的少女作为神灵附身之人。在仪式结束前，普通女性若行敦伦之事，当年便会五谷不熟，必须严戒。此是最为严肃的仪式。在阿苏郡永水村大字乙姬这个地方，有一块子安河原神石，它因为作为安产的守护之石而受到崇敬。神婚仪式原本在此石上举行，但在明治十三年，这块石头被献给宫中，以为当今陛下成长的庇佑之用(《阿苏面影》②)。子安神的神像总是手抱幼儿，这一点不从这个角度便难以解释。此外，只要两座神社相邻便以之为男神和女神，在祭礼当日往来相会，行神婚之仪的例子为数众多。在这种场合，女巫作为神灵附身之人参加仪式，并不难想象。伊势的内宫被称为姬神，已甚为明了。在长元四年，斋宫寮头之妻古木古曾，因口出狂言称神灵附体而受罚，此事见于《大神宫诸杂事记》③。鹿岛的物忌尽管是终身不犯的洁净女性，但在《本朝俗谚志》卷 5 中也可以看到安产守护符从

① 子安河原，即位于熊本县阿苏市的乙姬子安河原观音神社。在子安河原观音堂后面的河滩上，有一形似女性仰卧的石头，被认为是观音形象，有保佑生育的功能。下文所说的子安河原神石，就是这块形似观音的石头。

② 《阿苏面影》，阿苏惟教著，1912 年出版。所谓当今陛下，应指大正天皇。

③ 《大神宫诸杂事记》，记录伊势神宫自创建起到平安时代末期的主要事项，是以编年体撰写而成的史书，共 2 卷。

其居所发出的记载。

十二

　　作为玉依姬考后段，我希望再加上两点说明。其一是近世的巫女传说中，与玉依姬相近的名字屡屡被使用。在磐城刈田郡福冈村大字长袋的儿宫，有用明天皇之妃玉世媛抛弃皇子的传说，因而有儿投川的古迹。由于伴随有白鸟的情节，现在这个传说已经被改作日本武尊的故事，而白鸟在真野长者的故事里也曾出现，所以这里的玉世媛就是末广十二段净琉璃故事中也出现过的山路的草苅玉代姬①。在阿波美马郡里村的玉振神社，据传是相州镰仓城主四位少将清平公侍女玉振姬，避乱逃来，吊祭亡主之灵的所在(《美马郡乡土志》②)。类似的例子应该还有很多。亲鸾上人③的夫人，乃是一位九条大人之女，其名有时传为玉白有时传为玉日姬。从常陆稻田西念寺遗留的传说来看，似乎也可以算在这一部类中。简言之，不

---

　　①　"玉世媛"与"玉代姬"发音相同，均为 tamayohime。
　　②　《美马郡乡土志》，美马郡教育会编，1915 年出版。
　　③　亲鸾上人(1173—1263)，镰仓时代前半期到中期的僧人，净土真宗之祖。其妻传为公卿九条兼实(1149—1207)之女。

知为何，像玉织姬、玉藻前之类似乎形成了以"玉"字称呼女性的习惯。由此推想，伊势合山的女太夫中称为阿杉、阿玉者，又或者东京神田绀屋的北边称作阿玉池旧迹的阿玉之类，虽然依稀模糊，但恐怕归根结底还是遗留着旧时姬神信仰的痕迹。阿玉池的水边，曾经有所谓阿玉纪念之柳，树下有一小祠享祭。《江户砂子》①中记道，阿玉投身此池之中，其灵成怪。而若据《着实异事》，则阿玉是一个名为桑原孙兵卫的大木工头领的下女，在此汲水时遇到怪事。孙兵卫怒而填平池子，砍掉柳树。此外，还有其后此处有怪物作祟的说法。如今已经不知在谁家附近。根据《江户纪闻》，这一池子旧名为樱池，又或者称为 aisome 池（以上见《御府内备考》②卷7）。"aisome"一词在今天的根津也有同名河流，写作"蓝染川"，但这恐怕也是与神邂逅的旧迹。神婚的祭礼仪式通常在桥上或某地的境界处举行，由此看来，所谓两棵杉、两棵楠之类将筷子竖起来长成大树的传说，常常是在分岔路的桥边之类的地方。

其二，今天的县社、乡社以神武天皇作为祭神这一做法的本来

---

① 《江户砂子》，江户时代中期的江户地方志，菊冈沾凉著，1732 年出版，共 6 卷。

② 《御府内备考》，江户时代后期江户市内地方志，正编 145 卷，后编 147 卷，三岛政行编，1829 年成书。

意义，除已经能够证明历史上有特别因缘的那些以外，仅仅因仰慕天皇恩德而建立神社等新社记中的说法，恐怕也是以"玉依姬及其子"的传说为基础的。虽然这种说法肯定是很大的误解，但终归还是形成了。我所学到的知识是，天皇是现世神，其地位原本就比很多神要高。因此，将先帝当作神去祭祀这种事，在古代是绝不会有的。又或者一直以来将天皇当作神灵崇敬的做法，我想实际上是以对御灵的畏惧为基础的。御灵信仰完全是另一种神道。就这样，御灵的信仰不知为何与八幡神联系了起来。我想，这会不会是母子神教义在中世的变迁呢？

（大正六年三月 《乡土研究》）

雷神信仰的变迁

——母神与子神

道场法师的孙女

都良香①的《道场法师传》②只是将《日本灵异记》的古文删减改定而成，没有任何加入其他材料的痕迹。《扶桑略记》③明确说明以上述两书为据，《水镜》④也不过是其译述而已。然而在沙门景戒⑤离世二百余年以后，不仅所谓钟堂鬼怪的头发故事仍然为世间所喜爱[1]，最近圣武天皇一千年忌辰的元兴寺开帐之时，也陈列了道场

---

① 都良香(834—879)，平安时代前期的汉诗人、汉学者。
② 《道场法师传》，平安时代末期的传记。
③ 《扶桑略记》，平安时代的私撰历史书，共6卷。
④ 《水镜》，推定为镰仓时代初期成书的历史故事，共3卷。
⑤ 景戒，奈良到平安时代前期的僧人，佛教故事集《日本灵异记》作者，生卒年不详。

法师神像这种东西，其形象是龙雷的变相²。当然，神像的说明随着岁月发生了变化，但似乎也很难说这些变化全都是古老记录的讹传。例如，在《词林采叶》①中作为大和龙田地名传说讲述的落雷故事³，其中有一些地方，反而可以用来解释若往前追溯应该视作元兴寺缘起的《灵异记》。也就是说，旧志中雷神送子的事，和这名童子为寺庙的田地引水的事，看起来两者并无任何联系，因此都氏所作传中省略了后段。但在《词林采叶》中，则是雷神落到地上变成童子，为农夫收养，结果只有农夫的田能够如其所愿地下雨。如果这是司夏季午后急雨的神灵，则并非无此可能，只不过恰好《道场法师传》的作者不了解农民的心理，一再对这种说法置之不理而已。在很早以前，古老志书中就有依托外形弱小的大德能人法力的越后国上山神泉由来传说，其中⁴有很多这样救助雷神后，作为报答得到清水的例子。只要想想把闪电称为"稻妻""稻光"的说法从中世已经开始出现，就知道雷落在稻田里这种现象大受崇敬是有理由的。在关东平原，稻田中落雷以后，人们立即在该区域竖起青竹，

---

① 《词林采叶》，即《词林采叶抄》，成书于南北朝时代，《万叶集》注释书，由阿（1291—1379）作。

拉起注连绳①的情景，我也经常目击。只要有这些青竹，雷兽就能够再次上天的说法⁵，与《灵异记》中楠木船中浮起竹叶②的情节颇为相似，但实际上在帮助雷神回归上天的需要过去以后，人们仍然会以这种方式保持降临之地的洁净。这恐怕就是okandachi③的古老思想⁶，同时也是道场法师故事的根源。虽然可能有人会说这样古老的信仰不会一直流传至今，但实际上《灵异记》中确实写到过农夫想用锄头（或铁杖）打掉下来的雷神，雷神请求放过的情节，而这个情节也作为今天仍然使用的"桑原桑原"④这一咒语的由来⁷，流行于各地的传说当中。总而言之，即便是古老的事物，也不能仅靠书籍去了解，甚至古老的书籍也可能会有古老的谬误。这是我们新近得到的经验。

---

① 注连绳，拉起来以区分祭神用的神圣场所与其他场所的绳索，左旋，以合适的间隔挂上纸制的币帛。

② 指《日本灵异记》中雷神降临后难以回归，允诺当时恰好在场的农夫送给他一个健壮的儿子，请农夫伐楠木作舟，注满清水并在水面放竹叶使其漂浮其上，农夫依言而行，雷神得以回归上天的情节。

③ okandachi，汉字写作"御神立"，即雷、雷鸣。

④ "桑原桑原"，音"kuwabara kuwabara"，用来避雷或避开灾难的咒语。关于这种习俗的由来，有若干种说法，除本书提到的《灵异记》中的故事外，还有一个雷神求饶的故事。大意为：雷神落到农家的井里，被农夫盖上盖子困在里面。雷神发誓道："我厌恶桑木，今后只要口诵'桑原'，我便不会再来。"也就是原注7中所说的"桑原井"的故事。

然而，即便有少许弱点，无论如何，在距今千百数十年前，以上这些民间传说经由对日本固有信仰态度冷淡之人的手被采录下来，在学问上无疑是很有价值的。想来像道场法师这样的故事，尽管无论纵向地看还是横向审视，都无助于佛教的可信性，因而也不能为本山额外增加名誉。他们能够如此具体，而且带着巨大的兴趣写下来，是有其理由的。也就是说，这只能是在长久的年代中，对我们的国民而言最有人望的"力量由天神所赐的故事"，以及日本的风土在自然发展起来的过程中，因对雷的畏惧而以之为神子并加以崇敬的信仰在那个时代盛行的结果。这样一想，再次对《灵异记》中的一章加以研读，似乎在聊作余谈、加注其上的关于法师的汉文中，还可以发现几条通达古今东西的脉络。其中应该列作第一点的，是作为贺茂松尾神话广为流传的别雷神诞生的故事。道场法师是雷神寄胎其中的肉身，但他生下来时有蛇在其头上缠绕两圈，首尾垂于身后。这样一种不可思议之事，只有与各地玉依姬系统的古老传说相比较[8]，并与在丰后形成以来存于各地的无数所谓三轮式故事相对照，才能够进行解释。也就是说，曾经有过人们相信我们的天神沿紫电金线的光降临人间，以龙蛇之形留在这个世上的时代。这与皇室最古老的神圣传说不一致，这一点也自不待言，但是正史编纂之时未必便因此而将诸家旧辞全部剔除。例如，《雄略天皇纪》中采录的少子部连蜾蠃①获赐姓氏，随后登上三诸山捉住雷神进呈天皇一事，看起来显然是以少子部连一族所呈献的自我宣扬的家族文书为基础的："雷神其声轰轰然，其目赫赫然，将其放归山上时，复作大蛇之形。"⁹如果说这样奇怪的事不可能发生¹⁰，那么很快便会导致对这种记述全盘否定的状况出现。但我们只要知道在这一时代前后有人这样相信、这样讲述，则已然足矣。这座山的大神变成美丽的小蛇向其人类妻子展示自己的模样一事，已经存在于箸墓传说②中，而又有另外一族之人同样主张神作蛇形。换言之，这种样式是年代最为久远的信仰的核心之一。尾张的道场法师作为大量的各地类例之一，能够保存如此多的一致之处，已然是学术上的珍宝。更何况这些故事已经受到了平城佛教③的若干影响，多少暗示了后世的变迁。记录者的这些功劳可以说实非无益之事。

想来"道场法师"这一僧名，肯定是暗示着某种事物，但我们甚至连其线索都尚未掌握。在京都及其周边地区，上古时代开拓国土的巨

① 少子部连蜾蠃，传为雄略天皇近侍，少子部连姓始祖，常作"少子部蜾蠃"，也记作"少子部栖轻""小子部栖轻"等。

② 箸墓传说，箸墓位于奈良县樱井市箸中，传说为第7代天皇皇女倭迹迹日百袭姬命之墓。相关传说，见上一篇《玉依姬考》活玉依姬的故事。

③ 平城佛教，即奈良时代以平城京为中心发展起来的日本佛教各流派的总称，又称奈良佛教。

人，通常以"大道法师"之名流传下来。这一名称与"道场法师"可能是同一人的说法，其根据似乎未必只是文字上的共通之处，又或是岩石上遗下的屐齿痕迹。[11] 考虑到我所打算论述的神子诞生的故事往往有雷神的参与，以及大太、大多良等巨人的名字中，似乎本来也包含着天神之子的思想，可以想象，虽然一个个记录的末端存在无法相容的矛盾，但其根源仍然是相同的，或许是由于割据分离，最终导致了这样的结果。若如此，则又是什么原因，使神子有的进入寺庙充任护法童子的角色，有的在各地的神社中得到祭祀，又或是身处无尽的行旅之中呢？简言之，这个故事在归于广泛的国民财产之前，必然曾经有人将其作为自家独占的由来故事，而不是絮絮叨叨地当作与己无关的故事讲述并以之为讽喻。要了解《灵异记》到底是从什么地方得到这些资料的，并非易事。但在被视作道场法师故乡的爱智郡片轮里有一个身形很小而力气非常大的女性的故事。此外本书中还有两个相似的故事，都特别说明了这名女性是过去住在兴元寺的道场法师的孙女。作为童子在寺中侍奉，由于功劳而很快得度成为法师的人，若非有什么特殊原因，在故乡应该不会有孙女。也就是说，这证明在当地有一个家族，一直到后来都在不断讲述与大力血统有深厚因缘的故事，甚至在某种情况下，沙门景戒也可能就是这一族中的人。如果进一步展开想象，也可能是在这本书的卷头，曾有一个细致的异传，记载少子部连蜾蠃的子孙离开故地到这个地方住下，将自己原有的信仰传播开来。以上这些也许永远都无法证明，即便如此，至少关于少子部连这一姓的起源，恐怕也不能简单地承认现在的传说。在《日本书纪》中，连姓之人螺赢在三诸岳奉请雷神之前一年，雄略天皇打算让后妃亲自养蚕，命螺赢搜集国内的 ko，而他误听谕旨，带来婴儿进献。天皇大笑，命其在宫墙下养育这个孩子，并赐姓为 chiisako 部。① 这一家的荣誉也许偏向于将雷制服这一点，但如果与其他几个别雷系统的传说做比较，我总感到这个婴儿并非因偶然的误解被这一家抚养，或是作为少子部这一姓起源的理由。[12] 也就是说，可能直到《道场法师传》被写下来，仍然在世间传播的雷神寄胎这一点，由于某种原因而被从进献的家史中剥离开来了。

1　见《扶桑略记》卷28，"治安三年十月十九日"条。

2　《南亩莠言》下卷中有相关记述。

3　据《和州旧迹幽考》②卷6。

---

①　在这个故事中，"蚕"的发音与"儿"的发音均为 ko，故有后来误听谕旨之事。"少（小）子部"发音为 chiisako 部，即"养育小儿的职业部"之意。

②　《和州旧迹幽考》，林宗甫（生卒年不详）著，即《大和名所记》，按郡分别记录大和国（今奈良县）的名胜古迹并注明出处，1681年刊行，共20卷。

4　《今昔物语集》卷12中《越后国神融圣人缚雷起塔语》。在这个故事中，落下的雷神也是十五六岁的童子，在被救后回归天上时抓穿岩石，由此流出清水。

5　在《乡土研究》3卷9号中，山内淳一君报告了常州久慈郡的事例。此外，土岐琴川氏的《稿本美浓志》中也记述了美浓有同样的风习。

6　yufudachi 的 dachi 很可能也是同样的意义，亦即降临斋场之意。tatsu 意指从天而降，这应该就是大和的龙田这一地名的由来。"龙"在日语中称 tatsu，也是由于这种想法而产生的。

7　关于桑原井，我的旧著《关于婴儿坟》中曾经举有数例。这是可以通过水神惧怕金属这一世界性民俗现象加以说明的故事。

8　今天仍然保存的四种古风土记中，各有变化，但都保留着神父人母的神话形式。其中常陆晡时卧山的故事，最能显著地证明雷神蛇形的古老信仰。

9　《日本书纪》卷14，"雄略天皇七年七月"条。

10　例如，间宫永好①在《书纪杂考》中仅注释此山之神为大物主神，对其他记载以掺入个人见解为由，不予采信。

11　在《松屋笔记》②的"daidarabocchi"条中，引用《台记》③"文安二年九月二十七日"条，记载近江石山寺遗留了道场法师履印的灵石的日记。虽然大道法师大多是赤脚的脚印，其形非常大，但尽管如此，这样的一致性在其他事例上仍然是很少见的。《灵异记》中也记有道场法师掷出大石之时，足迹印入土中三寸。

12　《日本灵异记》关于少子部连蝶蠃的记述，明显是根据有别于《日本书纪》的资料而成的。值得注意的有几点，但在这个问题上尤其需要注意的一点是，《书纪》中的"捉住雷"，在这里则被写作"奉请"。

---

①　间宫永好（1805—1872），江户时代、明治初期的国学者、歌人。
②　《松屋笔记》，江户时代后期随笔，小山田与清（1783—1847）著，1908 年刊行，共 12 卷。"daidarabocchi"为日本故事中的巨人，各地流传着很多这位巨人造山或湖沼的故事，汉字写作"大太郎法师""大太郎坊""大太法师"等。
③　《台记》，宇治左大臣藤原赖长（1120—1156）的日记。

灵安寺缘起

上述尾张神童寄寓在元兴寺的故事中，我认为特别重要的是作为家宝长久以来一直被传承的鬼的头发这一条。天亮后人们顺着血迹寻去，到达埋葬着寺中恶奴的十字路口，由此知道恶鬼是恶奴之灵。只有经过这个情节，道场成为这座寺庙的僧人、鬼的头发成为寺庙财产的理由才得以成立。也就是说，正如《灵异记》企图将那个时代的神秘之事全部以冥报加以解说那样，将千年以来这个国家国民的神话一个一个分离开来佛教化的努力，早在弘法大师①之前就已经开始了。因此，如果没有种种长久潜藏于草莽之间，并未顺从初期佛教感化的传说，像这种应该被视作这个国家固有信仰根干的神子降诞思想便可能永远无法追溯其变迁的痕迹，学者依然只会过度相信日本人的模仿力。实际上，京畿四周的旧传，也已经被改造到了让人觉得这些传说可能也是从国外引入的程度。

要判断这些传说中到底哪里有新宗教的影响，从哪里开始显示出普通的生活情形以及环境和自然的力量，固然不是一件容易的工

---

① 弘法大师(774—835)，即空海，平安时代初期僧人。

作，但总而言之，以《书纪》编纂的时期作为一条分界线，世事生变，神道也发生了显著的变化。就这样，新出现的事物就是八幡神和各处的御灵，最后是北野的天神。这个变化过程中首先逐步增长的是神子的威力。原本仅仅是对其诞生的奇瑞心怀敬畏之念，其后增加了似乎必定会向人类施以某种可怖危害的感觉。我想，这未必是由于遭遇了兵戈疫疠这样现实的灾变，人们才开始尝试推测自己的错误，而是由于原本就有这样想的倾向，灾厄又使人心愈发不安，又或者是所谓无上道的教义在不知不觉中将众多的国神推向较为劣势的地位的结果。

在古风土记中，上文已经引用过的晡时卧山的故事，是言说神子可怖之甚的最早例子。单纯为了节省读者查阅原文的麻烦，在此将其要点略做说明。过去曾有努贺毗古和努贺毗咩兄妹二人，有一不明身份的人每天夜里到妹妹室中，天明即去，不久成夫妇之礼。其后妹妹怀孕，足月生下一条小蛇，白天不作一声，夜晚则与其母交谈。兄妹二人十分惊奇，认为这一定是神子，于是取一个洁净的高脚杯将小蛇盛在其中，设坛安置。小蛇一夜间成长到充满高脚杯，又换成瓮安置其中，如是者三四次。母亲向其子说道："从你的器量来看，自应知是神子，以我等的能力无法养育你长大，请到你父亲那里跟着他，不要再留在这里了。"神子答道："若如此，我不能只身前往，欲求童子一人带去。"但是，由于家中除母亲与舅父外别无他人，无法满足他的祈求。小蛇因此生恨发怒，不发一言，在离别之际将其舅父震杀，便要升天。母亲见此大为震惊，取瓮投去，瓮触到神子而使其无法升天，因此留在这座山上，而瓮如今还在片冈村。据说，其子孙建立神社，继承至今，未曾断绝。同时，不知道有什么理由，自称为其子孙的人就住在当地。

也许会有人以此为一个偶然的特例，认为未必足以看出时代的影响，但是至少明白记录神子愤怒的文字，在此之前几乎见不到，在此之后则逐渐多了起来。既然如此，追寻其推移轨迹者，便不能对这个故事视而不见。到了山城之京①时代初期，新的御灵神②陆续出现，但由于其信仰很可能受到那个时代的社会心理影响，很少有人会将其解释为由本国固有的神子思想展开而来的现象。但是，如果注意一下所谓八所御灵③的构成，八座之数是原来就定好的，名称则由于时代而不同。其中特别值得关注的问题是，首先，如果

---

① 山城之京，即平安京。

② 御灵神，为了安抚御灵而将其作为神进行祭祀。所谓御灵，是指不得善终、带着生前的怨恨在世间作祟的死灵。

③ 八所御灵，平安时代以来被认为会带来疫病、天灾的八尊御灵神，包括贞观五年(863 年)五月御灵会所修的六座(崇道天皇、伊予亲王、藤原吉子、藤原广嗣、橘逸势、文室宫田麻吕)，以及以后加的两座(吉备真备、火雷神)。

吉备圣灵是吉备大臣的话，为什么只有这个人混在不得善终的冤疬当中？[13]其次，火雷神或火雷天神是一位什么样的神灵？认为火雷神是北野天神，绝不是近代的偏颇之见[14]，但也只能说很早就有人这样认为，若不指出理由，这种说法归根结底难以让人接受。但是，关于这个问题，至今未能形成第二个确切的意见。简言之，我想这恐怕意味着重要的脉络线索在初期混乱之际便长久断绝了。换言之，这正是在与其他方面的民间信仰相比较的基础上，重新寻求其古义的必要性和趣味所在。

有人说，有证据证明京都的御灵社中原本有五灵，其后才追加了三所。[15]但是，很多人认为即便是通过降言等暗示，当时已经举办有独立御灵会的北野神也没有理由在这个时候加入一众御灵神当中。因此，黑川道祐①将前文中的火雷神断定为《延喜式》内社的乙训坐火雷神[16]，天野氏则以此奉祀在现今大和御山村的雷神，亦即光仁天皇废后井上内亲王之子的神灵，同时相信《延喜式》中的宇智郡火雷神社就是奉祀此神的神社。但是，式内②奉祀火雷神的神社，除此之外还有几座，实际上在宫中就有一座，在大和还有另外

---

① 黑川道祐(1623—1691)，江户时代初期的医者、历史家，著有医学史书《本朝医考》、山城国地方志《雍州府志》、随笔《远碧轩记》等。
② 式内，即式内社，记载在《延喜式》的《神名帐》中的神社。

两座。仅仅由于名称的共通之处无法论述其祭神的一致性这一点自不待言，那都是注释家吉田之流一直以来的谬见。例如，像乙训火雷神社这样，因为偶然与松尾相近，他们便一直称两处所祭为同一神灵。[17]实际上，很可能是因为贺茂别雷神传的不恰当扩张，导致类似的由来故事已经在各地被独立保存下来，于是这一神名大量散布在各地，就完全不足为怪了。

但是，在大和国南部的火雷神并不完全是来自神名的推测之说。在现今宇智郡的雷神社，流传着据说从四百七十年前起一直书写至今的虔敬的缘起记录。[18]所谓四所御灵，据说与雷神一同祭祀的，还有其母以及两位兄长。而井上内亲王母子这样毫无疑问有惨痛经历之人，不仅均位于京都御灵之列，早良废太子还以崇道天皇之名列于八所御灵之首。据说内亲王流放之地以及坟墓都在宇智郡该地附近；举办祭典以安抚其灵魂一事，也见于旧记当中。因此，他们后来再回到山城之京，享祭于御灵会，也并非不可思议之事。只是仍有一令人难解之事，这座神社的主神是不见于正史的雷神，且关于其诞生的极为荒唐的传说，时至今日仍然在这里口口相传。

根据灵安寺缘起的记录，雷神是废后被流放到大和以后在宇智郡大冈乡的小山顶上产下的。[19]因此，其山被称作产屋峰，又因埋葬其母后而被称作御墓山，该地的村落则以御山为名。另外还有一点值得注意，后代的神社所在地中，只有雷神神社隔着丹生川，位于河西约五町之外，而其他三社都在灵安寺境内。此外，还有人称这座雷神神社为若宫社。[20]雷神长大以后，听说母亲及兄长被流放之事，将带来这种怨恨的人一个个杀死，使天下陷于黑暗中。其怒气仍难以平息，于是现身成雷，升上虚空，以风雨雷电震动天地，京畿七道因此急病遽死者不知其数。换言之，此神之名是因为此事迹而自然产生的。但是，缘起记录中称其成长以后因愤怒而成为雷神，如此则此神在世时的名字并没有流传下来。除此之外，当地还有与此不同的种种传说。例如，同郡的宇智村荒阪有井上内亲王怀着雷神经过此地的说法；在位于近江和越前交界处的荒血山，同样的传说至今仍存。[21]如果不是从诞生之初便已经是雷神，则恐怕不会有产屋峰的由来故事。作为普通王子的出生之所，小山顶是无论如何都不合适的。如果依照正史的记录，废后与废太子幽禁在大和的抄没之地，仅仅一年半母子就在同一天薨逝，其后第三年已经出现崇疬，为此朝廷下发了优待其墓所的公文。因此，即便将《延喜式》内社中的火雷神社或者宫前霹雳神社是否就是现在的若宫社的问题先放在一边，雷神与御灵信仰如此紧密地结合在一起，也必然有深藏其中的理由。如果不对这个问题进行追寻，仅仅依靠书籍资料去解说，则长禄缘起曾经的失败，今后必将一再出现。

然而，对我们来说幸运的是，这里还保留着一两个稍微具体的特征，让我们能够使用比较、类推的方法。灵安寺缘起的众多谬误中，尤其引人注意的是努力将崇道天皇，亦即早良太子也同样当作井上内亲王之子，并强行将雷神列为第三子的做法。尽管早良明明是桓武帝的同母皇弟，其废立属于完全不同系统的政变，特地将其迎接到大和，加入四所御灵当中，必定有其相应的动机[22]，也许这是中古时代藤森信仰的余波[23]，但总而言之，应该是因为将雷神放在第三位的思想有很大影响力，所以自然而然地出现了这样奇异的安排。如果这种想象是符合事实的，那么我接下来将要论述的北野社传中最为幽怪的部分，亦即从比丘道贤的《冥途记》[①]中所谓"火雷天气毒王乃是我第三使者云云"这一条，可以看到两者的一脉相通之处。

13 《和汉三才图会》中也对此事表示疑问。《盐尻》(帝国书院本)卷27中，称吉备圣灵是吉备内亲王的御灵。

---

① 《冥途记》，即《道贤上人冥途记》，关于道贤上人在修行中突然死去，在冥途上的种种故事。成书时间及作者皆不明。

此说虽然稳当，但也不过是一个想象之言。

14　《拾芥抄》①的"八所御灵"条中，明确写到火雷天神即北野天神。更加古老的出处目前尚未找到，但我想可能是有的。

15　最明确提出这一说法的是《神社覈录》的作者铃鹿连胤。而在《三代实录》的"贞观五年五月二十日"条中列举的所谓御灵只有五人，将其与《世谚问答》②以后的诸说做一比较，除吉备圣灵和火雷神以外，逐渐确定为藤大夫③，亦即藤原广嗣。

16　见《远碧轩记》上卷之一中，下御灵社相关记述的注。

---

① 《拾芥抄》，中世编纂的百科事典和生活便览类书籍，正式书名为《拾芥略要抄》，初出 3 卷，后增补为 6 卷。

② 《世谚问答》，室町时代后期以一问一答的形式对日本自古以来的四季习俗的起源和意义等进行解说的书籍，一条兼良著，一条兼冬增补，1663 年出版。

③ 日语中的"大夫"是一个多义词，最初从中国在周代到春秋战国时期表示贵族身份的称呼借用而来，指律令制官阶五位以上的男性官吏，其后成为官阶五位的男性通称，读作 taifu 或 daibu。随着时代的发展，"大夫"逐渐成为有身份者的通称，也写作"太夫"，多读作 tayu。因伊势神宫的神职官阶为五位，因此神道的神职无论地位高低，都通称为大夫（太夫），且其成为神乐等多种艺能表演者的通称。此外，官方许可的游廓中地位最高的花魁，以及渔夫、船夫等的首领也使用这称一呼，并逐渐被用在人名中。"大夫"和"太夫"意义相同，具体使用哪种记记，一般由使用者本人决定，并没有严格的规定。明治维新以后，这一称呼已基本不再使用。

17　延喜三年迁都之际，两社同时被授予同阶的神位一事见于《续记》。这种事就能够成为做此推测的一个根据吗？

18　《续群书类丛》①卷66中的《灵安寺御灵大明神略缘起》便是其中一例。作者阿阇梨祐成时年三十七岁，除根据《水镜》以后的古书编纂以外，还收入了被视为当时的传说记忆的内容。文中写道，过去也有缘起，因遭逢兵乱而散失。

19　井上内亲王被幽闭于大和国宇智郡，根据《续记》，是宝龟四年十月之事，但缘起则以其之前一年为雷神诞生的年份。即便如此，为母者也已经五十六岁。不可信之处绝不止这一点。

20　见《和州旧迹幽考》卷6及其他。

21　见《乡土研究》2卷3号田村吉永君的报告。关于山中诞生这种少见的神灵故事，在拙作《山里的人生》中有几个类似的例子。所谓山姥金时的故事，应该也是从这里

---

①　《续群书类丛》，江户时代的国学者塙保已一（1746—1821）编纂的以国文学、国史为主的大型丛书，收录古代到江户时代初期的史书、文学作品等共计1273种，1793—1819年陆续以木版印刷刊行。

出来的。

22 《大和志料》将御灵神社定为三座，意欲把若宫社即雷神独立出去，但这不仅会归结为对旧传的否定，而且即便如此，早良太子的问题仍然没有解决。

23 虽然山城国的藤森神社祭祀崇道天皇的说法在后世特别盛行，但这不过是对贺茂别雷神话的适用而已。我认为，这也和乙训坐火雷神一样，原本是由各不相同的信仰所形成的。

天满大自在

成为北野信仰发端的菅公①左迁，作为政治上的悲剧，尽管规模远小于井上内亲王母子废嫡事件，但其神德逐渐增长，得以长久保持伟大威力，这当中有几个不能忽视的外部原因。

第一，山城奠都是一条明确的分界线，内外交通急剧发达起

---

① 菅公，即平安时代前期学者、政治家菅原道真（845—903），在宇多、醍醐两代天皇在位期间受到重用，历任文章博士、藏人头等，官至右大臣。901 年因藤原时平的谗言而被贬，左迁至大宰权师，两年后在发配地病逝。

来，与此相伴，人类的智巧也显示出略微有些过度的进步。而在此之上，看起来又还有某种天然的理由，各种灾厄接二连三地威胁到社会，到了延喜、天庆年间，变得更加频繁而强烈起来。这些现象之动摇人心，与今天的大正、昭和之世也颇为相似。御灵信仰受其影响，不得不发生显著变化。

第二个不得不关注的原因，是附身降言变得自由。在保守的时代，神话也有确定的典范模型，超出规范太多的说法，即使说出来也没人相信。外国的文学作品和珍奇教义不仅滋养宣传者无意识的想象力，丰富他们的经验，似乎还解放了恭谨倾听的普通人的感受性。流言蜚语之类，不管多大效果都能得到，同时还为巫祝社僧之徒提供了机会，使他们得以一试其顺时应世的救济指导手腕。就像在人物方面圣宝①、空也②、净藏贵所③等人脱颖而出一样，神道方面也在石清水之后又新出现了北野，直至占据经久不衰的地位。应该就是在这种情境下，旧来的神子思想之类被充分利用，且很快就被忘却。

总而言之，从《神代卷》的八雷诞生故事开始，晚近到延喜一代

---

① 圣宝(832—909)，平安时代前期真言宗僧人，理源大师。

② 空也(903—972)，平安时代中期僧人，天台宗空也派始祖。

③ 净藏贵所(891—964)，平安时代中期僧人。

的《神名帐》①为止，仍然保持着那般威风的众多雷电之神。至少在京畿附近诸国，仿佛一朝之间便被统一，其信仰也被改造。这当中的原因，都是以北野为中心的附身降言之力。但是，令人不可思议的是男山并没有参与其中。改造的要点，是把当时将所有天灾人祸都归结于以冤疠遗恨为基础的御灵信仰，和介于天与人之间的雷神信仰结合起来。实际上，很久以前就已经存在这样的倾向。有特殊天分或身怀技艺之人，即便是人类，也并不必然会输给雷神的例子，在《灵异记》和《风土记》中都能看到。但仅仅依靠崇敬和祈请，谁都能够避开雷神的攻击，则完全是北野天神的新信仰在若干程度上愈发成熟以后的事。虽然这种统一的力量如此强大，但时代已经进步，智术已经变得复杂，加上人们又分散住在各地的山野，在远近乡间，与这种统一信仰不相容的传说偶然被保留下来，又或是以前的信仰以不同的解释流传下来，亦不足为怪。[24]换言之，这就是我们不能追随仅仅将著名大神社的记录进行综合，意图复原我国固有宗教面目的研究法的原因。

就我所见，思考过北野信仰历史的人们，此前不当忽视的问题

---

① 《神名帐》，神社名、神名的记录册，尤指《延喜式》卷 9、卷 10 的《神名式》上、下，常称《延喜式神名帐》，此处亦是如此。

有几个。其中尤其重要的是本文所采纳的一条，所谓菅公化现说，亦即梅下童子最初便被认为是神的传说，是在什么情况下发生并被接受和信奉的？[25]当然，时至今日再去究明此说的真伪已经没有必要，但称这是出于个人的空想或虚构的说法，实际上也并非有什么根据，只不过是因为以常理无法解释罢了。如果彻底坚持这种看法，恐怕一切古老事物都会消失。难道不是应该认为，即便是错误，但也一定隐藏着令人曾经信以为然的理由吗？第二，为什么菅公是天神，且其称号是天满大自在呢？这一点似乎也没有人尝试过解释。但是，在那个"天之神"一语的简称有一定意义的时代，是没有理由仅仅以漫不经心的态度敬奉如此美称的。换言之，只能解释为菅公以现人神的形式展现火雷奇瑞，因而才被视作天神，由于总是自由自在地将天上的威力行诸人间，不得不以"大自在"称之。

但是，那个时代的天神思想意外地在短时间内发生了惊人的变化。沙门道贤进献所谓《冥途记》，是在菅公薨后不过三十七年的事。几乎以此为界，天神的地位显著提高了。不用说，这不过是一个狂热信徒的幻觉而已，但换言之，他亲眼看到了那个时代的社会信仰。道贤在藏王菩萨的引导下走遍金峰山净土，据称与其进行亲切问答的日本菅相府①，当时自称为大政威德天，并称我们本国之人，上下对其俱以火雷神称之，尊重其如世尊。对既然得此崇信，又为何怀有怨怼之心的问题，菅公回答道：那个国家以我为大怨贼，有谁尊重我？但火雷天气毒王，乃是我第三使者之名。[26]书中并称，其神发誓道，今后若有信赖此僧中介，殷勤祈祷之人，便使其免去灾厄。也就是说，即使是从这个荒诞的梦境故事中，我们也能够清楚解读到，当时仍然存在人以火雷神比拟菅公，神却反倒将责任转嫁到其手下第三位者，意图将自己放在高出数级的地位的倾向。这恐怕是为连年的异变所动摇，感觉到极度不安的民众，从最新且最有力的一个御灵那里所能期待的最大限度的神德。换言之，即使时代发生巨大改变，佛法有强大影响，但民众仍然没有完全脱离从祖先传承下来的对国土的自然信仰。[27]

24　在北野系统以外独立的雷电神社，很多也还是保留着另一方面的童子神信仰。在东京附近，有武藏久良岐郡冰取泽宝胜寺的雷松，树下有饭盛童子的神祠镇守在那里（《新风土记稿》）。野州足利郡板仓的雷电神

---

① 菅相府，菅原道真的别称。

社，祭神称为别雷命，同时流传着落雷纪念的火钵。这里也存在勇猛小子的故事，可谓一奇（《下野神社沿革志》①）。可见雷神并不必然被新宗教征服。

25　据说收藏于伊势神库中的《北野事迹》卷2，《北野文丛》②中也有收录。虽然说是建保年间之作，但这里面确实讲述了神童出现之事。此外，如果大江佐国③在元永元年的手记是正确的，那么这是发生在菅公薨后二百五十年的事。

26　虽然出现在《扶桑略记》"天庆四年"条的《冥途记》是简本，但关键诸点都已包含在文中。即便如此，也还是稍显冗长，不便引用。

27　关于这个问题，若非将来佛教史研究有新进展，对初期修验道的教义有更多了解，恐怕难以尝试再做更进一步的解释。

────────────────

①　《下野神社沿革志》，关于下野国（今栃木县）神社的地方志，风山广雄著，1902—1903年出版，共8卷。
②　《北野文丛》，天台僧宗渊所编菅原道真传记。《北野事迹》收录在《北野文丛》卷15，原本藏于伊势神宫文库。
③　大江佐国，平安时代后期汉诗人，生卒年不详。

老松与松童

以如今的眼光来看，道贤比丘的报告乃是异端，又或者可能会有人推定他抱有不诚实的动机。但正如生活在那个时代的道贤暗地里受到时代的感化一样，他也给后来的信者带来很大影响，其证迹颇为明确地表现在后来的一次次降言中。所谓附身降言，原本就是超人力的，其前后甲乙之间即便有无法相容的矛盾，信者也会想象当中有某种尚未被发现的解释方法，古人未必会对其产生怀疑或私下议论。也就是说，神谕的光景是如此令目击者感动，因此历代的启示即使出现极为散漫参差的情况，信者也能够相信"那也是真的，这也是真的"。就这样，吉野的道贤上人之后仅仅六年，在天历元年的降言中[28]，就已经显现出《冥途记》的影响。由是，近江国比良神社的神主良种，被神灵借年将七岁的孩子之口告知："我将化作嗔恚之身，其焰漫天，一切雷神鬼皆成我之仆从，其数共十万五千。"这种附身降言，很难被认为是没有任何系统而单独存在的空想。这以后又过了三十多年，太宰府方面又有称宜藤原长子的附身降言，也有"随身相伴党徒十六万八千八百余人，一切含恨愤世贵贱之灵悉皆来集，唯强带怨恨之辈不相与共"的内容，统率御灵的思想到此时已经成为普遍性的想法。这种奇瑞发挥着超乎我们今天所能想象的作用，同时广为传播。

比良神主家中的幼小尸童①，名为太郎丸。幸运的是，在其被保留到今天的神谕之言中，有很多具有重要学术意义的暗示。关于北野神庙创建的传说，并非那种让我们不得不感到疑惑的非常复杂的东西。最初是在道贤比丘进入金峰净土，看到幻象之后的次年，西京七条称为文子²⁹的贱女得到天神"将我祭祀于右近马场"的告谕，但由于家贫无力，仅在自己的草庐旁边建造了一座徒具形似的小神祠。五年过去，良种处再有儿童为神灵附身。所谓一夜松②的美丽神话，正如后世在各地都有其类型的故事那样，很可能是当时已经为众人所熟悉的不可思议的故事，但总而言之，据说太郎丸的降言预言并说中了这件事。在天神的话中，有"吾之从者有老松、富部二人，老松跟随我久矣"的内容。到处播撒松树的种子，恐怕与贺茂的古代仪式中存在的 miare 木的思想是同系统的。我想可能是通过植物表示新神出现的习惯，北野偶然采纳了这样一种形式。

---

① 尸童，神灵降临附身的人，多为儿童。

② 一夜松，关于植物异常生长的传说。例如，刚刚种下的小树一夜之间成长为大树，遮蔽贵人休息之所不使雨淋，或为其隐藏行踪等。《日本传说名汇》中，收录有菅原道真流放之时种下松树苗木，并对其言，如果冤案能够平反，此树必成古木，松苗在一夜之间长成繁茂大树的故事。

太宰府方面很早就有飞梅①的故事。³⁰伴随着这些故事，随后产生了松叶无情的和歌故事，逐渐向《习字鉴》②之类的小说变化。而在此之前很久，老松就已经是最为重要的眷属神。与此并列，称为"富部"的小神³¹，似乎也有什么内情，但现在还不能做充分说明。总之，天神回答比良的良种等人的问题，告谕了下述内容："我将以前曾经拿过的笏交给老松，将佛舍利交给福部。这两名随从自九州随行，后再前往都城，在若宫御前的略高处，挖地约三尺，将二物掩埋。此二者皆甚为不妥当之人，需多加注意，置于我之左右。虽然我原不打算说出此事，但在某次正式礼仪中持笏降言时，就顺便说了。"如果说这一降言的词句中有某种反映时代的事物，则对我们而言，这是特别有价值的一条。

后世的注解者对上述"不妥当之人"一语，似乎着实重视，但如果注意后段"置于我之左右"的说法，则毫无掩盖之意。因此用现在的话说，这是表示"惹麻烦的人"或"丢三落四的人"的说法。与此完全相同的眷属神，在八幡方面也同样存在，其名称也与"老松"甚

---

① 飞梅，菅原道真左迁到福冈太宰府时，对庭院里非常珍视的梅树咏诗一首，希望东风吹起时香气能够传到贬谪之地，梅树因倾慕道真，飞到太宰府的故事。
② 《习字鉴》，即《菅原传授习字鉴》，净琉璃及歌舞伎剧目，以菅原道真失势左迁为题材，其中有人物梅王丸、松王丸、樱丸，为农民四郎、九郎之子，因菅原道真照顾而成为贵人的仆从。

为相似，被称为"松童"。在贞观三年的《行教和尚梦记》中就已经有"松童"之名，但到底是否能够相信，还尚未有定论。该神社也由于传统断绝已久，有人说是迁座时的祝礼，有人说是高良的分身[32]，这些显然是对《末社记》①和其他文字材料的误读。根据《末社记》，男山末社松童有坐在高良社地板之下的来历，是在大菩萨垂迹时根据降言治理堺的根本眷属神。也就是说，松童即使在高良神社中，也是居于社殿地板之下的神，所以绝对不会是主神。男山的一个说法是，松童的真身是不动尊、诅咒神，并称松童"居于高良地板之下，没有其他神社，原因是其为恶神，目不可离"。此外，又有贞观元年松童皇子降言之说，称自己"是川原大明神分身，乃是松童皇子，小神量小易怒，而大神则稍迟才怒，悟敏和悦之人永蒙神恩"[33]。而依据《别传》，也有"若末代有对我的降言托陋黱蹩之辈，则将本宫戌亥之隅字牛我尾之榊以及剑御子之矛指向恶人，将其降伏，各降灾其上"的说法，并有所谓"小神量小易怒，而大神则稍迟才怒"的降言。不用说，所谓小神指的是松童自身，大神亦是同类使人畏惧之神。因为大神将细小的惩罚事务完全交给下属的眷属神，并不直接出手，逐渐产生了以虔心祈祷奉祀眷属神，预先避免

---

① 《末社记》，即《石清水八幡宫末社记》。

意外作祟的习惯。不知从何时开始，牛头天王作为防疫之神、道祖神作为行旅的保护者得到信仰和崇敬。因此，北野除特别主管水火雷电方面外，在这种统御灵界的方式上，与八幡并无相异之处。也就是说，富部老松可能是相当于男山的松童这样的小神。在有些神社，他也会被称为 misaki。所谓 misaki，意即持矛走在祭祀队列前头的神圣之子，又或是使者。又或者，被称为门客人或荒胫巾、荒夷的应该也是同样的神。[34]如果从这里展开思考的话，便可以稍稍推知若宫是新被祭祀的神社，同时也意味着其是狂暴的御灵神。但占据这一地位的是介于神与人类之间的人，在很多情况下将其解释为得到神所传达的力量的人类，其作为神子，同时也作为巫祝之家的始祖。这既是自然的理论，同时也是别雷以来的经验。

但贺茂神社是以别雷命作为主神的。从来没有直接祭祀过天上的父神，后来却将神子中威力最大者当作天神拜祭，这是一种变化。像大和国宇智郡的雷神这样的例子，还能看到表现其过渡期信仰的资料。与老松是北野专属的末座相反，称作"松童"的神不仅在八幡以外的其他大神社得到祭祀，独立作为一地之镇守神①的情况也很多。作为北野末社的松童神社，还有称其祭神为应神天皇或者

---

① 镇守神，参见本书《关于招日》中"氏神"的注释。

比良神社神主之子太郎丸的说法。[35]作为春日若宫末社的松童神，虽然尚不知道祭神的名字，但奈良附近的村落有很多称为崇道社的村社。很难认为这些都是奉祀崇道天皇的神社，但反过来也无法想象它们是由石清水恭迎而来的。简言之，只能假定这一名称的神是很早就存在的其他神祇。在围绕着濑户内海的府县和土佐，也有很多独立的松童或松堂社。虽然各个神社关于祭神的传说也各有不同，但相较于后世根据文字构成的说明，恐怕不如从当地人仅余少许的信仰当中，逐渐找到各地的共通之处。我现在的看法是，松童权现的祭神虽然每座神社都不相同，但也无须感到奇怪。在有某种令人恐惧的天灾地异或其预兆的情况下，在地方最为努力的神便自然被以此名加以祭祀。换言之，松童原本仅是意指作为侍奉者的人神之名。

根据北野的老松的"老"字，有人认为他是名为白大夫①的老翁。关于这个问题，还需要更细致的论述，但只要将松童，也就是matsu warawa 理解为侍者神，则最后还是归结为同样的事物。在鹤冈八幡宫里，与松童并列的还有源大夫的神祠，在尾张的热田也有著名的藤大夫和源大夫。这些名字，在并非生前的人名这一点上，

---

① 白大夫，据说是曾经侍奉菅原道真的老仆的名字。

都是相同的。然而，只有京都的御灵八社从很早开始就将橘大夫、文大夫等解释为某一名人的御灵。能够被命名为"大夫"的神，必然是从属之神。从他们作为对等的八尊神受到拜祭来看，御灵信仰中也存在中古时代的变迁。如果要说以前是什么样的形式，则如在谈到八幡时会说到纪氏①，在谈到北野时会说到菅家的祭官，而在谈大和的御灵时则说到第三皇子信仰那样，在初期的上下御灵中，恐怕也是由各自的少子部氏掌管着神话和祭典。在舒明天皇时代，由于神社附属寺庙的营造材料不足而砍伐了神社的林木，少子部大神发怒烧毁寺庙的事，在《大安寺记》中有所记录。[36] "若宫部"这一词语，虽然仅见于《肥前国风土记》的"三根郡物部乡"条中关于为祭祀物部经津主神，将物部若宫部遣往的记载，但事实上，能够被命名为若宫部的家族，主张自己从属于各自的大社，神与其家祖先有紧密关系的例子很多。据说在大和国南部的御灵神社中，也有他户亲王的三个儿子各自被授予位阶，参与祭祀事宜这种在后世产生的与历史难以吻合的神社传记。[37]《日本灵异记》中的道场法师孙女，以及与她角力被打败的美浓狐狸的后裔等，都是同一系统的古老思想的碎片，意味着我们民族原本的血缘观念，在神与人的关系方面

---

① 纪氏，古代氏族之一。

特别强烈。这一点突破许多外部感化带来的混乱，直至今日仍然保留着鲜明的特征。

28　少数几部缘起类书将此记作前一年即天庆九年发生的事。《扶桑略记》将其列于"天历九年"一项中，恐怕是错误的。

29　"文子"应训读为 ayako，也写作"多治比的奇子"。据说后世的文子天神社原是此贱女之家的旧迹，但将此处所拜祭的天神说成是与北野同一神社的说法，未必与传说一致。据《远碧轩志》上卷之二，文子为天神附身，不久死亡，遂作为天神享祭，至今犹存于西京。在北野的本社中，劝进神乐的神子之名，代代称作"文子"这一点也值得注意。

30　《太平记》卷12 中，和歌《向这边吹》已经有这个故事的记载，令人思考这一逐渐变得有名的故事的传播路径。

31　富部在近代的末社中被称为"福部"，似乎从最初起就并非训读为 tomibe。二十年前的拙著《山岛民谈集》中，曾经论述道部即瓠神，可能代表着水灾，但至今仍然难以证明。因为"松"同时也意味着火，也可以将此二神与水火童子的信仰联系起来，但我不会进行这样的强行论辩。

32　据《宫寺缘事抄》卷1之末。这份古文书中，似乎还包含着很多必须细究的资料。

33　《石清水文书》①卷11中有记载。

34　例如，《梁尘秘钞》②卷2，四句神歌中有这样一章：

神的使者现身来

早尾山仪式的

高御子，牛御子

响彻王城惊人心

垂髻一童子呀

一身阿阇梨

八幡松童善神

此处有荒夷

---

① 《石清水文书》，即《石清水八幡宫文书》，石清水八幡宫旧别当(司庶务的僧官)家田中、善法寺(后菊大路)两家以及旧神官诸家所传文书的总称。
② 《梁尘秘钞》，平安时代的歌谣集。

当中有一两处不明，留待今后继续思考。

35　见《北野志》①上卷。

36　《扶桑略记》中有引用。《元亨释书》②卷 20 应该
也是以此为据。

37　据《大和志料》。《广大和名胜志》③中，引用天文
三年的《御灵宫本纪》论述此说。

（昭和二年五月 《民族》）

---

① 《北野志》，北野神社社务所编，1910 年由国学院大学出版部出版，共 3 卷。
② 《元亨释书》，镰仓时代末期佛教史书，共 30 卷。
③ 《广大和名胜志》，江户时代中期大和国地方志，植村禹言（？—1782）著。

关于招日

插秧的禁忌之日

五月里有些日子不适宜插秧这种禁忌，恐怕在任何一座村落都有，但令人不可思议的是，这种具体禁忌在不同地方各有不同。例如，在石城的平附近忌讳午日[1]，武藏比企郡高坂村则忌讳午日和寅日[2]，静冈市周围的村落是午日和申日[3]，上州出城山麓则是辰日和半夏生之日[4]。伯耆日野郡诸村，通例称子日插秧所得稻草为死者垫尸之物，故避开此日，此外，从播种之日算起，第四十九日亦属禁忌之日[5]。如美浓的太田附近，既有避开夏至日的地方[6]，也有像下野那须郡各村那样忌讳旧历五月六日至八日的例子[7]。

1　见《民族》1 卷 4 号。

2　据其村小学的乡土教材。

3　见《安倍郡志》第 800 页。

4　见《乡土研究》3 卷 7 号。

5　见此郡山上村的《村是①·迷信之部》。称播种后若干日为"苗忌"，忌讳插秧的例子有很多。

6　见《民族》1 卷 4 号。

7　见《下野神社沿革志》卷 8，在此郡野崎村"平泽的温泉神社"条中记道，那须与市宗隆②在这一天为射下扇靶的祈誓还愿而将汤本的产土神③分祀在此神社境内。这种习惯会不会和太阳祭祀有什么因缘呢？

---

① 村是，明治二十年代到大正时代，以振兴旧有产业和地方产业为目的，在全国各郡、町、村进行现状调查，并确定将来目标，制定相应策略，将以上内容编纂结集而成的资料。包括郡是及市是、町是、村是。

② 那须与市宗隆，镰仓时代初期武士。在屋岛战役中，平家将饰有图样的扇子竖在杆上，乘小舟漂在海面以挑衅源氏，宗隆遵源义经之命将其射下。据说，宗隆在射下扇子前曾经过此神社祈祷立誓。

③ 产土神，参见本篇"氏神"的注释。

妻死之事

在其他地方称作"不净日"等，标记特别日子的方法很多，大多应该是简单地意味着不成就日，也就是凶日。为便于记忆，将其与十二支中的某一天相匹配，也绝不是自古就有之事。因此，即便相隔甚远的地方之间有一致现象，应该也可以将其认定为偶然。但是，在其背后有一个必须注意的问题。在关东，千叶县的印旛沼附近等地，有忌在卯日插秧的例子，其理由已经被忘却。[8]但据说在丰后的大野郡，有些地方至今流传着若在卯日插秧则妻子会死去的说法。[9]是什么样的经验或推理，使他们做出这样令人吃惊的说明呢？趁着尚存若干可供比较的资料，我想这是我们无论如何也要思考的问题。于是，期待有同情心的诸君施以援手的同时，我先就今日为止的发现尝试做一叙述。

8　见《印旛郡志》。

9　见《乡土研究》4 卷 5 号。

苏我大人的插秧

作为插秧禁忌之日由来被讲述的故事中，特别夸张的一例流传在上总国。在面向东京湾一带的农村，五月七日不插秧，称这一天为"苏我大人的插秧"而加以避讳。传说，过去大友皇子在此国称作遣水的山上筑城居住之时，在这天召见名为苏我大炊的臣下，令其召集当地所有农夫和插秧女插秧，以供御览，夕阳西下尚未尽兴，对臣下称希望八时也能看到。忽然，太阳回转到九时①，空中骤然云聚，降雷电暴雨，万民尽死，至今在大河原这个地方仍然有故迹，其田之名为"死田"。[10] 当地人除此一例以外并不知有其他，不解其导致日子禁忌的理由，更何况试着去思考全日本各地广泛流行的同种传说，以成为解释这种现象的关键呢？在比较方法尚未发达的时代，被无意义地排斥或修正的所谓齐东野人之语，大抵就是这样一种重要资料。

---

① 八时，日本的旧计时法将一日分为十二时，其中分别有日八时和夜八时，夜八时相当于凌晨 1~3 点，日八时相当于下午 1~3 点。此处皇子所说八时，应为夜八时，太阳回转至日九时，即中午 11 点至下午 1 点。

10 《房总志料丛书续篇》中引用《久留里志》，记述如此。但可能是由于东上总方面种植早稻，这一天是四月十六日，且据说依老人所言，苏我大人是以金扇将西下的太阳招回的。苏我以此为故地，且是当地旧姓。特地将时间追溯到弘文天皇事迹之年去精细讲述，应该有某种需要深入挖掘的原因，但现在无法说明。

死人田·病田·癖田

在东部日，这种叫法的田地存在于各处，又或者时不时会有无名但甚少有人耕作而容易荒废、价钱便宜的田地，其原因通常没有流传下来。我在稍长时间内注意此事的过程中，发现了静冈县偶然有三个甚为相似的例子。其一在富士山麓的富士郡须津村比奈这个地方，有阿菊田一町六段①。据说过去这片田地的主人是个贪心之

---

① 此处町、段皆为田地面积单位，"段"也写作"反"。町段步制于大化改新后制定实行，实际面积在不同历史时期略有不同。明治时代沿袭江户时代的标准，以6尺为1步，300步为1段，10段为1町。换算成现代面积单位，则1町相当于1000平方米。

人，命一位名叫阿菊的插秧女一天中将这么大一片田全部插好，阿菊不堪忍受而死去。其后只要耕种这片田地便有凶事，时至今日，耕种者仍感恐惧。[11]在这座村落附近，还有加岛村的病田、岩松村松冈的死人田、传法村的忌田等。从称呼忌讳的同时该处至今仍然是可以耕作的田地来看，可能存在某种避免灾祸的方式。其二是安倍郡安东村北安东的柳新田和麻机村的交界处，有一片两段余的土地。这里有一个传说。过去有一个虐待儿媳的婆婆，命令儿媳一个人将这么大一片田全部插上秧，儿媳完成后马上死去，因其作祟而只要有人在此田中插秧，家中就有人去世。这片土地是无人购买的荒地。这里有一个名为"吉塚"的土堆，建有小神祠并植有树木，但据说最近连这些也已经被撤除了。[12]东海道的挂川和日坂之间也有一片新妇田①，与此稍隔一点距离的地方有一片婆婆旱田。关于这片田，也有苛待儿媳的婆婆让儿媳将三反田在早间就全部插好秧，儿媳完成后坐在石头上死去的故事。作为儿媳所葬地标志的银杏树，虽然为旅人所爱顾，但这似乎是作标示八幡神领地之用的。据说当时婆婆在附近的麻田里遭雷击而死，因而出现了婆婆旱田这样的

----

① 新妇田，日语写作"嫁田"。下文有关于日语中"嫁（yome）"一词的论述，特此注明。

故迹。[13]

11　见山中共古翁的《吉居杂话》。此书是山中共古翁
住在吉原町时的见闻录。

12　见《安倍郡志》第786页。

13　据《东海道道中记》。贝原益轩的《吾妻路之记》
中也记有新妇田和婆婆旱田之名。面临大道的地方传说特
别发达的实例，在《关于婴儿坟》中已经论述过。

插秧歌

同样是在骏州的庵原郡大内村，还有一处新妇田。从又名杀媳
田来看，这里显然曾经流传着几乎同样的故事。然而，《骏国杂
志》①曰，以上两个名称都是错讹，应是"读田"②。传说源赖朝所
爱慕的若狭局因惧怕正妻的嫉妒而逃出镰仓，南下遥远的萨摩国时

———————————————

①　《骏国杂志》，江户时代后期的骏河国地方志，1817年成书，共50卷。
②　"嫁田"发音作"yomeda"，"读田"则发音为"yomida"，固有此说。"读"与
"咏"的发音均为"yomi"，固有下文若狭局咏歌得名的说法。

在此地暂歇，咏歌一首。因此，此处称作"yomi 田"。然则所咏之歌又是如何？根据题为《萨琉军谈》的近代军书，被传为岛津氏始祖的若狭局所咏和歌即这一首：

倒映富士的田子门前水田

五月雨雪湿取秧袖

但是，此地并非田子，而且不凑巧的是，即便不在梅雨季节，富士山也不会倒映在这附近的水田里。然而，如果这样就下结论说儿媳死了，那也不行。归根结底还是要追溯一下 yome 是什么人，以及为什么总是说儿媳去插秧而且死去。

三　水泣池

总的来说，儿媳与婆婆之间的不和纠葛之类，虽然正确地说是近世社会组织的产物，却不知出于什么原因，一直以来以浓重的色彩装点着我们的民间文艺。流传在信州川中岛的插秧歌中有这样一首：

什么都是儿媳的错

今天的太阳落下也是儿媳的错吗

　　小池直太郎君就此歌论述过，认为其可能与三水的杀媳池有关联。[14]如果单说有关联，那也没什么反对的余地，只是突然唱起这样的歌，也并不会带来直指心扉的感动。三水是更级郡更府村的大字，有一据说过去是稻田的大池塘。这里也有过去为婆婆所恨的年轻儿媳，在五月里连帽子都不让戴，无法将宽广的稻田在一天中全部插好秧，傍晚灰心而死的故事。此外，还有从那以后，这片田所产稻米捣成糍粑便会渗血而无法食用的说法，传说最后水涌出来变成一片池塘，无论如何干旱，水塘也不会干涸。而且，据说至今在天气变化之时，仍然能够听到儿媳的哭声。于是此事终于逐渐变成怪谈。[15]换言之，传说有可以被称为骨干的部分，只要在不损伤骨干的程度上，陆续在不同时世粉饰装扮，这一点是确凿无疑的。若将不好相处的婆婆换成贪婪无道的长者看看，这个故事就会与奥州名取的小鹤池，又或是下总松崎的千把池的由来故事，直接归于完全相同的类型。[16]

　　14　见《小谷口碑集》第141页。

15　见高木氏《日本传说集》①第 228 页。《传说丛书信浓卷》中所载别传，怪谈味儿愈发浓厚，想来恐怕是最近的润饰。

16　《民族》2 卷 3 号以后已有这样的说法。必须注意，日暮是这类故事常见的共通点。

日暮塚

依我等的经验，即便是在已经存有古旧记录的情况下，也不能轻视口口相传的故事。因为除地方讲故事的人有各种斟酌以外，将之用笔记录下来的文人似乎也常常会进行不必要的删定。例如，下总松崎千把池的故事，在《相马日记》②中只记载着某个身份低贱的女子在此池的浅处，欲强行一天内插千把秧，疲劳而死，埋在此处植松为志。但是，此书出版直到百年后，另有一个精彩的古老

① 《日本传说集》，高木敏雄(1876—1922)选编东京《朝日新闻》在全国采集的民间传说而成，1913 年出版。
② 《相马日记》，江户时代后期国学者高田与清(1783—1847)从江户的神田川边出发，到千叶的 11 天的旅行日记。

传说在该村内活态流传着。名叫阿鹤的插秧女的不可思议的故事，这里不再重复。据说阿鹤是一名自负神力的能干的女性，一天内搬运千把秧苗并插完后，不小心在两股之间看夕阳，说道"太阳还没有进去"，话音刚落，忽然受天罚当场死去。[17]这肯定不是高田与清到此旅行以后才新加上的奇事，而是学者往往会忽略这样的要点。因此，像今天这样，面临着在依据记录之外，不从居民的口中探得异传，反倒要从记录者的意图之外才能找到供比较之处的问题。

新妇田系统的数个遗迹有一个共通点，就是有土堆和树木，其下祭祀着女性的灵魂，但其理由还未得到充分说明。然而，若无信仰系于人心，则难以期望这样的传说会普遍化。若狭的日暮塚一事以何书为据，不得而知，但今年的《高滨一班》①一书中抄录了这则故事。内容也是过去曾有严苛的婆婆欺负儿媳，只要儿媳白天回家，必被咒骂。其儿媳极其善良，不仅每天披星戴月外出耕作，而且常常向日神跪拜，祈求白天更长一些。如此到了某年秋天，儿媳患重病而死。书中写道，如今已经不知日暮塚所在，然而无法确定"日暮塚"到底是指儿媳葬身之地，还是指她跪拜日神的祭坛。但祈

①　《高滨一班》，冈田成义发行，1913 年出版。

祷白天延长的女性，其后都患重病而死并非两次偶然事件，这一点由平清盛的火病故事即可推知。

17　见《印旛郡志》下卷。

招日坛

武将把西下的太阳招回来的故事，在很长时间里都是民间文艺人士所喜欢的题材。陆前桃生郡太田村的招日坛，应该也是一个座头①故事。据说，过去八幡太郎②与安倍贞任③交战之时，战斗正酣，日将西下，故而义家执扇招日，太阳因之返回三舍，其坛称作麾日坛，其地称作麾日道路。《名迹志》写道："此虞公举剑指日返，鲁阳挥戈唤日回，异域同情之赤心也。"这种说法听起来也有很浓的瞽目艺人说唱的味道。[18]但同样的故事流传起来似乎是很早以前

---

① 座头，室町时代的盲僧艺人，剃发，以琵琶弹唱故事为生。
② 八幡太郎，平安时代后期武将源义家（1039—1106）的通称，即下文的"义家"。
③ 安倍贞任（1019？—1062），平安时代陆奥的豪族，在与源赖义（998—1075）、源义家父子的战争中，于厨川栅败亡，通称"厨川二郎"。

就已经开始了。伊予郡保免村也有日招八幡神的神社。这个地方的英雄人物之一佐佐木高纲①，与砥部的城主森山近江守、荏原的城主大野山城守交战时，担心夜间交战难以获胜，于是招日返回，瞬间克敌，以此神德被称为日招八幡。又有一说，谓其神社的别当寺②药师寺的山号③由日照山改为日招山。《古迹志》一书中又写道："因举扇招日，日为之返回数刻，遂起此祠社，以扇为神主。"[19]在纪州日延村的藏王权现社坛上，田村将军奉敕命降伏和佐高山的土蜘蛛时，战至中途日将西下，因而向权现祈祷，太阳留在中天而不落，其间轻而易举地将敌人消灭，故而将神迎至此地，并将村名改为日延村。[20]

18　见《封内名迹志》④卷 13、《封内风土记》⑤卷 12。

"坛"是奥州方言，即塚。

---

① 佐佐木高纲（？—1214），平安时代末期到镰仓时代武将。

② 别当寺，置于神社境内，供僧人祭祀、读经、加持祈祷的同时，负责神社的经营管理的神宫寺。神道和佛教相融合的产物。别当寺中司庶务的僧官称作"别当"。

③ 山号，寺院名之前附加的别称。最初以寺院所在的山名为其山号，镰仓时代以后平地的寺院附加山号作为别称的做法趋于普遍。

④ 《封内名迹志》，收录仙台藩名胜及古今事迹的地方志，1741 年出版，共 21 卷。

⑤ 《封内风土记》，最为完备的仙台藩地方志，1772 年完成，共 22 卷。

19　见《伊予温故录》①。因此村改称，村名今已无。

20　见《纪伊续风土记》卷10，即今海草郡山口村大字中筋日延。

鲁阳公之戈

上述此类传说的全国性分布中，恐怕有中古的旅行文艺起着一定作用。因为如果仅仅是初期移居者所带来的，则其结构实在是太过复杂而出奇，不得不认为其中至少有后来的修正在内。然而，当朝廷的乐人们说明神秘舞乐的由来之时，即便无法一直上溯到《淮南子》的典故[21]，也可以想象他们会不加分辨地生造出如今记录舞本②《入鹿》中《汉史》的记忆这样荒唐的故事[22]。所以，在历来的学者中最为普遍的汉土传来说，在这种情况下也是无法否定其存在的。但是，我所希望思考的是，这一邻邦的古老传说移植到日本之时，是如何重新讲述藏王权现的神德的，又或是如何在据称

---

①　《伊予温故录》，伊予国（今爱媛县）的百科全书，1894年刊行。
②　舞本，幸若舞的辞章集，现存50余曲。幸若舞为曲舞的一种，主要流行于室町时代，以说为主，配合扇拍子、小鼓、笛等起舞。

其遗迹所在之地祭祀起日招八幡，又或是因何有八幡太郎的日招坛这样一些问题。此外，还有它在定型于今天坊间流传的平清盛招日故事之前，无疑经过了各种阶段，然则它是由于什么样的原因，像前面所举的苏我大人插秧的故事那样，与我们的插秧习俗结合起来的。

21　《类聚名物考》①卷 2 中，引用《淮南子·览冥训》对此问题加以论述："楚鲁阳公与韩构难，战酣日暮，援戈而㧑之，日为之反三舍……"即便是间接的，若没有这一记述的相关知识，则前文所举的故事在日本应该便不会出现。

22　他们称，在舞本中，饰演兰陵王的舞者战至途中，做出将西下之日招回的动作。在那个时代之前，也已经有这样的古老传说在坊间流传。

---

①　《类聚名物考》，江户时代中期的百科事典，共 342 卷，其中标题 18 卷，目录 1 卷。成书年份不详，1903—1905 年以 7 册活字本刊行。

朝日长者的故事

安芸吉田地区有古风的插秧歌中，有讲述清盛招日故事的一章[23]：

> 音　头　穿过稳户的濑户的清盛他哪
>
> 早乙女　用画有日丸的扇子把太阳招回

即便未必起源于此地，应该由于原本就是插秧歌，故而有招日的章句。这些很容易与《严岛御幸记》中关于六波罗①之豪奢的记述联系起来，使得这种说法流传于坊间。插秧时节的很多劳动歌对田主的富贵荣华加以夸张，本身就是其特征之一。时至今日，仍有很多像各座村庄的梦一样的长者故事，其中有很多可以认为其根源正是由此而发。我家乡附近的播州加西郡东剑阪传说中的朝日长者，就是某次为了试试自己的能力，用扇子招回正要落下去的太阳，对

---

① 六波罗，现京都市东山区内地名。在平清盛时代，平氏一族居于此地，宅邸多达数千幢，作为其政权之本而兴盛一时。

太阳说"再亮一些，再亮一些"。话音刚落，太阳便如其所愿返回，光芒灿烂，但长者双目为日光所炫，即刻死去。[24] 当然，故事的后半段在插秧歌里是没有的，但朝日长者原本就是各地歌谣中经常会唱到的长者的名字，有时是美女之父，有时是神社佛阁的建立者，同时还意味着某个侍奉太阳的宗教的代表性人物。也就是说，这也与下文的两名长者一样，恐怕不是毫无目的地将太阳招回。

　　23　《日本奇风俗》①第 109 页以下。吉田地区大家族的插秧，是达到附近乡村来观看这种程度的壮观景象，颇令人联想起湖山长者等民间故事。而且，插秧歌原本就有不少惋惜日暮的词句。
　　24　《播磨鉴》②中有记载。

因幡的湖山长者

　　将长者和招日故事结合起来的实例，在山阴铁路沿线的湖山池

---

　　① 《日本奇风俗》，大畑匡山编，1908 年出版。
　　② 《播磨鉴》，江户时代的地方志，共 17 卷。

也有。只要那里的沧海不再变为桑田，人们也许就会长久地记住这段不可思议的古代史，不停地寻求答案吧。被称作湖山长者坟墓和住宅旧迹的地方，在今天的气高郡末恒村大字伏野海边附近。一望无际的湖山池曾经是长者家的稻田。据传，长者某年将当地的男男女女都召集来在这片田插秧，太阳将要西下时还有一点没有完成。长者不愿就此结束，就用金团扇向正要下沉的太阳召唤三次，已经挂在山尖的太阳因此返回三段。终于在当天完成了插秧。[25]福分之大，到了能够将天上的日月招回来的程度，长者于是无一事不顺心遂意，但翌年又漫不经心地再次同样把太阳招回来，福分突然散尽，田地瞬间变成水池，万千财富也消失无踪，现在只剩下安长的稻田中间一个长满松树的小山丘，据说就是长者之墓所剩的一点残余。对这种后世民众称之为运势、佛教徒则借以讲说果报又或者名之为奇瑞的财富之力，还有一个更早之前的解释。这一点，与大量无意识流传下来的传说进行比较，人们才能够理解。但在我们日本，可以推测是哪种人特别附随这样的力量呢？又或是主要面临什么样的问题时，它的必要性才会被承认呢？充斥于各地的长者传奇中，这类异常事件的记忆可以为我们的研究提供特别有用的资料。

25　不仅《因幡民谈》①卷 11 以及《因幡志》②等记载了这个传说，而且近年县编纂的《因伯纪要》③中也有记载。和泉式部④的故事、猿猴母子的故事等，似乎今天仍然有各种杂说与之相伴。湖山现在称为 koyama，原本是写作"小山"而发音为 kosan。⑤

菊池的米原长者

大部分的长者故事，现在看来都像是漂亮的图样。其中很多例子，可以推定是有心人以言语声音充作颜料，参与了其口头传承。肥后的米原长者之荣枯盛衰显然便是其中之一，在当地恐怕直到最近还保留着数倍于记忆的活生生的故事。这位长者与丰后起源的满能

---

① 《因幡民谈》，被认为是关于因幡国（今鸟取县）的最为古老的地理书和历史书，成书于 1688 年。

② 《因幡志》，江户时代中期完成的因幡国地方志史料。

③ 《因伯纪要》，鸟取县地方史志，1907 年出版。

④ 和泉式部，平安时代中期的女性歌人，生卒年不详。假托和泉式部之名的墓、木像、手植梅树等分布在全国各地，数量众多。

⑤ 现在"湖山池"的日语发音为 koyama ike，当"湖山"二字均为音读时，发音为"kosan"，与后文"小山"原来的发音相同。

长者极为相似，甚至达到可以说是其分身的程度。故事说其人在用明天皇时代获赐长者之号，奴婢牛马千余，以东起菊池谷、西至山鹿贺茂浦的田底三千町的土地为其耕作之处。其家的规模之大、人手之多，也达到每年在一天里不能将如此广袤的田地全部插好秧的程度。但是，在某年五月，插秧到中途已经日暮西山，长者打开黄金扇对日扇动，太阳应长者之招返回约一竿之长的距离，但即便如此，仍然无法在当天插好秧。长者因此很是发愁，取出三千樽油，洒在山鹿的日之冈山点着，最终借着火光完成插秧。据传，直至今天，这座小山的土石都还是焦黑色的，草木难以生长。但是，长者因将太阳招回而受到天罚，当天夜里火轮出现，瞬间将其所有屋舍仓廪全部烧光。[26]

26　据《肥后国志》①。此处米原即今菊池郡城北村大字米原。

端着午饭的石像

但即便是这样的故事，当地的居民也有无法完全将其当作梦中

---

① 《肥后国志》，江户时代中期的肥后国（现熊本县）地方志，1772 年成书。

故事的理由，不仅因为日之冈山上永远焦黑的泥土，还因为那里出产据说作为当天午饭的团子被烧焦而成的石头。另外，在称为踏切的悬崖旁边，还立着据说是当时送午饭的婢女十余人的石像石头。当然，并没有由于有这么多遗物，插秧的时候把太阳叫回来的长者故事就变成事实的道理，但至少要想象很久以前这里有过严肃而盛大的插秧劳动，有过某种值得纪念的事。如此，即便是长者招日这种故事，无疑也变得有几分容易相信了。除此之外，这附近还有一个据说是 jyajyoro 家煮饭婢之墓的石碑。传说 jyajyoro 是山鹿庄小原村的长者，一手耕作从小原到玉名郡岩原里的广阔田地。有一年插秧那天，把午饭送到岩原的小田原的婢女死在路边，于是他在那里立了一块石碑。[27]由此推测，会不会曾经有过米原长者故事中的十余位送饭人在田底三千町的盛大插秧劳动当天，绝命于此地的传说呢?

27　见《肥后国志》卷 7。石碑位于现在的鹿本郡米田村大字小原与同大字志志岐的交界处。文字已经磨损难读。岩原现在也属于鹿本郡。

田神与水侍女

插秧是一年当中特别喜庆的农事活动，为什么屡屡有年轻女性在插秧时死去的故事呢？如果只是肥后的两例，那可以认为是路旁的石塔使人误会的结果，但与此很相似的故事在相隔遥远的东国也存在，其中还有几个同样是关于送午饭的人的故事。在人牲的研究中，我曾经引用过下总师冈的半边木瓜故事的前半段。[28]因旛郡船尾的喜右卫门家带孩子的女子把要送给田里劳动的人的便当放进背笼，又把孩子放在里面背着到田里。男人们认为太脏，生气地把便当全部扔到田里，把她赶回去，让她再煮一批来。这个带孩子的女子怕回到主家会挨骂，于是背着主人的孩子回到自己的出生地师冈，跳进金毘罗湖而死。据说船尾的镇守宗像神社里，每年到了她的忌日都会发生各种奇怪的事。但是，与此很相似的故事在很早以前，例如，《地藏菩萨灵验记》①卷 10 等也有记录。这是一个灵验故事。奥州秋田郡有一位名为王大夫惟秀的富人，悭吝无度，毫无怜悯之心。有一位名为阿留的十八岁下女，虽然身份下贱，但皈依

---

① 《地藏菩萨灵验记》，平安时代的佛教故事集。

三宝之意甚坚。某次将农夫的饭食用茶盘托着搬到正在耕作的田里时，由于下雨和疲劳，她便在路边的地藏堂休息，从每碗饭上各取一点供给小佛像。听到农夫们因为饭上面缺的一点感到奇怪而咒骂时，主人王大夫很生气，烧红一个大分叉箭头按在她的脸上，她的眼鼻和毛发都被烧掉了。因为实在太难看，她被抛弃在路边，结果是地藏尊代替她承受了这些苦难。换言之，下总方面的故事才是被改造过的，留在记录上的时代反而更为古老。野州足利五十部的水使神社现在祭祀的神是水速女命，其作为水神受到信奉，而且女性有病时也会向她祈祷，自古就经常有人进献画有怀孕女性的绘马①。始于安永七年的缘起故事，也像是自由自在的浪漫故事，但当中仍然有这位女神生前是一个叫五十部小太郎的人的使女，农事中给别人送午饭的路上，听闻自己的孩子被主人打死的消息，怨愤悲叹，投入路旁的深潭的情节。现在的神体也是穿着十二单②，手

---

① 绘马，为表示祈愿或感谢而向神社、道祖神等神格化对象奉纳的画。其起源为向神社供奉活马逐渐改为土马、马的绘画等形式，故而称为"绘马"。中世以后所画题材变得多样化。

② 十二单，平安时代中期形成的女性礼服，成人女性正装，在宫中等官方场合作为正式服装，穿着的场合有一定规则。这种装束以多重叠穿为重要特点，当时称为"女房装束"，正式名称为"五衣唐衣裳"。"十二单"的名称初出于镰仓时代的《源平盛衰记》，"十二"为表达其多，非实指。

拿饭勺，抱着饭钵的彩色小木像。[29]在九州南部，尤其是大隅的各个村落，在田边安置田神的风习对当地人来说并不稀奇。这些神像通常都是右手拿饭勺，左手持钵，或者饭勺在左手而右手拿着杵。[30]这应该也是由水侍女的思想生发而来的。若如此，则肥后路旁的十块人形岩石，传说过去是为长者的田夫送午饭的女性的原因，首先就可以明了了。

28　见《民族》2 卷第 265 页。

29　见《乡土研究》2 卷 5 号丸山源八君的报告。该神社的所在为足利郡三重村大字五十部水使。这在关东方面是值得注意的神。称为水主神社的女神在赞岐也有，在松岗调氏所著《官社考证》①中，也记载了虚舟漂来的传说。神社的祭神与这一地区的很多女神一样，是倭迹迹日百袭姫命。mizushi② 据说是神的侍女之意。

30　《土俗和传说》1 卷 1 号上有三个实例的图示。其要点之一，石头的形状与男性生殖器相似；其二，有一些

---

①　《官社考证》，即《赞岐国官社考证》，江户时代后期至明治时代国学者松冈调(1830—1904)著，上卷、下卷及附录追录共 3 卷，1879 年出版。
②　mizushi 为水使神社"水使"的发音。

与东部日本道祖神中男女双立像非常相似。道祖神中的女神现在手持小酒壶，但过去拿的应该也是食物的调制器具。关于萨摩的田神，其后有冈岛银次氏的详细报告。

"yome"这个词

我所希望尝试研讨的一个问题是，女性在插秧那天死去的新妇田传说，与长者招日的故事原本会不会是从同一习俗生发的呢？若说狭大饭郡的日暮塚由来是那样无法修补地破绽百出，但那座塚仍然是向日神祈求白天更长一些的祭坛，从祭主只能是心灵纯净的女性这一点可以窥知。而在下总松崎的千把池，则在因懈怠而受到惩罚这种后世式教训的掩盖之下，仍然依稀保留了女性的念力能追上太阳脚步这种古老的说法。其他诸例也必定是以在一天里必须插完秧作为共同的动机。换言之，由此可以推测关于某天适合插秧而次日就不适合这样一种今天的信仰，在过去是非常严格的。同时可以认为，在晴天的日本，每日的"日"与太阳的"日"始终是相连且密不可分的。新妇田大多是忌田。即使在其他普通田里可以允许的懈怠程度，在有来历的神的田里插秧时，也必须受到足够的惩罚。对破坏这个法则的行为用令人恐怖的制裁施以惩戒，以示这是必须记住的道理。只要一提到"yome"，人们马上就会想到婆婆的恶毒，而在以前则是想到邪恶贪吝的长者。同时，"长者"是记忆的文学中最为华丽的梦想中心。在佛教典籍中，这被翻译为"福德圆满的大贵人"，在我们当中则是一族之长，而游女中特别优秀聪慧之人也被称为"长者"。游女的长者在神歌中歌唱的是虚构的"长者"的荣华与没落。故事可以无限发展这一点，只要读净琉璃剧本《十二段》①就会明白。而且，长者故事的材料非常丰富，充溢于我们五月的生活。yome 原本单纯意味着好女、倩女，不过后世只在婚礼这样喜庆的日子才认真地化上红妆，所以转而被解释为仅属于年轻妻子的名目。即便不借大胆的语源专家之力，应该也很容易就能想象到。因此，东国的各个村落称新妇为anesama或 hanaokata 等，一般不使用"yome"这个词。关于这一点，只要想想化妆用的白粉最初的宗教性目的，就能够轻易得知词语分化的路径。

---

① 《十二段》，室町时代的净琉璃剧目，讲述长者的女儿净琉璃姬与牛若丸（即幼年时的源义经）之间的恋爱故事。

新妇塚·新妇渊

　　关于伊势奄芸郡坂部的新妇塚，有说明称它是斋塚的讹误。它原位于稍离伊势神宫的大路的田里，那儿有一棵标志性的杉树，附近有据说是斋殿遗址的旱田以及被称为例禊洲的石桥。斋宫驾临伊势时，在此河流的沙洲上举行修禊之礼，结束后再进入斋殿的说法可能只是推测[31]，但与通常流传新妇故事的地方是在水边这一事实可以合起来思考。像真宗的说教中被引用过很多次的越前吉崎的吓新妇故事，也就是婆婆披着鬼面去吓信仰莲如上人、心地善良的儿媳妇，然后婆婆马上受到佛的惩罚这种奇谈。故事似乎取自某种中古时代的通俗故事读物，这一点藤冈作太郎①君已经注意到了。[32]果然像他推测的那样，此地有一个旧的形态，而且不是婆媳之争，其根源也在于水神信仰。过去在平泉村有不孝之女，有一次两三个人一起到川上御前的神社参拜，将神殿里挂着的旧面具取下来戴在脸上，结果面具粘在脸上取不下来，因而大怒归家，拉着丈夫一起投入河中而死。他们投河的地方变成深潭，有三处被称作女夫渊的地

---

　　① 藤冈作太郎(1870—1910)，国文学者，著作有《镰仓室町时代文学史》等。

方。[33]这是所谓长在脸上的面具故事的原型。在信州的小谷四箇庄则反过来，是儿媳吓婆婆。某村民家儿媳阿轻从氏神①的神社偷来风流的面具，戴在脸上吓婆婆，结果面具粘在脸上取不下来，儿媳感到丢脸而躲进岩窟。也有说她是爬上勺子岳而去的，现在还有一个岩洞，里面祭有被称为十二的小神祠。[34]"十二"是从信越到会津称颂山神的叫法。就像越前九头龙川的女夫渊的名字所说明的那样，面具原本似乎为偶数之物的其中一个。相州江之岛的神社门上挂着山神和鬼女的面具。据说最明寺时赖的妾中有一个嫉妒心特别强，戴着鬼的面具袭击其他妾，而她的父母戴上山神的面具站了出来，对她加以劝诫。[35]

31 《伊势参宫名所图会》上卷中，有引自粉川某的《事忌考》的这个说法。坂部离神宫所在地还有两天路程，难以想象在这里已经开始举行重要到要留下塚的程度的仪式。

32 见《镰仓室町时代文学史》第 349 页。室町时代的通俗读物中也有婆婆欺负儿媳的故事，但并不如继母欺负

----

① 氏神，村落共同体共同祭祀的地缘社会守护神，一般情况下，与本书中多处提及的"镇守""镇守神""产土神"相同。住在氏神镇守地区的所有人均受其保护，同时也是其祭祀者（即"氏子"）。

继子的故事那样多。

33　见《越前大野郡志》"大野郡北乡村"条所引《影响录》。

34　见《小谷口碑集》第36页，信浓北安昙郡北城村切久保。风流是指祭神之舞。在切久保的镇守神社，旧历七月七日的尾花祭上，举行叫作七当祭的仪式，戴着三个面具的人加入队列中。因为其面具缺少一个，据说是阿轻从山上下来，当地人相信这一天一定会下三滴雨。

35　据《本朝国语》①。

水神的婚姻

从仅余少许痕迹的插秧歌可以推知，在过去时代的正式插秧劳动中，会举行在今人看来无法饶恕的"俳优"。[36]使这一仪式成为严肃行为的神话根源，化作别的传说，附着在这里或那里的深潭、桥边或岸边的岩石上，我认为其实是理所当然的。如果要具体地说说

---

① 《本朝国语》，地方志，共5卷，1763年刊行。

这个问题的话，插秧即田神的诞生，主要是出于对它的期待，日神与水神的和合就很有必要。水神是女性，以新妇的装扮从水边出现。为了忘记这只是寻常少女打扮而成的，传说通常会用红白颜料改变她们的容貌，而面具往往也供同一目的使用。面具长在脸上，可能意味着自我与神的境界恍惚难以辨别。因为农民的信仰原本无须如此精细的扮演，也会相信那就是神，神也就恢复了自己原本的面目，作为渊水之神而受到敬畏。尽管无须细致打扮，但神仍然会像五十部的水使神那样，手上握着作为主要象征的食物分配器具。[37]既然水神有母子因缘的说法，且在我国的传说中特别兴盛，则以水作为要件对农业劳作的影响，便要首先放在最重要的位置进行考虑。飞驒岸奥村的嫁渊，在路边有一块平坦的岩石，上面有大约三岁小儿的脚印。据说，过去此村的某个农民的儿子长大后求娶新娘之时，不知道从哪里来了一个美丽的姑娘。他把姑娘留下来娶作妻子后，她好像是龙神的化身一样，家里从此富裕繁荣起来。但不知道什么原因，这位新妇跳进家附近的深潭里，化作大蛇消失了。[38]除此以外，也有其他不同的故事。在越中串田村，传说池中住着一条大蛇，每年都要吞食少女，某一年吞下插秧的姑娘时，被姑娘的梳子卡在喉咙处而死，全村的忧愁为之根绝，因而有祭祀梳子和姑娘的栉田神社。[39]《神祇志料》上当然是以此为据，将神社的祭神考证为奇稻田姬，但这并不是什么需要努力的事。我们所关心的问题是，在神代的正式叙述中，会不会流传着稻田、kushi 这些美丽女性的故事呢？栉确实是 kushi，但并不仅仅是平时站在稻田边的女性都会插在头上的器具。[40]

36 例如，《民族》卷 1 第 767 页所载石见的插秧歌就是一个很好的证据。如果通读《俚谣集》，即可知这并非一个地方所特有的现象。

37 田神在农事结束的同时就会进山成为山神，以及勺子是山上的木头所制，又或者是神所持之物，人间的妻子也名之为"山神"等现象，必须另设一章讨论。但总而言之，这些并不是不同系统的信仰。

38 见《飞驒国中案内》。这里还流传着很多龙女神异的故事。在同一本书中，三川横岩也有三个龙宫乙姬足印，据说其大小与三岁左右小儿相仿。在《斐太风土记》卷 13 中，岸奥嫁渊的足印，据说也是新妇的足印。村民孙右卫门的媳妇甚是美丽且多有异事，村民聚在一起谈论其怪异，这位新妇最终投身渊水溺死。

39 见《越中国神社志料》。射水郡栉田村大字串田。

40 熊野的新宫、下总的香取等旧的大神社中，有大量女性的衣饰用品作为神社的传世宝物，这一点似乎是该领域的学者尚未能解释的秘事。宫中司衣饰制作的御栉笥殿侍奉现世与幽冥两种神的任务，我想应该通常是按其文字而想象的。

殖女与养女

插秧时有口头上的吉凶之别，若是行凶事则新妇会死之类现行的俗信，如果有机会能够进行精确的比较和考察的话，也许最终能够阐明古代史的一个非常重要的方面。向来的学者先生们将这些视作无意义之事而毫不关心的态度，有必要尽快改变。我所希望提出的问题之一是，在插秧时必定会送午饭，换言之，必定会在田畔吃饭的理由到底是什么？这一天在田里吃饭，所有的田夫都会参加，在有的地方，依常例即便有剩余也绝不带回去，而是让河水带走或丢弃在野地，让鸟兽吃掉。[41]此外，炊煮这些食物的材料和柴薪，在很多情况下也是固定的。那么，烹制和运送这些食物的人，便绝对没有无论是谁都可以的道理。今天也和过去一样，插秧那天劳动的主要部分由女性承担，而且这绝不是仅限于日本的风习。这样做的动机里有关于女性的生产力的想象，这一点也已经得到确认。但我要说的是，除了插秧的女性以外，另外还有特定的负责饮食的女性。她们被极度的美妆粉饰，居于插秧仪式的中心。由《洛阳田乐记》①可见，田游的队列中也有殖女和养女两种女性。殖女是 ueme，应该也就是插秧的女性，而养女到底俗称什么呢？林道春②的随笔有"灶下养中郎将"句，并为"养"字标注了 onariseba 的片假名。[42]"养"字古训为 onari，此外俗称 unari、onamoto。[43]在滋贺县、和歌山县等的各郡，称负责或参与厨房事务的女性为 onari 的村落，如今还有很多。这些被称为 onari 的女性，在插秧那天必须负责非常重要的工作。我认为，yome 在田里死去的传说背后，隐藏着肥后的 jyajyoro 这种煮饭的女性等人物，而再往前追溯，则又像是站在将夕阳招回来的泉水旁边的故事中的女性。上代称为"日置部"的部曲，虽然现在只留下名字，但有可能是仅以女子继承的占卜之家。

41　见《三和吉田领风俗答书》。

———————————

①　《洛阳田乐记》，平安时代后期的记录书，以汉文记录嘉保三年京都大流行的田乐。
②　林道春(1583—1657)，江户时代初期之朱子学者林罗山的法号。

42　见《罗山文集》卷 73，活字本第 472 页。

43　见《和训栞》。

（昭和二年七月　《民族》）

松王健儿的故事

筑岛与长柄桥

在自认历史学家的当世学者中，似乎也有人认为，对通俗文学应该仅仅以史实为标准去判断其真伪。如果他们居然想象，有时候会存在符合史实的通俗文学这种东西，则实在是令人同情的乐观。究其原因，是因为通俗文学的内容都不是事实。如果以这种态度去追寻国民的古老生活，那么只要不用到有名的大臣、大将的传记，恐怕就总会处于史料缺乏的窘迫中吧。诚然，我们所理解的通俗文学，其存在本身就是一个严格的史实。它们以各种类型散布在全国各地这一事实，则是第二个有力的史料。一个个传说的内容，只不过仅仅作为比较的目标发挥作用而已。我实际上也把自己当作一个历史学家，但我主要想钻研的点在于没有记录证文的普通的日本人的过去。这些他们所传承的过去的事物，尤其是其中特别复杂且有很多特征的通俗文学之类，我是不会粗暴对待的。从这个目的来说，和那些看起来颇有几分史实气的故事相比，是极为出人意料、难以置信的，比如造桥时供奉的人牲这样的故事，用起来更加便利。这就是我毫不忌惮地将这些供作史料之用，再次尝试考察"将人当作神祭祀风习"根源的缘故。

作为八幡若宫信仰的一个变体，后来作为神受祭祀的人是少年或女性，且并非意外横死，而是原来就做出承诺，或者自告奋勇把生命贡献给神的例子，分布也相当广泛。到现在，这些故事几乎全都统一成所谓人牲故事的样式，但所幸还遗留着若干有特色的、仅以人牲无法解释的例子。在绵密的比较之下，或许存在发现更早以前的动机的可能性。这些特色在今天这样交通发达的情况下，也许很快就会走向同化。如果要考察这个问题，我想必须从现在就开始。

首先应该思考的一个问题是，为什么长久以来成为人牲而受到祭祀的少年名为"松王"，以及这位松王与八幡神有什么样的关系。赞州香川郡圆座村的氏神，现在的名称为广幡神社，但正确的名称应该是八幡神社。《全赞史》一书中记到，有一种说法称该地原有一座神祠，以松王小儿之灵为主神，后才配以八幡神，因而称为松王山。[1]松王小儿在《南海治乱记》①中，标有 matsuwau konji 的假名注音。这是那些忘记了 konji 是"健儿"的特殊读法，意指下人或者年少从者的人。[2]平清盛②建设现在的兵库港③时，原本应该投入三十个人牲，他随侍左右的名为松王的人提出以己一命代替这三十人。松王的父亲是赞岐河边乡的乡司，出身河边民部，则这个故事在他的故乡当然应该有存留，但实际上，除很久之前就已经流传的舞本《筑岛》④以外，几乎都与其没有关系。[3]松王山的八幡神社也在同一个郡，但归根结底，上述由来故事应该不是独立传承的，反而存在其解释可能为著名的民间传说所左右的痕迹。其邻近的伊予也在上浮穴郡臼杵的三岛神社，有作为配殿的田井大明神，祭神至今仍称为松王小儿命。除松王的父亲田井民部由赞岐香川郡移居到此村这一点外，其余完全是舞本等的继承。[4]这可能是他们自信与祭神松王

---

① 《南海治乱记》，以四国地区中世史为题材的军事文学作品，1663 年成书。

② 平清盛（1118—1181），平安时代末期武将，平家武士集团之首，曾官至从一位太政大臣，一度掌握全国权柄。致力于与宋的贸易，建设大轮田泊（今神户港，镰仓时代起称为"兵库"，1872 年起改现名）等海港，以便宋船往来停靠。

③ 柳田写作本文时，兵库港已更名为神户港。此处恐是柳田记忆有误，或仅是沿用旧名而已。

④ 《筑岛》，幸若舞的舞本。故事围绕着平清盛建造大轮田泊时筑造称为经之岛的防波小岛，因工事困难而打算投入人牲，以及名月姬和松王小儿救助人牲而展开。

有血缘关系，故失去古时候的传说而不问是非地依从于通说。

让所谓筑岛传说固定下来，成为今天这种形式，似乎并不是那么古老的事。来迎寺又名筑岛寺，此处松王木像和缘起由于《兵库名所记》①刊本等为世人所知，其异传因而自然地藏起了踪影。⁵当然，这些记录可能也是蹈袭自古以来的传说，但至少在室町到江户的短篇故事书和幸若舞的时代，将原本存在的与这些不相容的很多其他传承以干脆利落的选择进行了统一。如果要举一个极端的例子的话，《平家物语》②中写到没有使用人牲⁶；《盛衰记》③则有以儿童一人为人牲的版本，还有人牲被阻止的版本，以及完全没有提到人牲的版本⁷。简言之，在据说为平清盛所制的松王像出现之前的很长时期，一直浮游着无法统合的诸种说法。

但是，在这样的混乱中，也能够偶然找到传说进化的路径。例如，只要读舞本《筑岛》便可发现，成为人牲的最终只有松王一人。这确实没有疑义，但他只是从局外站出来的最后解决者，故事的纠

---

① 《兵库名所记》，推定为近世后期成书的兵库名胜古迹指南书，共 2 卷。
② 《平家物语》，描写平安时代末期到镰仓时代初期源氏和平氏一系列对立和对抗（源平争乱）的军事文学作品。
③ 《盛衰记》，即《源平盛衰记》，镰仓时代以后成书的军事文学作品，作者不详，共 48 卷。

葛反而是以名月姬父女、夫妇的悲惨命运为中心的。净海入道①根据阿倍泰氏的勘文，认为应将三十个人牲沉入大海，在大路上设置关卡捉拿行旅之人时，抓到的第三十个人恰好是名月姬的父亲左卫门国春。一个叫近藤次重友的人知道此事后，偶然在名月姬的家附近作歌咏唱，名月姬恰好听到，立即出门为父亲乞命。她的丈夫家兼也紧随其后，一起到平清盛的居处福原哀诉，国春因而终于得到释放，但平清盛仍然命令处死余下的二十九人。直到这时，松王健儿才站出来。但是，在松王站出来前，如《平家物语》所写的那样，有人建言抄写一万部《法华经》并加上三十人的名字代替人牲沉入海底，平清盛大怒不从。从此等多余的情节插入其中来看，舞本的内容可能在中途被改过。若非如此，则可能是因为它形成的时代已经有故事的各种其他形态在世间流传，无法完全置之不理。

此外，名月姬的故事，与流传着很多令人感兴趣的异文，以及同样关于摄津国长柄桥的其他故事，原本属于同一个系统，这一点似乎是没有什么疑问的。[8]"雉鸡不鸣则不会被射杀"这样的和歌，在《徒然慰草》中已经提及。浅黄色的袴上打着白色补丁的男人这样的情节，在安居院的《神道集》中也有收录。由此看来，这些故事不是

---

① 净海入道，即平清盛。净海为平清盛法号。

近世的人们所想象的那样，只是简单地灵机一动。也就是说，人牲的确定，从一开始就是以谁应该成为牺牲品的暗示为基础的，而暗示则大多以歌的形式提出。关系为亲子或夫妇之类的人，两人以上同时作为牺牲品的内容，似乎是上古以来传说的一贯要素。这一点从《筑岛寺缘起》这样的近世一例也可以隐约推测得知。松王健儿意外出现，代替了三十人，他实际上是大日王的化身，为了建成这座岛而临时显现这种奇瑞的说法，看起来似乎完全打破了传统模式。但他还是幼小可爱的儿童形象，同时也是令人怜惜、使人悲伤的人子，这两点也可以视作仍然遵守着东西诸民族共同的牺牲故事的条件。此外，也许只是偶然，这个遥远的纪念是包裹在值得注意的八幡神信仰中的。关于这一点，我们必须进一步思考，到底是什么样的理由，使这个人牲的名字被称作松王。

  1 据《明治神社志料》。该社的传记中，称其是天治元年由北原孙太夫创立的，但若如此，则较松王成为人牲的应保元年早三十七年。

  2 《摄阳群谈》①等书中写作"松王儿童"，舞本等则

————————

① 《摄阳群谈》，江户时代编纂的摄津国地方志，共17卷。

仅以平假名写作 konji。

3　《南海治乱记》为该地学者香西成资所著，较此前引用的《全赞史》更为古老。其序文写道，收集记性好的两三位老人的话，关于松王人牲的内容则载于"河边家没落"一条。

4　同样依据《明治神社志料》及《伊予温故录》等。

5　如近世编辑的《兵库筑岛传》这一非常详细的读本中所见。但是，这本书因为材料收集过多反而出现很多疑点，似乎失去了《兵库名所记》等书具有的统一性。

6　"以阿波民部重能为负责人建造。公卿众议应该投入人牲，然而此事罪业深重，遂在石面上写一切经用以筑岛，故此岛称作经之岛。"该负责人名为阿波民部，通说松王之父称作田井民部，而在《南海治乱记》中则称作阿波民部。在这些点上，诸书反而类似。

7　参考《源平盛衰记》。

8　关于长柄桥人牲的故事，《雅俗随笔》①下卷中引用了很多文本进行考证。而《广文库》的"人牲"条中也收集了一遍资料。《松屋笔记》"五十五"中也讨论了此问题，

---

① 《雅俗随笔》，江户时代末期的随笔。

主张向前追溯。这个故事的起源可能是仁德天皇的河内茨田堤传说。

"松王"这一童名

对近世的日本人来说，松王这个名字应该是听惯了的。因此，将它作为人牲的儿童之名，可能很多人会觉得只不过是用了一个偶然存在的名字，从而将其当作一件小事。但是认真思考一下的话，"某王丸"这样的童名，在今天流传的种种故事中变得很有名的实例并不算多。换言之，它是中古的某个短时期内某个阶级的爱好，因此同时也可以通过它推知这类故事开始流行的时代。实际上，"某王"这样令人敬而远之的文字，若没有某种相应的顺序，则没有新进入寻常人家的理由。最初，这恐怕是由认为某个孩童带着灵力降生的风习，以及在神前举行成人仪式并行的信仰行为而发展起来的现象。即使后来变得没有任何特殊意义，仅仅由于先例多且好听，于是有人斗胆用这样的名字给孩子命名，但这原本可能是只有得到许可，成为神子的情况下才使用的名字。也就是说，曾经存在仅限于特定的人神之间的命名法，后来转而用到普通人身上了。所以，只有巫觋之辈，称为"某王"才丝毫没有不可思议之处。因为，"miko"一词如果汉译的话，可以说若不是指神子，便是指王。①

信州户隐神社的巫家，现在仍然代代自称松王。这家的专门职责是神乐，据说还另外传承着中古以来的巫舞。[9]虽然未能有幸见到与之相关的传说，但我想就这个问题尝试探讨一下。在京都北野的天满宫，以前也有称为松王的主典②之家。两人住在西京，自称是菅公随车舍人的子孙，身穿白色衣服，头发在头顶结成唐轮髻，换言之就是童子的装扮。据说，他们可以获得末社的香火钱和供米。[10]看到这等明显不过是神的仆从的家庭，居然也将"王"字用在自己的名字上，可能会有人怀疑"王"意味着神子，与若宫、王子神社拥有相同根源的观点是错误的。但我相信，这一点可以与中世以后的大小诸社中地位并不很高的 miko 或 konoko③ 这种神职为什么会这样称呼的问题合在一起说明。[11]

如果简单地阐述一下我的见解的话，miko 在神社里的威望和权

---

① "miko"一词写作汉字时，可作"巫女、神子"，也可作"御子"。其中，"御子"除有"神子"之意外，还指天皇的子女，以及受封为亲王的皇子。

② 主典，旧官币社、国币社中在祢宜手下负责祭仪、庶务的神职。

③ konoko，汉字写作"御神子"，侍奉神的少女，或是舞神乐的巫女。

力主要是由于政治而逐渐衰退的。因为承担这一任务的人不是儿童便是女性，他们在平常的家庭生活或者普通的劳动团体中，地位越来越难以保持。但是，很久以后仍然没有为外界所侵扰的不仅是自古以来的名称，还有其他几个极为重要的宗教行为，永远专由他们所管，亦即祭日在神灵侧近供奉，尤其是掌管早晚供在神前的神馔。此事较今天想象的具有更深的意义，很可能包含着与神一起，或者代替神接受和享用这些食物的角色的意思。称为"附身降言"的，定期或临时将神的话语向常人传达的任务，原本也是与此不可分割的，而且似乎是互为条件的。在将上席的祭官误称为神主的时代，这些工作也是被指定的，非他们不能担任。恐怕正是因为如此，即使世间发生变化，他们也没有失去曾经拥有的名称。

就这样，他们竭力保存所谓 miko 即神的血脉之末的传统，因而要证明"miko"一词的本义，即便是如今也并非难事。但奈何随着岁月流逝，历史上屡屡改变其解释。也就是说，如果仍然坚持只有真正继承血统者才能与神如此亲近，就会无法按照最早的古法继续进行祭祀。这种情况会一个接一个地发生。我想应该就是这样，高调宣扬起第二、第三个特征，将能够新加入进来担任这一任务的资格在某种程度上放宽。例如，宇佐大神的威德，有一段时间以盛大之势在四方得到宣扬，其结果是原来的侍奉者变得不够。一方面，出现了像安宗①、行教②那样的纪氏法师讲述曩祖③武内宿祢④的由来，第一次将君臣关系延伸到社务组织；另一方面，又在九州促使若宫信仰进一步发达，产生了将所谓大三轮式的民间神话，亦即以人为母、以神为父的尊贵童儿故事移植到各地的需要。人闻菩萨的巡游故事作为记录，只留存了一点模糊的痕迹，而作为民俗则最为丰富。所谓这位尊贵的僧人即八幡的化身，母子二人在各处得到救济这类故事，恐怕就是讲述这一时期情况的传说。再进一步，我相信能够证明"人闻"这一罕见的僧名实际上是"人母"或"神母"讹误的日子一定会到来。

　　人仅仅因为横死而成为御灵，马上便被赋予若宫之名，位列八幡眷属神之类的风习，若不找到这种信仰中今天已经被埋没的部分，其难以解释便是理所当然的。神子思想的发展稍微偏向某一方面，巫祝之言就受到政略的影响。就像有人说王神就是应神天皇[12]，或大带媛意为息长足媛尊之类应该被称为学者风的解释支配一段时间以后，信仰自然就会向不受压制的方向发展。若没

---

　　①　安宗(813—887)，平安时代前期僧人，行教之甥，石清水八幡宫神宫寺护国寺的初代别当，俗姓纪氏。

　　②　行教，平安时代前期僧人，生卒年不详，营造石清水八幡宫。

　　③　曩祖，即曩祖八幡宫，主神为武内宿祢。

　　④　武内宿祢，传说活跃在古代大和朝廷初期的人物，随神功皇后征伐新罗。

有显示祸祟以使人们敬畏的风气，则没有仅仅因为是主神之子便享受祭祀的理由。与此同理，会不会曾经有过一个时代，作为若宫奇瑞的根本条件，是必须有某个灵魂年轻且充满活力的人突然一转身进入神界，而就是这种信仰形成了后世向八幡神社祈愿，请求对恶神加以统御的根源呢？换一种说法，会不会正如八幡若宫的松王人牲故事所传达的那样，暗示着在过去的某个时期曾经存在将人杀死以制造御灵的信仰呢？为了仔细推敲这种假设是否妥当，我想在这里尝试进一步将更多人牲故事的特征揭示出来，并对它们进行比较。

9　见《乡土研究》4 卷 3 号所载栗岩英治君的通信。

10　见《远碧轩记》上卷之三。

11　关于这一点，我以前曾经在以川村杳树之名发表的论文《巫女考》中，进行了相当细致的论述。但那只是没有任何论证的假设，不过是没有人提出反对意见而已。因此，除在此使用的资料以外，不会将其作为论据加以引用。

12　将御子神称为王神这种现象绝不是空想，中世的神名中有很多例子，现在也有越后长冈等地的显著例子。

母子相依

　　由于故事内容甚为相似，我们很容易就能够证明，分布在各地的人牲传说绝不是一件件史实。例如，修筑东上总的尾长堰时，被抓住充作人牲的名为 ona 的女乞丐，被活埋时正在吃梅子。因此，这里长出了一棵梅树，果实全部缺少一边果肉。[13]下总印旛郡大竹的阪田池的堤上，也有被称作片多梅或片端梅的名木，有着同样的由来传说。据说，过去修筑这个池塘的堤岸时，无论怎样修筑堤岸都无法保持很久。一名女子告诉筑堤的人，除用人充作媒介以外没有其他办法，于是他们便将这名女子沉入池中。当时这名女子背着的小孩手上正拿着梅子吃，因为两人同时被埋，所以那里长出了这样的梅树。[14]

　　如果同样的例子只有两个，则可以评论说是其中一个偷偷模仿了另一个，但是将植物的特点归于亡灵之力的传说，在千方①的逆

---

　　①　千方，即传说中的平安时代伊贺（今三重县）的豪族藤原千方，曾役使有异能的四鬼反抗朝廷，后为朝廷所灭。

柳、梶原源太①的箭栝与箬叶、畠山重忠②的马与半边木瓜之类的传说中，虽然形式略有不同，但为世人所知者不计其数。现实中，位于印旛沼沿岸师户的金毗罗渊，也同样生长着被称为半边木瓜的、果实只有一半的木瓜树。据说，曾经有一名给主人带孩子的女子被农人为难，在这里跳崖而死时，小孩手里拿着吃剩一半的木瓜。此外，这里的山藤据说留下了这名女子背小孩的痕迹，十字交织，向上生长。[15]但是，传说中这名女子死去的那天，是与农活最不相关的七月十三日。她佣工的船尾村的宗像神社，会在这一天举行各种奇瑞和祭祀活动。

七月十三日，是传说中松王以及其他很多人牲被献祭的日期。在赞岐称为佛生山的市镇附近，有名为平家池的地方。这里也有据说是清盛相国时代，阿波民部承担修筑和加固任务的堤岸。被充作人牲的是偶然经过的一名女性，怀揣织布筘，手拿称作 chigiri 的及胸长棍。后来，织布筘长成竹林，chigiri 长成了高大的松树，因而人们将这棵松树视作神树长久祭祀，这就是 chigiri 神社的由来。[16]但

---

① 梶原源太(1162—1200)，即梶原景季，镰仓时代初期武士，梶原景时长子，与图谋对抗幕府的父亲一起在前往京都途中被杀。

② 畠山重忠(1164—1205)，镰仓时代初期的豪族，深受源赖朝信赖。源赖朝殁后，其与执政的北条时政相斗，在交战中被杀。

即使是这种不可能发生的传说，看起来也像并非偶然产生的。在尾张春日井郡的退养寺松原这个地方，也留下了有颇多相同内容的传说。据说，过去此地有一个大池塘，堤岸每年无缘无故崩塌，水溢出冲坏农田。当地人去求教卜者，被告知应该在五月朔日抓住一名携带织布工具经过的人充作人牲。果然如卜者所言，当日有一名女子经过，人们便依言将她沉入水中，水害就此止住，而女子的灵魂却开始作祟，每到五月便有很多织布的人死去。虽然为了安抚她的灵魂，人们修建了一座被称作道净寺的寺庙，但很快就荒废了，只有机织池一直存在，当地女性在五月里也遵守规矩不再织布。[17] 五月里不纺织或者不搬动纺织工具的禁忌，其分布之广，几乎到了全国皆然的程度，而其动机尚不明了。很可能是由于人们认为水神是女性，同时也是机织之神，因此在最仰赖其恩惠的插秧的这个月份，不做与神相似的行为。从据说能听到水底有梭子往来之声的机织渊、卷机池等同时也必定是祈雨的灵验之地来看，可以想象拿着织布筘路过的人并非普通女性。[18]

人牲的选择，大多是有条件的。除依据卜者之言或梦兆外，值得注意的是，被杀者自己的提议被采纳的例子也很多。

　　勿多言，多言遭罚。

乃父已成长柄桥人牲。

　　这个长柄桥人牲的故事非常有名，今天仍然被当作摇篮曲传唱。此外，还有与此完全不同的一类传说。例如，女子恰好路过，提议说可以供上人牲，当地人表示大费周章也找不到合适的人，干脆请该女子帮忙，突然将她沉入水中的故事。《越中旧事记》①中写到的射水郡下村女堤便是其中一例，并称"女堤如口"这句谚语便是来自于此。又或者更进一步，与松王的情况一样，人牲不仅是由于本人的建议，而且被说成是自告奋勇。前文所举的下总印旛郡半边梅的例子，也有人报告过身背幼儿的女性到来，告诉众人要治住水只能将人活埋在里面，若是女子更佳，请务必将自己和这个孩子一起埋进去，说完以后站在原地不走，众人只得依言而行，堤岸果然修筑稳固的说法。[19]如果从所谓史实论者的感觉来判断，似乎自告奋勇最不近人情，违反自然，但杀害告知方法之人的例子何以如此多这个问题，应该从当事者所说的话去进行类推解释。在不可思议方面可谓五十步与一百步的关系，牺牲一人便可以做到的事却要母子二人同死这一点，只能想象过去存在这样说也能够为人们所信的某

---

　　① 《越中旧事记》，江户时代后期的越中国（今富山县）地方志，共2卷。

种原因。若非如此，则不可能有多个同类型的故事在各地分散式产生。

　　将母子两个人充作人牲的传说，在武州①栗桥的一言神社也有流传。因为被投入水中时，这名女子说了一句话，所以建立了以"一言"为名的神社。[20]这个传说仅仅是偶然路过而遭难的故事，但在九州，则有如丰前最为著名的母子人牲那样的故事，其明显是自告奋勇的一个例子。虽然相原神社的社传中记载，这是发生在保延元年八月十五日的事，但故事终归是故事。述其大要，则在宇佐神领冲代千町的田地由七名头领支配的时代，从高濑川引水的大井手，堤堰经常损坏，难以修补。为此，众头领商议供奉人牲，其中一位名为汤屋弹正基信的头领提议，将七人的裤浮在水上，裤沉下去的人便充作人牲。一试之下，正是提议者的裤沉入水底。此外，也有仅以抽签决定的说法，以及称基信本人自告奋勇的记录。无论是以上哪个说法，最后都是一名叫作鹤的三十五岁女性及其十三岁的儿子市太郎主动提出代替汤屋弹正，和乘坐的木舆一起被沉入河中央。此后，在他们沉河的位置筑起万代堰，母子二人作为水道的守护神受到永久祭祀。[21]

---

　　①　武州，即武藏国。

赞岐松王山的八幡神社方面，由于记录简单而尚未清楚其中关系，但简言之，八幡作为御灵的统御者，必须将其与松王一起祭祀。九州的相原神社也是如通例一般，以誉田别天皇为祭神，鹤与市太郎母子只不过是配祀而已，但直到五十年前，这座神社的社名仍然为八幡市神社，俗间则至今仍只称其为鹤市社、鹤市祭，这种现象可能反映着信仰的原本形态。从不同的人讲述时都会有若干不一致之处来看，这个传说令人意外地新。例如，在鹤女是什么身份这一点上，有人说她是汤屋弹正的侍妾，也有人说她是家臣古野源兵卫的女人，还有人说她只是作为下人，带着儿子来佣工的寡妇，也就是说，市太郎的父亲是谁，不得而知。对我而言，这一点特别具有某种意义。因为这几个带有一点戏剧性的固有名词，应该说恰好是能够证明传说变动性的材料。

那么，这个地方旧有的传说在受到长柄桥人牲故事等影响，被近世同化之前，到底具有什么样的形态呢？说到这个问题，需要注意的不仅是母与子二人同死这一点。名为阿鹤的女性投入水中成神的故事，在互不相邻的两三个地方流传，我认为不是偶然的类似现象。其中之一是下总松崎的千把池故事。有一位名为阿鹤的能干且力气很大的女性，某年插秧时一天内插完千把秧苗，因为太放松而不小心在自己的两股之间看了一下夕阳，说了一句"太阳还没有进去”，马上遭到天谴而死在田里。其后，当地人将这片田改成水池，在岸边的松树下建起弁天神祠祭祀鹤女之灵。[22]这与前文引用过的小保姆故事相同，是所谓新妇田传说中最为普通的形式。我相信这和伊波君所研究的"onari神"信仰原本是属于同一个系统的。与此甚为相似的第二个例子，在陆前名取郡小鹤池也有流传。根据传说，某长者有一名美丽的婢女，名为小鹤，被命令将一块称为千刈田的宽广田地在一天内插好秧，连给背着的幼儿喂奶的时间都没有。在毫不停歇的劳作当中，孩子被饿死了，孩子的母亲也因悲伤而逝。田地正中的一个小丘被当作幼儿的坟墓享受祭祀[23]，愈发让人觉得这个故事与丰前的鹤市母子故事相近。虽然大多数情况下难以得知其理由，但民间故事中的人名往往会有这类一致现象。这当中似乎有什么特别意义。位于伊豆伊东附近的对岛村若宫八幡，其祭神称为千鹤御前，乃是赖朝与伊东少女八重姬相通所生之女。在将此女扔进镰田的轰渊溺杀时，幼儿手中拿着橘树的枝条。数日后她的遗骸漂流到八幡的岸边，这根枝条仍然拿在手中没有放开，于是便有人将其插在土里，后来长成大树，高大的橘树长久以来一直作为神树受到崇敬。[24]这也是关于母与子二神的由来故事。由此可以推定，所谓半边木瓜、片端梅的传说并非偶然的小插曲。

"市太郎"这一儿童的名字，也有值得思考的特征。"ichi"意为侍奉神灵的女性，在九州单单作为稚儿之意使用。在丰前田川郡丝田村的金村神社，正月十五日御田祭上所唱的插秧歌有三首，而其中一首应该是很古旧的。

> 妇人看似有身孕，容颜有些憔悴，
>
> 抱起小市哄一哄。[25]

　　所谓妇人，即别人家的媳妇，她容颜看起来有些憔悴。插秧时为了祈求丰收，有特地让孕妇参加劳作，又或是带着小儿到田畔游玩的习惯。这首歌虽然描绘的是神田中的情境，但应该并非特指神子，然而若要为其上溯某个根源的话，可能与小鹤池系统的插秧女母子故事之间潜藏着某种相通之处。也有的地方将"ichi"一词当作王子或若宫之意使用。在丰后国东半岛名为富来的镇里，八坂神社的祭神叫作小市郎，据信是镰田氏一族的祖神。祭典在六月和十二月的二十八日，也就是此地祭祀荒神①的日子。与此地隔河相望，有一小村落叫作池田，据说这里的池田氏也在同一天祭祀小市郎。[26]此处是宇佐的势力曾经很强大的地方，现在该地已经转移到祇园管

---

① 荒神，容易作祟、为祸人间的神。

辖之下，但它原本是八幡辖下的御灵。也许小市郎到底因为是有母无父的童子，所以当地人用这个名字称呼他。

如果能够将如今各地的人牲故事解释为曾经以其中所描述的形式出现的史实，那就再简单不过了，然而很遗憾，这是绝对不可能的。但无论是民间故事还是某地原生的传说，以如此类似的形式分布在全国，我想一定有其基础。可惜我们令人尊敬的先辈并没有考虑过人牲作为法术或者供奉给水神的牺牲品，何故又在其灵作为神受到祭祀时，出现像鹤市神社这种现象。为什么他们不仅有守护一方水土的力量，而且留下了他们能够洞察未来的安危，自告奋勇承担如此重任的传说呢？从普通的道理难以说明这一点来看，关于人牲的思想是与时代一起变化的。居然有人连尝试彻底搞清楚这一变化的轨迹都不做，便去论证这一习惯是否曾经存在，实在是咄咄怪事。

八幡与水神信仰之间的关系，过去远较今天为深。这一点从水若宫这样的神社名称、龙女婚姻的传说便可以想见。由于所谓母子相依的神话，在这位大神周围非常发达，所以至少属于鹤市神社系统的人牲传说也许可以解释为直接或间接受到其影响的结果。但是，在八幡以外的信仰中，也有很多如伊予的和气姬和小千御子、萨摩大隅的玉依姬和若宫这种相同的例子。仔细观察便可发现，其多数是在水边的神。是因为最初产生了单纯将水神视作母子两尊神的倾向，后来才将其起源托于牺牲吗？又或者这种风习早就存在，但人们逐渐感觉到人神化现因而形成了此种现象？若能够得到此问题的确定解答，则受益的不仅是日本国学而已。外国的学者似乎也不时有讨论这一问题的人，但到目前为止，他们实际上一直苦于缺乏资料。与此相反，我们则有如此丰富的资料却又以杂乱之状置之不理，没有不断追寻其新的意义。现在为了做好准备和整理，需要若干忍耐，这也是不得已之事。

因此，就目前的情况而言，我只能谈谈以下内容。各地的人牲故事中有八幡神关涉其中，这一点从该神社的前代信仰去说明也不会有太大困难。这是第一条，我的《人神考》正陆续对此进行论证。第二条是，我们这个民族一直传承的水神信仰的神秘，确实有必须通过松王、鹤市这种像梦一样的故事才能够窥知的部分。但是，要做到这一点，必须养成像我们这样不对所谓荒唐无稽之事报以轻蔑的习惯，并且积极将各处乡间正在逐渐消失、只余一点残存的母子神的信仰收集比较。在我仅有的记忆中，就有几个值得注意的例子。例如，骏州庵原郡中河内的带金权现，据传便是村里的管事人带金甚藏由于遭到村民怨恨，被拉到河滩上用石头击杀。其妻已经临月，也同时被拉出来杀死，但灵魂不停作祟，村中妇女因生产死亡的变多了，人们害怕起来，便开始拜祭她。在她的灵社①附近有一处名为十郎泷的地方。十郎是带金氏独子的名字。据传，由于他的母亲被投入泷中时说过要报今日之仇，其后这里的儿童很多在四五岁时便夭折了。[27]也就是说，这座神社并非以其父而是以其母为御灵的中心。在萨摩南端的池田湖岸，有一尊以老松树为神体的神，其名为池王明神。池田村农夫四郎的远祖，某日经过池岸时，见到人首龙身的异形横在路上，于是拔出短刀砍了下去，异形带血跃入水中。当天夜里，这个人突然得病死了，他的妻子也发起狂来，龙王附身降言大表愤怒。家中亲族纷纷告罪求饶后，龙王答道："既如此，我有一母在堂，若将我母子一起作为神奉祀，便饶恕你等。"族人依言祭祀这棵松树，后来龙在附近现身而亡。如今树下的石筑神祠，据传就是祭祀龙王母亲的。[28]这个传说中有一个重要的情节，即四郎的先祖斩杀这条龙，是在去参加某家婚礼的路上。因为这个情节对故事的直接说明是没有意义的，所以可能潜藏着某种需要深入思考的意味。最后，还流传着一个关于奥州二本松稍微往北处，盐泽村机织御前的传说。这个地方传说中的主人公名为源高国，与天上的织女成婚并产有一子，命名为松王丸。松王丸七

①　灵社，祭祀先祖等故去的人的灵魂的建筑物。

岁时织女再次回归天上的情节，与羽衣传说是相同的。由是，当地人将她作为一社之神进行祭祀。另一种说法是，高国的锄头掉进了水里，他为了捡回锄头而跳入水中，与龙女成婚。传说中还有以为只过了三日，实际上人间已经过去二十五年这样一种与浦岛故事相结合的情节。[29]这些类例，看起来与人牲的习惯并无关系，但只要不是狭隘的史实论者，应该就不会有谁将它们当作其他系统的资料分开来考虑。因此，为了解决根本性的重要问题，首先必须将这些现象的相互关系搞清楚。虽然我并没有无端地使事物复杂化的打算，但由于问题本身就很复杂，写得如此繁复，实在是情非得已。[30]

13　见《房总志料续编》。今长生郡土睦村大字上乡。ona 也见于《狂言记》等，由于这是普通女性最为普遍的名字，很可能是指"女性"之意，因此尾长堰应该只是"女堰"之意。[①] 有人牲传说的地方，女堤、比丘尼堤等例子甚多。

14　见《印旛郡志》下卷，在高木君的《日本传说集》中以及前田林外君的报告中都有记载。

---

① 尾长堰和女堰发音相同，均为 onaga seki。

15　见《乡土研究》1 卷 7 号，香取秀真作。香取君的故乡，宗像信仰之盛行令人不可思议。给农人送饭的女子投水而死的故事，构成另一个系统，在其他地方广为流传。下文所提及的小鹤池也是其中一例。

16　见《赞岐三代物语》①中卷。这是应该与"手杖成树故事"结合起来思考的问题。

17　见《张州府志》②卷 11。《尾张志》的记载应该是以此书为据的，但增加了若干新材料。

18　《乡土研究》1 卷 11 号所载论文《带织布筘的女子》，就一种称为织布筘制作工的周游各地的女性以前似乎参与民间信仰一事进行过论述。

19　见《日本传说集》第 237 页。前田林外作。

20　同上书第 242 页。关于"一言"这一神名所意味的附身降言的力量，我曾经在《一言主考》一文中进行过论述。

21　见《日本及日本人》乡土光华号，赤松文次郎作。

---

①　《赞岐三代物语》，江户时代中期赞岐国(今香川县)的地方志。

②　《张州府志》，江户时代中期尾张国(今爱知县西半部)的地方志，为尾张藩最早的官修地方志，对其后编纂的地方志影响颇深。《尾张志》是江户时代后期在《张州府志》基础上，经过新的调查改撰而成的官修地方志。

《明治神社志料》引用《丰前志》及《相原神社缘起》，做了更详细的论述。《筑紫民谈集》不知以何书为根据，说到汤屋弹正的袴上的补丁一事。

22 《印旛郡志》下卷中此郡"八生村松崎"条。关于插秧女招日的故事，我在《关于招日》中做过论述。

23 见《封内风土记》卷 4 所引《观迹闻老记》[①]。

24 据《传说丛书·伊豆卷》，出处应为《伊豆志》。关于赖朝的传说，很多以八幡神话为基础。

25 见文部省《俚谣集》第 623 页。

26 镰田正宪君所言。他是大正十二年被地震夺去生命的我等一同志。所谓"荒神"，在当地似乎就是御灵。六月二十八日很可能是新历。五月二十八日除是曾我兄弟的忌辰外，也是与我们的御灵信仰紧密相连的日子。

27 见《骏国杂志》卷 24 上。

28 见《地理纂考》卷 14。

29 《相生集》卷 11 中，引用《金峨文集》及《澳德记》

---

① 《观迹闻老记》，全称《奥羽观迹闻老记》，1719 年成书的仙台藩（今宫城县）地方志，共 20 卷。

对此进行叙述。将家族最初的母亲当作神的旧家，在东部日本也有很多。相马家①则意图说明妙见即北斗七星的信仰。

30　由于本篇实在太长，在此先暂行完结。在《人牲与松浦佐用媛》中将继续关于人牲的论述。

（昭和二年一月　《民族》）

---

①　中世和近世下总(今千叶县一部)、陆奥(今东北青森、岩手、宫城、福岛诸县全域及秋田县一部分)的武家，以妙见菩萨为氏神。

人牲与松浦佐用媛

化妆阪的古迹

　　将美女充作供神的牺牲品的故事，在东北也有很多流传，但从一直到最近都有职业性地讲述这些故事的人来看，这些故事有很多来自同一个模型的共通点。例如，我最近读过的《登米郡志》中[1]，就记载着在修筑加固现在登米町川面若狭堤时，将名为阿鹤的女子充作人牲，现在仍将阿鹤明神奉为镇守神，神社旁边原来有一个叫作阿鹤泪池的池塘。有人说这位名为阿鹤的女子是在南部地区出生的，也有人说她是从骏河买来的。据传她是彦惣长者的下女，因为北上川的河堤经常崩溃，正在大家商讨得出除建活人献祭的河堤外别无他法的结论时，她恰好将午饭送到现场，因而被抓住活埋。[2]自从为了抚慰她的灵魂建社祭祀以后，这个地方再也没有洪水之害，因此据说今天仍有人信奉她。

陆中金崎千贯堤的人牲，当地人则传言是近在天和年间的事实。在这个故事中，这名女子也是从釜石滨买来的。[3]据说因为这名女子长得很丑，难以找到丈夫，父母想把她送到别处，说不定她会得到幸福，才将她卖出去的。人们挖好一个横穴，做好埋进去的准备后，还在穴的上首挂上佛像，让各家女性轮流行礼叩拜，最后大家目送这名女子进入穴中，才盖上土将穴封起来。如果仅仅作为民间故事，这些情节稍显夸张，但我还是无法把它当作仅在当地口口相传的故事。因为同样是在胆泽郡叶场心月寺的称为"潟岸的药师堂由来"的传说，在当地有非常大的影响力，却唯独对这个千贯堤的故事没有任何影响，实在是不可想象。我想，如果细究这个故事中女子的名字，恐怕也同样会是阿鹤或佐用。

所谓胆泽的扫部长者故事，现在留存下来的部分主要是荣华末期的伤心史，但有几个段落展开了一个又一个场面，可见其长久为盲僧乐师所掌管。松浦佐用媛①作为牺牲品，不过是其中最后一出

---

① 佐用媛，发音为 sayohime，因发音相同，汉字也作"佐用姬""佐与姬"等。后两种汉字表记在下文中也会出现，不再一一注明。

而已。[4]如果只简单叙述有关部分的话，内容是长者之妻吃了禁忌的鱼，变成蛇身，经祭祀水神，仍然要求每三年一次供上人牲。有一名为郡司兵卫义实的人，由于女儿被指定服此役供神而寻找替身，到遥远的京都购回一名为佐用的美女。这名女子没有被称为"京君"或"京女"，而是因其出生地据称为肥前，一直保持着松浦佐用媛的名字。这是故事中最值得注意的一个特征。

此外还有一点，这并非仅限于佐用媛人牲的情况，东北文学的很多例子也是如此。这恐怕应该称作故事的地方附着力，它们总是在各地展现出明显的痕迹。亦即这些故事虽然经过长长的旅途被谱成歌、被编成舞，但毫无疑问是长久流传下来的。一旦来到某个地方，稍微出现一个容纳它的空间，在这里沉淀下来，便会马上生出根来，留下大量新的古迹，在这里进行二次传说化。佐用媛是可以作为其中最显著的一例加以探究的故事。作为理论，这无疑是令人感兴趣的题目。会不会是因为地方的民众缺乏历史知识，而他们无论如何都想要得到依据，以使过去的事迹能够让人相信，才使这种热情自然地引来这类流言，没有反证或是没有障碍地充满那里的空间呢？人类的信仰无论在什么时代都需要实证的根据，像歌谣暗诵这样的异常言辞不正是有着超越其内容之上的动摇人的情绪的力量吗？似乎有很多可以成立的假设，但不幸的是还没有证明它们的稳妥方法。总而言之，传说通常早晚会离开它发生的土地，成为单纯的民间故事而浮游起来。然而只有在日本，才会一次又一次地落回到地上，有时候以某种目的被某处寺庙作为缘起使用，有时候在热爱乡土之人的一手栽培之下，在某片土地上成长起来，最终催生了相信自己、怀疑他人，若有谁不承认这是历史便不依不饶的人。这种混乱和误解恐怕如今仍会持续一段时间。而且，越是往远方少有文字资料的县，自然会越来越麻烦。但是只有佐用媛这个问题，由于非常偶然的头绪，知道真相似乎较其他情况要容易几分。

现在围绕着胆泽的扫部长者，有无数遗迹。据传是长者宅邸旧址的上叶场稻荷山，近年发掘出大量烧过的米[5]，而北叶场的蛇池，至今芦苇不生。传说中在四根柳树上架上木材，在水上架起栈桥的古迹被命名为四本柱，埋着恶蛇之角的角塚一名蛇塚，而名为都鸟的村落至今仍存。细想的话，称这些为证据似乎远远不够，但至少因为有这些古迹存在，附近的居民不会想到这个故事是从别处传来的。但是，应该并不存在如此巧妙设计的人，因此即便是误解，也必定有某种原因。

虽然将这些原因一一细究是不可能的，但我觉得其中绝不能置之不理的故事，是伴随着化妆阪的药师堂流传下来的。佐用媛在迢迢的旅途之末，终于要进入人生终结之地，先来到用膳林用了中午的盒饭，然后在化妆阪化了最后一个妆。在瞽师讲述这个故事的曲子中，这是打拍子的呼号声最多的场面，但值得注意的是，不仅在北上川的平野而且在全国，化妆阪这一地名广为分布，各自装饰着美丽的传说。如果举其中两三个关系较远的例子的话，最为有名的一个在镰仓。据说以前有游女住在那里，又或是曾在这里给平家的大将首级化妆。无论是哪一种说法，都是在镰仓街道旁。[6]同样在相州，还有大矶的高丽寺山下的化妆阪，以及程谷向南而行的道路附近有化妆水，前者与大矶之虎①有关，后者与政子御前②有关，都依托着有名女性的传记。[7]离得很远的地方，则有丰后玖珠郡泷神社的妆井，其缘起是名为小松女院的高贵女子，因仰慕吹笛子的名人少纳言正高，带着十二名侍婢离开京城，自杀身死后作为神受祭祀。出云海上的化妆岛则相传有十名罗刹女每日渡来此岛，施粉描黛。[8]播州网干町的小学校旁边的斜坡，曾经有一石，名为明神石，有很久以前加茂明神化现此地时在此化妆的传说，且据说由于当地人不听教诲，明神迁往室津港，而这就是室津繁盛的根源。[9]备前瑜珈山中的化妆池则传说过去此地住有一鬼贼，用池中的水化妆成妇

---

① 大矶之虎，镰仓时代初期大矶的游女。

② 政子御前，即北条政子(1157—1225)，镰仓幕府初代征夷大将军源赖朝之妻。

人姿态害人，神社所祭祀的就是其灵。[10]除此之外，在各地称为铁浆①付岩又或是倾城石的遗迹，其近很多会有泉水或是在斜坡路旁保存着同一系统的传说。

所谓胭脂、铁浆、白粉最早的用途是什么呢？虽然在日本还保存着很多对考察这个问题有用的资料，但此前没有人关心。各地化妆阪共通的传说，至少暗示着它与信仰有关，且与歌舞有关。然则，与信仰和歌舞都有关联的上臈②到底是哪一种女性，就很容易推知了。在信州西北角的山村，也有游廓和倾城清水。据说这里的泉水能使妆容更服帖，米村里表演的演员到这里打水作化妆之用。[11]必须用特定的泉水作化妆之用的习惯，可能是从很久以前就一直被遵守的。东京附近的橘树郡下作延村圆福寺的弁天窟中，有炎夏也不会干涸的清水，这个洞窟被命名为女郎洞或铁浆洞。[12]相州中郡比比多村神户的化妆塚，据说在三宫明神祭礼时，会将神舆架在上面进行修饰。[13]这使人联想到，化妆简言之就是祭礼的准备。在野州日

---

① 铁浆，古代日本女性将牙齿染黑所使用的染料。将烧过的铁屑浸在浓茶中，加入五倍子粉制成。最初原是女性的装扮习惯，中世以后在上层武士间普及。江户时代以后成为女性的打扮，其后又与女性成人礼、婚礼相结合，明治维新以后被废止。

② 上臈，由意味着修行年数长的僧人借用而来，指值得尊敬的高贵女性，同时也是年轻女性的敬称，亦指游女。

光的腹地被称为金刚山的山中，也有名为化妆宿的入山修行的山伏①的住宿之处。据说这是秘密修行的道场，普通人并不会到这里来。修验者和化妆，乍一看关系是最为疏远的，但为了祭祀，他们也总是会选拔特别突出的美少年加入入山的一行人中去。

奥羽地区当然也有很多化妆阪、化妆水的古迹。平泉中尊寺的八幡神社旧址西边的化妆阪，据传是因为过去在正月的摩多罗神祭日，表演田乐者的化妆室在这个斜坡上，所以产生了这样一个名字。[14]这个例子让我的推测更加有力了一点。简言之，以人身供神而被买来的女性的古迹，同名的地方实在多了一点。福岛县有安积郡八幡的化妆阪，它也是在八幡神社的北边。据说在祭日，表演神乐的男子们会在这里做准备。[15]信夫郡山田村的大清水，则据称是钦明天皇的皇后石姬尊洗过手的地方。[16]再往北到陆前名取郡岩切的化妆阪镜池去看看，则又据说是投身于小鹤池的女子小鹤曾在这个斜坡上化妆，用这里的水当镜子整理过容色。[17]由此再往腹地去，则大抵都和松浦佐用媛有关，但必然出现这种讹传的原因并非难以发现。要而言之，应该只有在女性用这些水化妆的日子，这些故事才会被歌咏或表演。[18]

---

① 山伏，在山中修行的修验道行者。

1　见大正十二年版《登米郡志》第913页。该书还另外采集了母子二人死在插秧之日的故事。据中道等君最近的见闻，同郡浅水村的白鸟沼也有同样的北上古河旧迹，而该处的白鸟明神祭祀的祭神则是阿鹤。同郡佐沼町附近迫川的名为"一迫"的地方，也有阿鹤明神，据说供奉以七草之菜①。简言之，分布在这个地方的水神多以阿鹤称呼，并非一个人牲的名字。

2　送午饭这一点，与下总印旛郡宗像村的水神缘起是共通的。中世除插秧的时候外，是没有午饭的。肥后也有送午饭的女子被杀的故事。

3　由金崎的渡边武君报告。虽然据本人说是由《金崎村志》抄录而来的，但这个故事中值得注意的一点，是将一头牛也同时活埋。

4　除文书以外在此地保存的民间故事，刊载于《乡土研究》2卷11号高桥、岛畑两氏的报告中。同时，我认为现在有必要对这类传说进行采集。

---

①　七草之菜，指春天的七种蔬菜。现在以镰仓时代《河海抄》中所记芹、荠菜、鼠曲草、繁缕、稻槎菜、圆白萝卜、长白萝卜为春七草。

5　《考古界》1卷3号中，刊载有大槻文彦①的扫部长者膳椀的故事。这个膳椀是稻荷山心月寺的宝物，烧过的米当然也在此寺中。此外，据说甚至有长者之妻所变的大蛇的牙和骨头一事，这在《封内风土记》卷19有记载。可以说，《闻老志》以后，没有地方志不记载这个故事。

6　因为没有详细阐述的余裕，谨在此列举一下参考过的书目：《新编镰仓志》卷4，《镰仓揽胜考》卷1，《镰仓旧迹志》，《镰仓物语》卷1等。

7　见《改元纪行》上卷，以及《十方庵游历杂记》第3篇下卷。

8　见《出云国怀橘谈》②下卷。

9　见《乡土研究》4卷3号。

10　见成岛柳北的《航薇日记》所引瑜珈权现缘起。

11　见《小谷口碑集》第62页。北安昙郡中土村大字清水山上区的高町，据说此地原为平仓城的城下町，是仅有的平坦地带。

---

① 大槻文彦（1847—1928），国语学者。
② 《出云国怀橘谈》，江户时代的出云国地方志。

12　见《新编武藏风土记稿》卷18，称不知其名缘起。

13　见《新编相模风土记》。

14　见《平泉志》及《囊尘埃拾录》卷5等。

15　见《相生集》卷7。

16　见《信达二郡志》卷1。

17　见《封内风土记》卷4。此外，《新撰陆奥风土记》卷9中有岩濑郡化妆原和镜池的故事，据传描述了庄柄平太之妻的最后时光。

18　也许在神舞的歌词中，曾经有必须在化妆阪化妆以后才能表演的习惯。栗田宽翁的《古谣集》中卷所采集的大和石上神宫所传求雨舞歌词中，有以下几句。

山伏无处投宿咏一曲

咏的什么？咏的什么？

茶屋前的化妆阪

樱花飘落在松树上

松树化上樱花妆

在日光山中的化妆宿等，应该也有这种临时聚在一起跳舞的活动。

旅人所拜之神

今天的人牲故事有哪些是从其他地方引入的，有哪些是本土孕育的种子，如果不经过繁复的比较，无疑还是很难推断出结果的。但是，至少在奥州的松浦佐用媛这个例子上，其借用而来的证据是明白无误的。想来像池沼、水流之类，其祸害也甚，其恩惠也深，当地人将它们当作神崇拜，年年奉上祭祀，在过去需要以生命奉祀的令人畏惧的神，如今变得温和慈爱以后，特别强调和赞颂神的威德，就成为祭礼的例行模式。[19]正如法师掌管神社事务，便必定会宣扬真身佛的威力那样，如果歌舞之徒参与祭神之事的话，则他们会将自己以前就学会和传承下来的水神攫取牺牲品的故事表演出来，就是很自然的事了。而且，在低湿地带以栽种水稻为生的人民一次又一次地迁移和开拓新的村落的过程中，有时是缺水，有时是水太多，无论去到哪里，在耕作用水的问题上都会有相同的不安。因此，同样一种秘曲便在全国的版图上广为流通起来。所必需的，不过是将这个故事带到这里来的合适人选能够跟在他们身后到来而已。

因此，同一位松浦佐用媛既没有改变姓名，也没有变换姿容，在各处的清水上留下了面影。像扫部长者的故乡，尽管有这么多传说充满各处，但也未能以心月寺的潟岸药师堂传说将当地的传说统一起来。例如，在江刺郡的角悬观音，就传说浦生长者之妻变成大蛇，抓住松浦佐用媛要将她吃掉，但大蛇因《法华经》的功力而突然得到解脱，放开松浦佐用媛，向月山飞去。[20]同样是胆泽郡，也有盐灶村虚空堂的传说，但稍有不同。这里没有说到水神原是长者之妻，只是在沼泽上铺设木板，让佐用媛坐在上面作为人牲，而据说降伏大蛇的佐用媛护持佛，便是这座佛堂里的虚空藏菩萨。[21]

越过县界进入宫城县内，首先在栗原郡的小野村边有佐用媛的化妆水，其又名箱清水。据说这位女性在作为人牲前往胆泽的途中，在这眼泉水边仔细打扮，自己的姿容倒映在水面后，她将化妆工具箱投入水中，而后离去。[22]但若是如此，则不仅胆泽方面的化妆阪归于无用，实际上作为此郡小林村的虚空藏由来传说，也流传着女子以奇计降伏大蛇并将大蛇整理好，在这里建造佛堂祭祀的故事。由此可见，这是将本来在两个地方分别流传的故事，尝试着以某种方式糅合起来的结果。但是，这种糅合归根结底是不可能的。事实上，旁边的玉造郡柿沼等，佐用媛冒险故事的古迹就有两三处，只不过没有扫部长者的故事背景而已。在这里，希望引起读者注意的是，栗原、玉造两郡是美女故事，尤其是小野小町①的故事特别多的地方。《义经记》②之后变得有名的姊齿松③，在栗原郡名为梨崎的村子。尽管 aneha 可能是最为古老的当地语，但有人认为这是气仙的高田长者之姐的女儿，蒙召上京途中在这里去世，后来她的妹妹作为采女经过此地，感叹歌咏。而在此之前，还有这是松浦佐用媛之姐的墓的说法，另有一说是小野小町之姐，还有据称是小町所建的松语山龛藏寺之说。²³ 行旅美人的名字必须是松浦、必须是佐用媛的某种理由，有一部分就在这里。

风土记的编者们无法相信同样的故事支配不同地方的池塘或清水这种道理，他们曾经试过将这些故事全部统一为胆泽的人牲传说，但其努力还是以失败告终。在远田郡的休塚村，有一座据说是村名来源的柳塚，也可以列入佐用媛遗迹之一。所谓诸说纷纷的传说如果止于这种程度，那么也许还在一定程度上能够整理清楚，但如果再倒回去看的话，位于现在仙台市的北五番町附近，西性院前

---

　① 小野小町，平安时代前期女性歌人，生卒年和生平均不详。据传出身高贵，是绝世美女，其故事成为很多歌舞伎等文艺作品的题材。
　② 《义经记》，以平安时代末期到镰仓时代初期的武将源义经为主人公的军事战争文学作品，共 8 卷，作者及成书时代不明。
　③ 姊齿松，在宫城县北部栗原市金成的松树，据说是种在松浦佐用媛或小野小町之姐墓上的五针松。姊齿读音为 aneha。

名为衣纹坂的小斜坡，据说松浦佐用媛曾在这里整理衣纹，寺院门前现在还有她坐过的石头。不仅如此，宫城郡的岩切村化妆阪镜池，也有在这里化妆并以水为镜的不是小鹤子而是佐用媛的说法。[24]这样，和扫部长者没落的传说结合起来看就变得困难起来了。

在奥州，我听说过奥南部的末松山，浪打峠的北麓也有一处松浦佐用媛堂，但尚未能确认。与此相反，从仙台往南，安积郡片平村附近有一处毫无争议的古迹，往来的旅客常常能听到关于它的传说。《东国旅行谈》①中仅记载长者因为自己的爱女浅香被召作池沼的人牲，买来一位名为佐用的孤女作为替身，佐用在生前用这些钱制作了观音像进行供养，大蛇突然因大慈悲之力得到解脱，以人为牺牲品的旧例就此废止。[25]但到了《假石略谈》，故事则已经尝试进行了若干近世风的润饰。出于必要，在这里做一个粗略的介绍。一个有浅香玄番这样令人厌恶的名字的武士，由于对主君已经有恋人的女儿心生爱慕，最后将她扔进浅塘中杀死。女子的怨灵化作大蛇，对武士全族施以祸祟。其后，据神谕，每年三月二十四日以一名二八少女作为牺牲品，缓和其愤怒。到第三十三人时，片平村权贺大夫的女儿抽到了签，于是外出买人，以大和坪阪的松浦长者金

---

① 《东国旅行谈》，1789 年出版的游记，共 5 卷。

任的独女佐用媛作为替身。由于佐用媛诵读提婆达多品的力量，大蛇得以解脱成佛，此情节与一般模式相同。故事的遗迹有三十三座观世音像、棚木的樱花、蛇冠石等，按理说这些已经足够，但书中还写了以蛇骨雕刻五寸五分的地藏尊像安置，而佐用媛由神女相伴回到奈良，其后成为大伴狭手彦之妻。这一情节正可谓名副其实的"蛇足"。[26]

但即使是这种普通的小册子，也绝不是出自一个单独的空想家，可能是有人令人意外地、非常认真地将地方流传的故事照原样写进书中。如果要撒谎的话，应该会写得更加有趣；要模仿的话，应该会模仿得更加纯熟。尽管如此，过去的人是绝不会这样做的。这个故事也是室町时代被传讲的众多孝女故事之一，与题为《佐用媛》的小册子有一半以上相同，她父亲是大和壶阪的松浦长者，她为救母亲脱离贫苦而自卖其身。所不同之处，不过是她作为牺牲品被供奉给大蛇的地方，从近江的势多桥转移到奥州的安积沼。[27]也许有人对这些我们很少见到的小册子，会很快断定它们是剽窃中古时期流传在东奥的故事而成的，但这不过是将偶然保留到今天的册子视作唯一正本、对其背后的原因不做思考罢了。和州壶阪的观音与松浦的佐用媛被结合起来的原因虽然不简单，但这毋宁说是和胆泽、栗原的药师以及虚空藏参与到这个故事相比较的现象。换一种说法，这可能是佐用媛成为供奉给水神的人牲这种故事在世间长久流传，偶然来到大和，停留下来并发生了变化。如果是这样，那么在肥前的古风土记中就已经有过一例。多年后被仿作成"远方的松浦佐用姬"这样一位狭手彦将军的爱慕者，也就是那位据说登上峰顶招动领布的筱原的弟日姬子。像三轮明神的少女或姬岳大明神的花本那样，为蛇神所诱惑，投身于山顶的浅沼的故事，早就与歌谣一起流传了。

《峰相记》①一书，其年代虽然尚未确定，但从文体来看，应该至少比"sayohime"的童话故事要古老。关于播州佐与姬明神的由来，该书写到领布振山的少女在各地漂游，最后来到这里并成为神。佐提彦死在异乡，永无回归之日，少女听到这个消息后忧伤哀吟，难以忍受，便欲奔向东国方向，但因身心为别离的血泪和漂浮的恋慕所伤，而在无限悲叹中死在这里。人们尊崇她为佐与姬明神，将这个地方命名为佐与郡。这些情节与壶阪的松浦长者相比，是更加自然的附会。但她是不是供奉水神的牺牲品这一点，归根结底还是难以做出推断。另又有证据，让人觉得关于佐用媛充作人牲

---

① 《峰相记》，南北朝时代播磨国的地方志，1卷，以作者和老僧问答的形式，记录当时佛教界概略以及播磨国的寺庙、神社、田亩、故事、传说等。

的民间传说颇为有名。例如，谣曲《牺牲》便叙述了父女两位旅人，在东海道旅行时投宿在骏州吉原那天，女儿被带走充作供奉富士山御池的牺牲品，父亲独自悲叹的故事。其中，有这样几句与前后文几乎没有任何关系的歌词。

> 美人郎君情难尽
>
> 手扬领布唤郎不回还
>
> 松浦佐用媛可能曾经
>
> 伏在水边长哭泣

这样的内容，我想可能不仅仅是对很久以前肥前女子目送倾心恋慕者所乘船影的联想吧。[28]

在胆泽郡的人牲故事中，似乎也有佐用媛的父亲是扫部长者的异文。[29]它呈现了什么样的变化，是一个令人很感兴趣的问题。九州地区的很多例子在我看来都是佐用女子故事的一个分支。这些都是关于父亲和女儿两名旅人的故事，流传着父亲将同行的女儿杀死之类悲惨的结局。虽然我知道这些故事都必定是路边或斜坡交叉口的石神的由来，且都是猥琐而令人不忍谈论的情爱故事[30]，却并不会推测这里的佐用原本是由道祖信仰产生的。这一点当然还需要在今后详细论述，但至少在相隔遥远的西国的人牲故事中作为牺牲品的少女，名字也是 sayo。据称是享保五年的史实，筑后三井郡床岛的堤堰工事进行之际，被裹在稻草席中沉入水底的九岁少女，也是因家贫被卖的佐用，其父亲名为吉兵卫。[31]即便是这些内容，也已经毫无疑问地受到传说的影响。此外还有白发异人来到这里，将少女的尸体拉上来，以神意使其复生的情节，由此更不得不相信东北的松浦佐用嫒的故事是经过长途旅行而来的了。

所谓"姬"，有的是游女，有的是上臈，有的则是长者的女儿，这归根结底也是同样的。化着妆出现在村落的祭礼上，表演神的故事的那些人，无论古今都并非来自同一个阶级。这些人奉祀路神道祖，以歌舞作为普通人与神的中介，这一点是有文献证明的。道祖是情欲之神，就像佛教徒也以象头神对此进行模拟一样，将道祖放在都邑乡落的境界对其祭祀，以将邪祟隔绝在外的时候，供奉美女以得其心的做法就很容易想象了。这就是人牲必定是年轻女子的原因。但是，当说到这些的时候没有任何人感到奇怪，由此看来，在过去的时代也许有这种事。其社会现象背后，有可能是国民信仰在很久以前所具有的特质不知不觉地在暗中发挥作用，如此就可以想象了。然而，每当碰上这种事便杀死一位松浦佐用嫒，水神凶恶的尖角便在眼前"咔嗒"一声折断，在对大量事例进行比较以后，常识便令我们无法接受这样一种解释了。

直到最近，仍然有人将戏剧理解为对过往事实的再现，并为之感动。即便知道了作者、趣向之类的情况以后，也仍然是这样，更何况人们对剧本也没有新的要求。如果每到祭日便将这些样式古老的神事舞蹈反复表演，经年累月之后，故事的主人公和表演者在人们的记忆中被混同起来，便是理所当然的事。但是，在陆中一个著名的例子中，哪些是上古的神话，哪些是中古以后才附加的，虽然无法明确辨别，但至少 sayo 是曲中的御灵神，也就是人死之后才成的神这一点，从其名字就可以看出。像"松王小儿"的"松王"，恐怕是与依稀残留的人神信仰相伴生的现象，鹤女也同样如此。[32]很多年以后从这样一个简单的词，反过来也许能够论定古老传说的正确形式。从事伎艺的女子和男童似乎是只有绰号而没有本名的。若是绰号的话，则会用观音、地藏之类，大抵与室津的游女扮演普贤菩萨一样，以自己擅长扮演的佛的名字称呼。若是如此，则在奥州可以用佐用媛这个称呼的女性，实际上是每当祭日表演时便会前来的行旅之人，而且由于这位女性的诙谐之力，即便是错的，也能够将古老的传说很鲜明地保留下来。[33]

　　19　为了祈雨，请人表演《天神记》一剧的例子，直到最近都还有。因为尽管知道这是编造的故事，但仍然有人期望它能收到感应之功。

20　见《埃拾录》卷5。但是，由据传从西国买来女子的武士名为清水军次兵卫来看，这两个地方的传说正在接近。第二个故事的武士名为群司右兵卫尉。为什么在这一点上如此忠实呢?①

21　见《封内风土记》卷19。

22　同上，卷18下。

23　在同一本书中，尝试引用《名迹志》和《闻老志》进行比较，令人感觉固有名词极易发生变化。

24　见《埃拾录》卷1及卷2。

25　岩谷氏的《东洋口碑大全》第919页抄录了其大要。

26　见《相生集》卷19引用部分。

27　见《镰仓室町时代文学史》第362页。此外，此书作者写到，这一故事与"妙法童子"小说相近，但因彼书尚

---

①　两个故事中武士的名字"军次"与"群司"发音相同，故柳田认为这是两地传说互相接近的证据。柳田对自己发出的疑问"为什么在这一点上如此忠实呢?"并未回答，应该是一种在研究过程中留待将来解决的笔记。为保留原意，在此照原文译出。

未得见，不予置评。

28　谣曲中不时会有这样的例子，有一些也许是反映当时的听众的知识，若非如此，则可能是从过去的舞的歌词中单纯借用的内容。《船桥》便是其中的显著一例，全篇的主题是为恋爱舍弃生命的男女之灵出现而起舞，但其中留着好几处这样的歌词。

> 柱底磐石的苦患
>
> 看啊　多么令人难过
>
> 化作执念的鬼魂
>
> 一起在三途川的桥底
>
> 成为祭桥的人牲吧

也就是说，这原本是一种松王健儿的故事。

29　例如，前文所引大槻文彦翁的论文等。

30　本山桂川君、甲斐直人君等都回答过熟知此事。至少在肥前、肥后有很多这样的例子。在奄美大岛的古见、冲绳的国头源河等以"遮羞屏"为名流传的故事，是相爱的男女之死，并非如北九州 sayo 女的故事那么丑恶。

31　见及川仪右卫门君的《筑紫民谈集》第 153 页。

32　在会津地区，鬼一法眼之女的名字都叫作"鹤姬"，因倾慕义经而下山，也留有她投水而死的池水。关于鹤女故事比较的余地，还有很多。

33 大多数情况下瞽师的说唱是有其根源的。可能是从伎女的歌曲中采用而来的例子，《平家物语》《义经记》中都有一些段落。无论是小督局①、佛御前②还是静御前③，盲人所继承的应该不只是单纯的传闻而已。

小松大夫的在地化

文章又已经写得很长了，那就在这里先将我的计划写下来。从思考松王人牲的由来时就开始留下的一个问题是：为什么这个儿童的名字是"松王"，而到了论述松浦佐用媛的 sayo 时似乎又是道祖神之意。对"松浦"这个伴随着从奈良时代就产生的民间传说的姓，就

① 小督局(1157—?)，平安时代后期的宫中女官，得高仓天皇宠爱而生下内亲王，两年后出家。在《平家物语》中，她出家的原因是平清盛体察身为皇后的女儿的心情，因而小督局被令出家。
② 佛御前(1160—1180)，《平家物语》中的舞姬。
③ 静御前，平安时代末期到镰仓时代初期女性，生卒年不详。原为京都的舞姬，后成为源义经侧室。

有了解说的必要。概言之，如果像我假设的那样，在五畿①以东广泛流传的一段一段说唱，曾经是伎女所演奏的舞曲，那么她们到底是从哪里来的，又要向哪里去，当然也就必定会成为第二个问题。即使说事物根源往往不应深究，但至少在中世曾经如此繁荣而令人心动的行游神部之末，没有理由就这样散漫开来和常民混为一体，因此必然是将其痕迹留在了某处山溪或海角。如果要我指出在哪里的话，有几个答案可供使用，而恰恰有这样一个合适的条件，松浦、松王的"松"这一名称，在某种程度上可以帮助我们说明这个问题。

我所注意到的"松王"这一词语的意义，同时也是"健儿"亦即"侍僮"之意。古时候写作"臣"或"大夫"，侍奉皇家的人，也称作mauchigimi 或 machikimudachi，但汉语的读音流行起来后，"松王"这些词逐渐局限在固有宗教方面。其动词变成 matasu，而从祭祀的 matsuri 现在有的地方仍然读作"申（moshi）"来看，松王的 matsu 和祭祀的 matsu 毫无疑问是相同的词语。也就是说，可能是将神人命名为松王丸，又或是名为松若的美少年常常会出来献舞的缘故。八幡信仰方面特别称之为"松童"②，北野天神的神社则有老松的末

---

① 五畿，过去对京都及其周围的山城、大和、河内、和泉、摄津五国的总称，又称五畿内、畿内。

② 松童，读作 matsu warawa。

社。关于它有各种古老的传说。《古今集》中已经记载了名字的三国町①、小野小町等女性的境遇，应该也能够由此得到新的阐明。这些"町"君中的若干位，远游到各地参与神的祭祀，有时候会碰到某个地方人们的信仰还处于散漫状态的情况，以前的神道要将他们引向自己一直熟习的神的教诲，那么不太困难的方法，当然不会是像笕君②等人那样宣讲哲理，而是必然将过去的事迹及由来故事以最为具体的例证进行叙说。如果承认这一点，那就更加容易想象了。将这些假说的历史全部信以为真，在特定的日子举行的特殊仪式上，让人们像亲眼看见一样讲述，这就是神话。这当中普通人最为惧怕的是各种小神，尤其是从人类灵魂幻化而来的那些，以某个特殊的方法进行镇抚，是一种自古以来就流传下来的最为有用的做法。这些也是"记""纪"两类书从反面提出过警告的恶神降伏故事。这些故事中表演主要部分的俳优就是 matsu warawa，因此，他们逐渐成为神的代表，蓄养实力也就不足为怪了。也就是说，他们并不是一去不复返，而是大多在一定地区与神话一起扎下了根，只是不知何时，这种继续进行古风祭礼的必要性消失了而已。

---

　　① 三国町，平安时代前期女性，仁明天皇更衣，皇子贞登生母。其一首作品收录在《古今和歌集》中。
　　② 笕君，即明治—昭和时代的法学、神道思想家笕克彦（1872—1961）。

陆前栗原小林的虚空藏堂里，小野小町代替了佐用媛的任务，这在我看来也绝不是偶然。如果说小町并非一个人，或者说山城京的初期有数十采女都称作小町，听起来像是奇说，但这样说是因为她的遗迹在全国太多而且太鲜明了。此外，小野一族出自近江西隅，往来于东西各地宣传母子神的教义这一事实[34]，与各地小町塚、小町诞生地的传说到底不可能没有关系。关于小町的各种民间传说，究竟是何种长年累月之功才使其发达到如此程度，也是令人怀疑的。如果对这些传说并非单纯外人远远看见某位女性的行旅身影，便添枝加叶附会而成一事没有疑问的话，则现存的大量小野氏传说最初是为了令人相信自己家的伟大而作，现在反过来成了用来说服自己的东西。

此外，还有各地的平家谷，大抵是继承了集世间同情于一身的小松氏的系统，尤其是东国的所谓重盛①之女、维盛之妹、某比丘尼的子或孙之类的例子。虽然在如今平民史学发达起来以后，它们完全分离开来变成无关的事物，但它们和小野氏的小町应该还是有同样的根源。这一看法可能会带来对如今地方旧家的家族传记的批

---

① 重盛，即平重盛(1138—1179)，平安时代末期武将，平清盛长子，俗称小松内府。维盛为其长子，俗称小松中将。

判，因此必须特别谨慎，要提出确凿的材料。但至少从地理来看，或从记录推测，可以说在平家不可能到达的地方，存在关于小松氏避世并繁荣起来的故事，是因为他们生活中的根据在于神，他们的祖先不过是追随和侍奉神的下级神职人员。与此同时，这也是在伊予的上浮穴郡山村等地，传承着田井民部与松王小儿之间的父子由来故事的原因。如果再往前追溯，这应该也是丰后或肥前的某个旧家，大和的三轮、山城的贺茂、摄津的三岛、播磨的多可等例子当中，以嫁给神的美丽女性出自我家自夸的理由。而在日本东北，如果说这里有什么地方性的特异之处的话，则是由于开发略晚，这样的情况得以长久存续，因而在近世人眼里，也能看到明显的与传说类似的现象。虽然如此，但迄今为止的地方志研究中，大多若非将一方视作另一方的模仿或虚诞之言而加以排斥，便是心安理得地接受其中一方无法成立的解释。如此一来，则松浦佐用媛之谜便只能永远存在了。

只要人们不是一味地明知不是如此却坚持谎言，即便撒谎也不会所有人一起为其担保，则首先这个平家谷系统的劝请传说的分布与一致性，就应该说是一种重要现象。如果没有注意到与其相关的儿童或女性的名字大概都是"松"这一点，那就是错的。但是，现在没有进一步详细讨论的余裕，暂时举出手边两个下越后的例子，先将松浦佐用媛的问题与松童研究联系起来。越后北蒲原郡天神堂村大字唐著的菅原神社由来记中记载道，延喜三年二月菅公在筑紫病重，写下一首述怀诗，题在自画像上，送给出云国某人途中，船遇险，漂泊到越后海边。送画的使者是菅公的侍者松丸，他不得已在此上岸，得到名为田束觉之进的人的庇护，娶其女为妻。带来的像有两幅，其一传给田束家，另一幅安置在这座神社中。其后惠心僧都来到这里，另外雕刻了现在的木像，以前的旧像纳入新像腹中。[35]另一个是岩船郡上海府马下村的八幡神社，这是八幡太郎征伐奥州之前，在石清水祈求胜利时奉请而来的分灵。夷贼平定以后，从者某护灵归还时在途中得病，投宿在本村的井上小松大夫家，久病不愈，最终在这里故去，于是建造社殿祭祀分灵。武藏、相模一带的众多八幡神社中，有一半以上与此社有同样的由来解释。即使这些说法有若干谬误，但若要将这种情况解释为曾经存在过的多少有点相似的事迹的话，大多数人也是不会这样做的。

最后，虽然可能没有必要，但还是要在这里再附加几句。这就是所谓"京君"在社会上的地位。这些被称为君、上臈、姥、比丘尼的，简言之，无疑就是指漂泊的女性。她们的主要任务就是传播宗教，而非今天喋喋不休的"百事通"们所说的那样，是以献媚和供人玩弄为生。她们与常民的妻女明确区分的特殊之处，在于装束和妆容。面具、乌帽子和舞衣用于与俗界相隔离，这自不待言，此外还有扇子、笠帽等很多只有与神相接者才被允许使用的物品。因此可以想象她们的言说为人们所信奉，从最初开始就有不小的势力。即使有二三贵族逐渐失去信仰之心，却仍然因欣赏其舞姿之艳丽而进行轻薄的模仿，他们的做法又偶然导致了后世的弊风。这些应该说都是带着宗教任务行游四方这种做法解体和堕落的结果。[36] 以"卖春"解释这种有数千年来历的职业，则是为名称所囿，不顾其内容变迁过程而导致的谬误。因此，即使某家祖先是游女一事很清楚明白，也并不会有一点累及旧家名誉之处。至少，她们曾经作为侍奉神灵之人来到这里，凭一己之力统一过这个地方的信仰。

34　我的旧著《救神故事》中曾经说过猿丸太夫的故事是由这些行旅的说唱者带到各处的。此外，我在《作为史料的传说》中，也论述过将小野宫惟乔亲王①视作木器师的祖神，也是由太子神话而来的。当然，我也承认仅靠这些说明还不够充分，因此期待有机会再做细论。

_____

①　惟乔亲王(844—897)，文德天皇第一皇子，又称小野宫。与异母弟惟仁亲王争夺太子之位失败，后称病出家，居于小野。中世以后出现了他移居近江国神崎郡山中，命当地林木工作从业者经营木制日常用具，后被奉为木器师祖神的传说。

35　据《北野志》首卷附录第 87 页。天神神社的由来记中，以船运来的东西数量极多。其后的故事也是引自同一本书。

36　所谓艺者，直到二百多年前都还是壮男，且其中多为替师。如果有谁将他们当作今天以卖春为生者的祖神，那就滑稽了。

（昭和二年三月 《民族》）

老女化石谈

一

诸如大矶之虎后来成为尼姑，游历各地，在某地久住并建造佛堂、供养塔等，有时也会死在这里并留下墓塚，又或原本就是此地出生的等，其传闻之多，未必负于和泉式部。但是，我现在不打算把这些都一一列出来给读者添麻烦。我想在这里简单论述一下的是，长久以来在大矶的官道上为旅人所追捧的虎石背后隐藏的历史。关于这块石头，在柳亭种秀的《于路加于比》①中有详细的叙述。尽管如此，直到今日，恐怕像这样不知本来面目的石

---

① 《于路加于比》，江户时代后期随笔集，共 3 卷，柳亭种秀（1804—1868）作，对历史人物、事物、风俗等做了大量考证。

头，还是非常罕见的。我也是经过长期的关注，得出了一个令自己也感到意外的假说。

在很多书上都可以看到，虎石原本在大矶名为宿河原的地方（《吾妻路之记》①等）。贞享三年刊行的《诸国安见廻文之绘图》②中，载"宿河原有虎石，据闻若好男子举此石则起，丑男子举之则不稍起，旅人闲话，皆谓之好色虎石"。了意③对此事深感兴味，写入《东海道名所记》中。然而，在《一目玉鉾》④关于同一地方的条目中写道："此町郊外有虎石，色稍紫，旅人疲惫，单手持石，大多难以举起。"我想这不过是吸引客人的地方特色，美男、丑男这种莫名其妙的戏谑之言为人所知，实际上只是单纯的试力石而已，其名称也不过是好事之人的玩笑。但是，对我而言至为重要的一件事是，在和州的金峰山下，也有与之相似的石头。根据《本朝国语》，吉野大峰口龙泉寺旁边，有一块称作 oitoshibo 的适合手握的圆石。前来大峰参拜的人试着把它拿起来，有时重有时轻。也就是说，蹬

---

① 《吾妻路之记》，江户时代后期的随笔，贝原益轩著。
② 《诸国安见廻文之绘图》，江户时代的旅游指南书。
③ 了意，即浅井了意（？—1691），《东海道名所记》为其在江户时代中期所著的关于僧侣乐阿弥与同伴由江户往京都旅途中听闻的故事的假名小说，同时对沿途各名胜旧迹进行介绍，兼具旅游指南书性质。
④ 《一目玉鉾》，江户时代中期的地方志，井原西鹤（1642—1693）著。

着地面用力拿的时候重，抚摩着说"oitoshibo、oitoshibo"去拿的时候轻，所以人们称它为生石。福岛县信夫郡的插秧歌中有这样的歌词："去镰仓的路上，有一块像女人的石头，男人试试把手放上面，就会轻轻靠过来。"(《俚谣集》)这说明在边远之处也有同种石头。

原本在大矶宿河原的虎石，不知何时便成了某座寺庙境内之物。元禄三年刊行的《东海道分间绘图》①中，已经有"地福寺，虎石在中"的记载，很久以后出现了虎石在日莲宗莲台寺的说法。虽然也有书籍记载虎石在莲台寺或延台寺，但因为是在宿河原，所以莲台寺应该才是正确的。宝历年间，此石曾经被该寺带到江户，在谷中名为长运寺的同宗寺庙向教众展示，但因为谷中在当时还是僻地而完全没有流行起来，难以负担，于是将这块石头押给根岸大塚村的农家某某，借来银钱才终于回到相州。由于后来没有赎回去，债主觉得麻烦，便进献给了檀那寺长运寺。但由于这座寺庙的住持也多次更迭，最终搞不清楚哪块石头是虎石了(《十方庵游历杂记》②2 编下卷)。《十方庵游历杂记》的作者释敬顺根据以上证据，

---

① 《东海道分间绘图》，江户时代中期的旅游指南书。"分间"即测量之意，该书根据实际测量，按 1∶12000 的比例绘制而成。

② 《十方庵游历杂记》，江户时代后期关于江户市内和东海方面的游记，十方庵敬顺(1762—1832，即下文的"释敬顺")著。

论证了大矶的虎石实为赝品，其后不久到大矶旅行并参观虎石，又写下了关于它的记录文章，真可以说是一个老实人了。根据他的说法，虎石仍然在延台寺境内，置于弁天堂前，是一块上覆丝绢、有箱子盖着的青色活石，色黑，宽三尺，高七八寸。此石形如枕，一石中有二阴。石上有一道像自然裂开的缝隙，其中有黑色细砂，据说是曾我十郎祐成感动神佛所得，由阿虎所传之物，目测约有五六十贯①（《十方庵游历杂记》3 编下卷）。这是一块没有钱财和力气的人不大可能举起来的大石头。这虽然是文化年间的记录，据说成书于文政十三年的题为《东云草》②的纪行文中，很快就有了其他形式的报告。又据说，虎石是秘密安置于日莲派延台寺境内的鬼子母神社的石头，是一块长二尺三四寸、周长三尺余、重十四五贯的青石。该寺缘起中称，这块石头原本是夹在鬼子母神社岩石座下的小石头，离开这个座后逐渐长大。某次曾我十郎来到这里，有一怨恨嫉妒之人向他射来一箭，这块石头飞来接住，因而留下了箭痕。又有其敌人飞驰而来挥刀砍下，于是便又有了大刀留下的伤痕。此石

----

① 贯，质量单位。日本传统计量法"尺贯法"中，1 贯为 1000 文，相当于 3.75 千克。"尺贯法"为古代日本模仿中国度量衡制定的计量法，701 年依《大宝律令》正式形成。

② 《东云草》，江户时代后期的箱根地方志，云州亭橘才（生卒年不详）著。

因而又名替身石(据《于路加于比》)。也就是说，与举起石头掂量轻重等方式进行的石占关系最紧密的石头成长传说逐渐褪去，稍有向松浦佐用媛的故事接近的倾向。《锦里文集》①中以《大矶虎娘石》为题，收录一诗云："虎女精灵谁又回，化为片石道之隈。纵令李广饮其羽，一箇贞心更不开。"(《海录》②卷17)另一说，称在鹄立泽的西行堂附近，有一座元禄年间的虎女木像。木像看起来是约四十岁，戴着花帽子的比丘尼模样，法名为贞严院虎心善尼(《击壤余录》卷16)。由此看来，因贞女的缘故而化成石的说法应该在很早以前就产生了。这些说法与能够被美男轻松抱起的石头印象明显不同，而更加无法调和的是"一石中有二阴"这种流言蜚语。

二

在日本，不管是什么，都没有所谓独一无二。关于这一点，我们已经就和泉式部的墓做过相当多的实际检验，而就连虎石这种来历奇怪的石头也同样随处可见。这又是为什么呢？根据骏州大宫町

---

① 《锦里文集》，江户时代前期儒学者木下顺庵(1621—1699)的诗集。
② 《海录》，江户时代后期随笔作家山崎美成(1796—1856)所作随笔集，共20卷，1837年成书。

河野屋旅店在明治四十四年时六十八岁的老妇人所言，在她十八岁的时候，富士郡厚原的曾我兄弟墓附近，小河中有叫作虎石的小石子，如果不告诉任何人，在河中边清洗石子边祈愿，则无论什么病都会痊愈。相信这种说法的人非常多，因而河边很热闹（《吉屋杂话》①）。在厚原，有两座分别叫作曾我八幡和虎御前大人之社的神社，相距约二町，分别位于村落的东西两处。深谙历史的人无疑会认为虎女的神社是处于从属地位的一方，但俗间传承未必如此，故而在此恳请各位读者，对此事与前文所述的"小河中"一起给予注意。在信州上水内郡古里村大字驹泽，有一处名为虎清水的泉水，它旁边有一块名为虎石，又名虎御前的石头。从《善光寺史略》引用《虎石庵记》的汉文记载来看，以前这里可能有过佛堂。自古以来就有大矶之虎曾经到善光寺参拜的说法，因此若说这儿并不是别的时代、别的地方的虎御前，可以说是很合理的主张。不仅如此，据说这块石头还是在祈雨方面很灵验的灵石，接近下雨之时，石头的质量会增加十倍（《科野佐佐礼石》②卷14）。和大矶的那块虎石一样，

---

① 《吉屋杂话》，山中共古（1850—1928）所著的在富山市吉原居住时的见闻录。

② 《科野佐佐礼石》，明治到大正年间修纂的信浓国地方志，橘镇兄（生卒年不详）著。

它也是用于石占的石头。在江户，除谷中以外，还有一座寺庙里有虎石。这是位于下谷新寺町称为灵龟山法福寺的曹洞宗寺庙的石头。这块石头是只刻有三字梵文的古旧五轮塔。说这是虎女的石塔，实际上并没有什么确切的依据。根据寺庙的传记，这块石头是由松平（柳泽）美浓守①从大矶获得的，土井大炊头②恳求得来后进献给该寺。另有一说，称加藤虎之助③曾经用此石试力，因而称为虎石。这是关于清正可能曾经将大矶的虎之石塔作为试力之石，后来传给柳泽家的一种奇妙推测（《江户志》）。又有一说，称这座石塔直到中古之前都在下谷附近的某侯家，由于发生了怪异之事，被移到此寺（《十方庵游历杂记》2编下卷）。箱根山中的曾我兄弟墓也有虎御前的石塔。这里也流传着一种怪异传说，亦即如果将这座石塔移到外面，其一夜之间又会回到原处（《相中杂志》④下）。甲州巨摩郡芦安村安通组是一座今天仍然以美人虎女的出生地兼死殁地为荣的村落，村中伊豆神社的祭神表面上是大山祇与大少二神，但这

---

① 松平（柳泽）美浓守，即柳泽吉保（1659—1714），江户时代中期江户幕府老中（江户幕府职位名称，统管将军直属政务的幕府最高常人职位），赐姓松平。

② 土井大炊头，江户时代后期大名土井利位（1789—1848）。

③ 加藤虎之助，即加藤清正（1562—1611），安土桃山时代武将。

④ 《相中杂志》，以小田原、箱根为中心的江户时代后期相模国地方志，三浦义方（1781—1856）著。

里还配祀了十郎祐成夫妇。神社以西有据称是虎女镜石的石头（《山梨县市町村志》）。如果算上石塔和石塚之类，那么京都以西也有很多关于虎女的遗迹。这位女性的足迹所及之处，宽广若此。其中令人震惊的一处是大隅国嚹哗郡东志布志村大字志布志的临济宗关山派大慈寺中的一块虎石，并称这座寺庙是由大矶之虎所建（《三国名胜图会》①卷60）。寺庙大殿一侧有一座江临大明神的神社，"江临"即"降临"，由此可以隐约窥见此石的过去。

三

接下来，列记一些没有附会大矶之虎的虎石。在武藏北部的足立郡春冈村大字深作，有一块形状为石板塔婆而名为虎子石的石头。这个地方有锭殿和键殿两座神社，九月九日举行擦奏箆②的神事（《共古日录》③卷5）。我认为锭殿可能实际上是尉殿，即与姥殿

---

① 《三国名胜图会》，江户时代后期萨摩藩所编纂的包括萨摩国、大隅国及日向国一部分在内的藩领地方志。

② 箆，一种竹制日本乐器，将长约3厘米的竹子的约一半到三分之二劈成细条，演奏时与雕有螺旋状凹槽的木棒相摩擦发出声音。

③ 《共古日录》，明治到昭和时期牧师、考古学者、民俗学者山中共古（1850—1928）的日记。

相对的名称，但为免节外生枝，在此先按下不表。磐城刈田郡斋川村上向山也有一块虎石。据说，过去其由于在往来之路上妨碍通行而被移到其他地方，但第二天又回到原处（《刈田郡案内》）。故事和箱根的石塔很相似。因为形状像老虎，故而名为虎石，由此联想到六诽园①的《立路随笔》一书中所写的，有一种被称为虎子的海参，形状与大矶缘泰（延台）寺门前所见的虎子石相似。大矶的虎子石被放在一个台座上，收在一座小小的仓库中。仓库墙上密密麻麻写满了曾经举起过这块石头的人的名字。若问是不是试力气的，却又回答不是，而是因为能举起来的人将会在恋爱上得偿所愿，因此称为大矶虎石（《海录》卷10所引）。所谓试力石，最初并非单纯用于试力气，这一点自不待言。所用的石头是细长圆润的形状也并非不可思议，但为了形容它而引用《大和本草》都没有的动物的名字，恐怕也没有必要。相比之下，对虎石还是简单一点的形容更好，然而要说明也实在是不容易。京都还有一处名为虎石町的地方，有和大矶无关的虎石故事。这里的虎石在名字由来上形似，但关于其历史则实在是多种多样。其中尤为奇妙的是一向宗和法华宗对这块石

---

① 六诽园，即江户时代中后期俳人林百助，俳号"立路"，《立路随笔》为其随笔作品。

头由来的争夺，本愿寺方面称这块石头的所在地是亲鸾上人身故之地。不知道是不是因为这样，这块石头如今在东山大谷的上人庙所（《山城名迹巡行志》①卷2）。不仅如此，据说它原来所在的寺庙，乃是上人之弟深有僧都所住虎石町角之坊善法院（《都花月名所》②），另有其地址为现在同町的法泉寺的说法（《京町鉴》③等）。虽然据传此石在丰臣秀吉营造聚乐第时被迁移到其中的假山上，其后又被带到伏见城，但直到今天，法泉寺庭院里仍然有一块虎石（《京都坊目志》④卷5）。伏见城陷落后，原来的虎石归狼谷日莲宗某寺所有（《京雀》⑤卷2），又说被迁移到较此寺更远的南深草宝塔寺（《山州名迹志》⑥卷12），一向宗门徒称这是由宝塔寺带到大谷的。关于日期，具体到亲鸾庙所再兴以后，于宝永六年五月二十八日送到（《坊目志》所抄《和汉合运指掌图》），但五月二十八日是以虎的泪雨为世间所知的曾我报仇之日，这是不可忽视的偶合。有趣的是，宝塔寺又是日莲宗的，自古就有日莲上人坐在上面说法的传

---

① 《山城名迹巡行志》，大正年间出版的山城国地方志。
② 《都花月名所》，江户时代后期的京都地方志。
③ 《京町鉴》，江户时代前期的京都地方志。
④ 《京都坊目志》，大正年间出版的京都地方志。
⑤ 《京雀》，江户时代的京都地方志。
⑥ 《山州名迹志》，江户时代中期的山城国地方志。

说（《雍州府志》卷8）。也有人解释道，凑巧被带到伏见的，是同在虎石町但位于柳马场押小路以南的虎石，其后被移到狼谷，而宝塔寺的虎石则是柳马场二条以南的那块，不知何时被带到寺中（《名所都鸟》①卷4）。所谓"狼谷附近某日莲寺"，似乎实际上说的就是宝塔寺。但是，在建仁寺境内另有一块形如猛虎，不知为何被特别珍重的灵石，据说曾经为怪，呼唤人名。这也是一块虎石，然而，有这块虎石由于虎鉴和尚的道行而被收服，故又名妙德石的说法（《山城名迹志》卷4）。此又与其他虎石传说有所不同。

出于对民间佛教两大派的敬意，我想暂时将京都的虎石排除在讨论范围之外，主要对大矶系统的虎子石由来进行考察。我想作为线索提出的，第一块是骏州富士山下的虎御前神社，据说虎女因思慕祐成的踪迹而造访此地时，有发着光的东西从墓中出现，一飞而过，虎的神社因而被称为玉渡神社，进而那里出现了失望桥和念力水（一名"洗首水"）等古迹（《漫游人国记》②）的故事。第二块在岩代信夫郡冈山村大字山口的文字印刷观音处，据说用麦秆抚摩此石的表面，就能见到思念的人的面影。大矶之虎听说以后从遥远的地方

---

① 《名所都鸟》，大正时期出版的京都地方志。

② 《漫游人国记》，大正时期的地方志，1913 年出版，作者角田浩浩歌客（1869—1916）。

来到这里，才发现由于田地的主人不舍得麦田被糟蹋，已经将这块石头推到山脚的水池里，只剩下痕迹了。虎女因此惆怅失望而返（《福岛县名所旧迹抄》）。由此看来，虎女是各地传说中思慕丈夫的美人，像白拍子静、余五将军惟茂之妻①等，或是戏剧中安达原的袖萩②、《朝颜日记》中的朝颜③、《日高川》中的清姬④，又或者是《八犬传》中的雏衣⑤这样感受过失望的女性。因此，它和下面要谈到的望夫石一类传说之间也许会有某种因缘。这是值得思考的一点。

---

①　惟茂之妻，即平安时代中期武将平惟茂（又称"维茂"）之妻，隐居在新潟县东蒲原阿贺町的岩窟中，得知丈夫死期将近，必须在三月十日天亮前赶到才能见最后一面，但她在赶路途中听到鸡叫，感觉到丈夫已经去世，于是悲伤之下投水而死。实际上她听到的并非鸡叫，而是天邪鬼的恶作剧。

②　袖萩，净琉璃、歌舞伎等戏剧中的人物，与平安时代武将安倍贞任相爱并产下一子，被父亲平直方赶出家门，其后与贞任分手，双目失明，在父亲和丈夫决战的现场口诵自责不孝的祭文，自决而死。

③　朝颜，《朝颜日记》是净琉璃《生写朝颜话》的通称，内容为秋月家之女深雪因思慕恋人离家出走，变成名为朝颜的失明流浪艺人，并与恋人一再错过的悲伤故事。

④　清姬，净琉璃《日高川入相花王》（即《日高川》）中的人物，因思慕在自己家中借宿的僧人安珍，化作大蛇追去，将为躲避自己而藏身于道成寺大钟里的安珍烧死。

⑤　雏衣，净琉璃《南总里见八犬传》（即《八犬传》）中八犬士之一犬村大角之妻，因治婆母之伤，需要其腹中胎儿和心脏，为全丈夫孝道而自杀。

四

在各地灵山的山麓之类的地方，也有巡回行脚的比丘尼化成岩石留下痕迹的故事。这种故事相当多，被称为姥石的石头，由来大多属于这一类。那么，做出这些和大矶以及其他地方的虎子石性质相同的论断，也许会不符合一般喜欢传说的人们的喜恶。第一，虎是世间闻名的美女，而这却是老妇人。虎女后来得到解脱成为佛门信女，而姥石则几乎都是执念的结晶。如果将两者相提并论，众多诗人的咏叹也就归于虚无。就我而言，也并非出于喜好而提出这种不解风情的假设。之所以做好万一想法有误随时都可以撤回，也要先就目前手头的资料做出推测，是因为：其一，这种石头常常是境界线的标志石，似乎原本是为了修道而选定的；其二，它们都有同样的名称，似乎有某种特别的意义，而进一步思考的话，就会觉得女性化成石头的说法是后来才产生的。也就是说，我希望以此为线索，寻找巫女和石头之间的关系。解释就先到这里，接下来尝试对各地的化石谈做个比较。

首先，在奥州津轻的岩木山中就有一处姥石，据说是安寿姬的乳母化成的(《津轻百事通》①)。故事内容是：在安寿进山成神的时候，她的乳母因思慕而追随其后，但是无法得见，化成石头。认为 uba 是乳母之意，应该比将 uba 理解为老女的时代更为晚近，但总而言之，这是因为日语实在太过随意，根据不同的时间和场所，同一个词语有好几个意义，会出现意外的传说转变。关于越中立山的姥石，《和汉三才图会》卷 68 中有如下说法：过去，在若狭国小滨名为止宇吕的老尼，由壮年女子一人和童女一人陪伴登上立山，因为强行参拜了有女性禁忌结界的山，当场头上长出角来，身体化为岩石。因此，这个地方被称为姥怀，石头则被命名为姥石。但是，在这个故事中，老女头上长角是这里独有的。很可能是这里某个故事中谁头上的角，在原来的传说消失后，反而飞到这名老女头上长了出来，后来的《立山纪行》中，也有拜见立山宝物若狭老尼之角的记录(《肯构泉达录》②卷 14 所引宽政十年《立山纪行》)，因而现在也不能说只有这一点是虚构的。在上面这个故事中，希望读者注意的有三点。第一点，老尼是若狭国小滨人，毫无疑问，这是认为老

① 《津轻百事通》，明治时代的津轻地方志。
② 《肯构泉达录》，江户时代中期编纂的越中国通史。

妇人就是八百比丘尼①又名白比丘尼的尼僧的缘故，在今天也确实有永正年间登上此山，遇见"称为若狭的白比丘的八百岁老尼"的说法(《大日本老树名木志》)。关于八百比丘尼的故事，在《和汉三才图会》中也可以见到，即据说因食用人鱼而获得稀有的长寿，容貌如同十五六岁的少女。老妇在各地留下踪迹这一点，与和泉式部、大矶之虎相同，但在其他地方还没有见到尼僧名为止宇吕姥的故事。第二点，这位老妇人登上立山时有两名年轻女性同行。在远较姥石为低的地方，有据说由同行的女性先行变化而成，名为美女杉的树木，此事在《和汉三才图会》中有记载。《大日本老树名木志》记载道，立山名为山毛榉平的地方有白比丘尼表妹，名为加牟吕的尼僧化成的加牟吕杉。另有一说，称加牟吕病死后埋葬在这里，其标志就是这棵杉树。所谓加牟吕，即童女之意。所谓美女杉或加牟吕杉，很可能是关于同一棵树的两种不同异传，归根结底还是因为如果称为"姥"的话，便很难联想到像花一样的年轻女性，于是特地将树与石头分别解释为由不同的人所化，后来便不得不增加了故事里的人物。至于第三点，则更加诡异。从

① 八百比丘尼，若狭国渔师之女，据说因吃了使人长生不老的人鱼之肉而不老不死。

美女杉所在的千手堂稍微往上攀登，在断罪阪附近，童女因恐惧而无法继续前进，止宇吕尼当时正在小便，看到这个情况，便对她大声斥骂起来。这个古迹因而被命名为叱尿，据说至今仍然有其尿的痕迹，在这里挖出的坑，其深不知几许（《和汉三才图会》）。与此相似的故事，偶然会在山中巨人或山姥的故事中被传讲，而最令我觉得奇怪的是，像这种极端而且不可能的故事，如果注意一下，在其他灵山也能够找到。

五

加贺的白山是一座无论在信仰方面还是在来历方面都一直与立山相互竞争的山。正如不断争夺泰澄大师那样，在婆阪的婆石方面，也有关于同一名比丘尼辞世的故事。这些传说的细节，当然也有若干不同之处。关于尼僧的名字，在白山称之为融婆，出生于山麓的能美郡尾口村大字濑户，削发出家成为尼僧，称作融尼。她挟鬼道以惑众，总是以咒语作祟，甚为灵验。这名尼僧曾经营酒肆，酿造佳醖，美女当垆，行旅之人多在此饮酒，三年间累积了巨万财富。随着酿的酒越来越多，酒糟堆积起来，后来化成小丘。据说现在越前的糠塚就是这座小丘。通常有万福长者传说的地方，很多都流传着所谓糠塚、靛塚的故事。根据这个传说，融婆强行打破白山的女性禁忌结界，是为了到山上把酒卖给从各地来参拜的人，然而这个动机难以让人赞同。但不管怎样，这座山也是同行的美女先石化成今天美女阪上的美女石，然后尼僧自己又化成婆阪上的婆石。以上来龙去脉记录在《泰澄记》①中，由《白山游览图记》②的作者以汉文加以润色，收录在书中。不看原书，很难对此进行细节的比较，但至少上述几点与立山是相通的。此外，该书还记录到，其遗迹是大小两条沟壑，当中有小树丛生。沟壑的名称，在《寂乘记》③一书中所载文字为"柴刈垦"，天正年间的地图上则为"柴刈堑"，而在元禄的地图上则为"呵责溺"。据说在融婆登山之日，山神震怒，天地晦暝之时，从天上传来呵责之声。尽管如此，尼僧还是很镇定地便溺于此，侮辱山神。就在此时，前方地面突然陷落数十丈，这就是今天的大呵责溺。尼僧也唤来云朵，越过地陷继续前进。关于小呵责溺的名称由来，则并没有记载。简言

① 《泰澄记》，即《泰澄和尚传记》，记录奈良时代山岳修验者泰澄（682？—767？）在本地垂迹的传记。

② 《白山游览图记》，江户时代末期的白山资料集，金子有斐（1759—1840）著，1819 年刊行。

③ 《寂乘记》，《白山游览图记》引用过的书籍。根据书后的注释，寂乘是金泽人，在天正年间多次登上白山，该书为记录其见闻的作品。

之，与立山上便溺和发出斥责声的皆是尼僧一人不同，在白山上发出斥责声的是山神，而便溺的是尼僧，共有两个人物。这处名所的意义愈发不确定，但为什么会出现这样的地形和这样的称呼，作为将两座山的故事结合起来的结果，成为一个更加有意思的问题。

六

关于叱尿的奇怪故事还有一处，越前丹生郡的越知山应该也有，但我的记忆不太确切。这座山也是泰澄大师的著名灵迹所在，至少也流传着要打破结界的尼僧的故事。像井上建重君报告过的那样，尼僧被守卫制止，大受叱责，却声称自己也是佛陀的守护者，因此强行进入，突然掉到山谷的大岩石下死去。这个山谷因而被称为尼谷，大岩石被称为夜泣岩，至今到了半夜，这块岩石还会发出哭泣之声（《乡土研究》1 卷 6 号）。这个故事可能就是老女化石的传说。进一步搜寻各地的类例，佐渡的金北山大权现，其真身是将军地藏，别当寺为真言宗真光寺，是该地的第一高山，也有女性禁忌。曾经有一名巫女，称自己也有神职，强行登山，突然风雨雷电大作，巫女不知所踪。其后有人到那里一看，出现了一块没有印象的大岩石，其头部形状像女性发髻，这块岩石因而名为巫女岩（《佐渡土产》）。虽然这个例子中的女性不是尼法师，而是有头发的巫女，但她称自己并不犯戒而强行登山的理由，与越知山的尼姑以及下面要列举的两三例是共通的。出羽的月山的登山之路，也就是从小月山向此峰而来的路上，有一块 miko 石。关于这块石头，其文字一说写作"皇子石"，据传是这座山的开基之祖蜂子皇子为抵抗修行魔障而加持之处。另有一说称，中古时有一名巫女要冲破结界，到这里突然双脚麻痹无法前行，终于化作这块岩石（《三山小志》）。羽后的赤神山也是东北有名的灵山，其山路上有 itaku 杉和犬子石，并流传着曾经有巫女带着狗要登上这座女子不得登上的山，忽然化作此树和此石的传说（《真澄游览记》①）。itaku 杉的 itaku，可能就是东北地区的一种巫女 itako 之意，又或者称 moriko，因此也有化为moriko 石的故事。羽后平鹿郡的保吕羽山，山顶上祭祀权现，也有女性禁忌结界。山中有一块守子石。根据神职大友氏的旧记，很久以前有一名保姆，犯禁强行登山，马上遭到神罚而化成石头（《雪之出羽路》②卷 4）。在日光山中禅寺的不动阪这个地方，也有同一种被称作守子石的石头。故事内容是：这座禅寺在有女性禁忌结界的

---

① 《真澄游览记》，即《菅江真澄游览记》，江户时代后期的纪行书，菅江真澄（1754—1829）著。

② 《雪之出羽路》，菅江真澄所著的出羽国地方志。

山上，某次有一保姆想到寺中参拜，登山来到此处，结果一夜之间变成石头(《日本鹿子》①卷9)。后世的书称这块石头为巫石，除此之外还有牛石与之相伴，恰如羽后赤神山的犬子石。这名巫女虽然知道有结界的禁忌，但以自己是侍奉神灵之身，与世间的寻常女性不同，且骑在牛背上进山的话就不会玷污土地为由，骑牛直到禅镜坊谷，牛停下不走，突然变成石头，巫女正在责骂牛的时候，自己也变成了石头(《诸国里人谈》②卷2)。这个故事至少还保留着越中立山叱尿故事的些许痕迹。在武藏，则是秩父两神山的登山路上，也就是秩父郡两神村大字薄的富士见阪下，路边有一座被称为"一位墓"的无字自然石碑。据说某位巫女欲强行登上这座有女性禁忌的山，结果在这里化作石头。所谓"一位"，是"巫"之意(《新编武藏风土记稿》)。在现在属于入间郡南高丽村的上直竹村中，有一座被称为富士山的小山，山麓处有分灵而来的浅间神社，其山腹处叫作姬岳，自此以上就是禁止女性到达的地方。虽然富士信仰在关东平原的传播应该并不是很古旧时代的事，但这座山上也流传着老姬登山石化的故事(《新编武藏风土记稿》)。

---

① 《日本鹿子》，江户时代中期的地方志。
② 《诸国里人谈》，江户时代中期随笔，作者菊冈沾凉。

七

综览这几个姥石的例子，首先谁都会注意到的是各地灵山所谓结界的真正意义。如果它的制度是字面意义上的"女人禁制"，其宗旨总是排斥女性的话，那么就完全没有必要特意在半山腰上专门画上一条界线，进而也就没有理由会留下那么多像上面那样的犯禁者石化故事。换言之，在禁止女性的同时又意味着如此欢迎女性，以至于达到专门建有女人堂①的程度。一般而言，普通女性对这种禁忌不会感到特别痛苦。即使不是女性，像病人、儿童等腿脚虚弱之人，有这种不需要到达山顶也可以参拜的方法，反倒是令人高兴的事情。因此，无论是立山还是白山，在比老女化石之处地势低很多的地方，都设有称为伏拜的地方。据说和泉式部在熊野咏过歌的地方，也是一处伏拜之地。如果说为什么会有这样的地名，恐怕是因为有人从一开始就预想到，会有某些存在障碍的参拜者的缘故。如果用讽刺的眼光看，在高山的中途设置结界这种做法，也许反倒成

---

① 女人堂，在有女性禁忌的地方，建于结界之外，供女性在里面读经念佛的佛堂。

了引诱原本应该因为腿脚虚弱而放弃的女性的一种手段。因此，在结界以内常常存在女性所化的石头，恐怕其基础是如果破禁就会化成石头的俗信。秋田的真崎氏曾经报告过，男鹿神山的九十九级石台阶，有不净的女性如果登上三级以上的台阶便会立即化成石头（《乡土研究》1卷3号）等传说。这便是其中一个证据。但是，仅凭这些还无法说明此后不断出现的由女性所化的石头在那些地方的原因。为什么大多数有女性禁忌的结界附近，自古以来就有引人注意的岩石呢？又或者，为什么将路边有这种石头的场所定为对女性的结界呢？似乎很难将这种情况视作偶然。为了解释这个"为什么"，首先必须注意，来到结界受石化惩罚的女性，无论在什么情况下都限于比丘尼或巫女。其次必须考虑的是，即使没有流传像上面那种石化之谈的情况，灵山的登山口也会有此类石头。例如，信州户隐山的鸟居川附近，中院旁边有一块叫作女人结界比丘尼石的石头（《科野佐佐礼石》卷14）。在据说是户隐权现垂迹之地的冠著山的登山口，更级郡的羽尾村也同样有叫作比丘尼石的四尺四见方的岩石，过了这块岩石，女性就不被允许再往前走。现在仍然有如果举行婚礼时从这块石头旁边经过就会分手，所以新人都会避开的说法（《乡土研究》3卷2号）。关于这座冠著山实际上就是古歌中有名的更级姨舍山的说法，佐藤六石在《姨舍山考》中曾经做过细致的论述。但是，今天的所谓姨舍，就是停车场下方月见堂前一处巨大的姥石。《善光寺道名所图会》①等引用的缘起文中，木花开耶媛的大姨大山姬，在侄女相送之下登上此山，在这块石头上坐下遥望秋月，最后进入月亮的故事，与所谓侄女石、外甥石、月见田等古迹一起，可能是近世好事之徒所新设，而被抛弃的老女变成石头，很久以来都在各地人群中口口相传（《越游行囊抄》②卷6），而且是相当古老的时代就已经流传的故事（《昆阳漫录引》《榻鷞随笔》）。姨舍山的"姨"解释为伯母，也是《大和物语》以来的说法，但在某些情况下，其地名的根底可能潜藏着与比丘尼同一体系的思想。

八

关于老女与石头的关系，还有很多必须说明的问题，简言之，即使不是祭祀神灵的高山山麓，位于境界线的石头称为姥石的例子也不少。此外，即使是在说明女性禁忌缘由的故事中，也有老女并不化成石头的例子。可能是因为石头的形状没有特色，无论如何也

---

① 《善光寺道名所图会》，江户时代后期刊行的旅游指南书。
② 《越游行囊抄》，江户时代初期的纪行文。

很难当作人所化之物。例如，在旧仙台藩领地内几处称为姥石的石头中，在气仙郡上有住村的五叶山，就流传着打破女性禁忌登上山的老妇人被石头压死的传说（《封内风土记》）。江州伊吹村的寺岳，是役行者行基菩萨修道的山。据说登山口的上野乡祭祀女一权现，但在山约六成高称作大平的地方以上，便完全禁止女性踏足。据传曾经有一名比丘尼强行进入结界，攀登到约七成高时，遇雷电立即殒命。在这个时候，由于实在非常痛苦，她手扶在旁边的岩石上，现在仍然有留下分明的五指痕迹的扶手石（《近江舆地志略》卷81）。手指的痕迹，就是所谓手印，反倒是在讲述高僧硕德的遗迹时经常会被提到的话。在堪称女性禁忌代表的纪州高野山，也有附会在弘法大师母亲身上的类似传说。这就是在第五十四块町石旁边那块名为捻石，直立但形状看起来像是拧过一样的石头。据说大师的母亲深恨无法越过结界，而为后世女性留下这个痕迹。在这块石头稍微向上一点的地方，有据说是大师推上来的大石头，上面留有大师的手痕，在不动阪则有脚的痕迹，流传着他与母亲问答的故事（《续风土记高野山》卷57）。在将这种种例子综合考虑以后，我得出的一个假说是：灵山登山路上的结界石，更可能与信仰这座山的老妇人、比丘尼的修道有关，可能是往返于途的人以此命名这些石头，在这种习惯断绝以后，又将这种现象从坏的方面进行解释的结果。在前面引用过的《和汉三才图会》关于立山的故事中，据传在美女杉与姥石之间还有一处名为材木阪的地方，过去人们打算在这里建立女人堂，但信众捐献的木材一夜之间全部变成了石头。这多少有点让人恍惚想到前面那些故事中与女性犯戒有关的缘由。

九

接下来，话题回到虎子石的由来上。在越中立山结界留下石头的止宇吕尼，在加贺白山留下石头的融婆，会不会和在各地行脚散布石头故事的虎御前有关呢？也就是说，时至今日已经意义不明的tora或toura这一词语，会不会是在这些石头旁边修法的巫女的称呼呢？如近江浅井郡的虎姬山，就流传着与相州大矶完全没有关系的同名美女故事。她嫁给住在山麓乡村的小河长者为妻，后来变成大蛇的身体潜入湖底（《漫游人国志》）。水中的女神和登山的比丘尼，乍一看好像没有什么关系，但在作为比睿山女性结界的花摘社，也流传着与高野山很相似的有关传教大师母亲的故事，而且祭日是与龙神渊源深厚的阴历四月初八（《舆地志略》卷22）。而从其他地方也广泛分布的这一天登山的风习来看，这里的虎姬这个名字，可以想象也有一个同样的虎传说。

巫女强行登上有结界的山的故事，其历史较想象更加古老。同样是比睿山的事，从前唐院到中堂的路旁西侧有一处名为圣女塚的地方。《舆地志略》卷 24 引用《山家要略记》①，根据法性房②的传记，延长四年五月十六日夜间，有一辆装饰华丽的车，从戒檀院的半空来到大讲堂前庭，没有套拉车的牛，却飞快地从天而降。只见车内一名贵女，丽质端严，寺僧问道："吾山自大师设结界以来至今，皆禁女子，何以贸然登？"贵女答曰："我虽女人，却非凡女，乃圣女也。"不管怎么看，这都是一个很散漫的故事，但又绝不是偶然发生的。在《元亨释书》③卷 18 中，有一则几乎完全相同的故事，我打算引用其中的文章以完结本篇："都蓝尼乃和州人，精修佛法，兼习仙术，居于吉野山麓。世间以金峰山为黄金之地，金刚藏王菩萨护之，不准妇人涉足其境。蓝曰：'我虽女身，然净戒感灵，岂凡妇所能比焉？'乃登金峰。忽然雷电晦暝，不知前路，遂弃所持之杖。其杖自植于地，渐成大树。蓝又施咒召龙，乘之登山。俄至泉

---

① 《山家要略记》，山王神道的主要典籍之一，镰仓时代后期编纂而成。
② 法性房，平安时代前期僧人尊意(866—940)，京都人，俗姓息长丹生，号法性房。
③ 《元亨释书》，1322 年成书的日本最早佛教史书。

源，不得前行，蓝嗔之，蹭岩峦，尽皆碎裂。养龙之池在岩下，二迹今犹存焉。世间谓其得长生之道不知所终也。"除化成石这一点和叱尿一节外，这个故事和立山、白山二山的怪谈完全相符合，不仅如此，连尼僧的名字都蓝似乎与止宇吕都是相通的，这是为什么呢？反过来，像大矶的虎女这样，从南边的九州尽头漂泊到北边的奥州信夫这种事，作为一名女性，实在是令人难以置信。看起来，tora、touro、toran 等名字即使不是固有名词，恐怕也能得到某种程度的支持。但是，曾我十郎祐虎之妻是大矶的女性，名叫虎这一点，已经见于《吾妻镜》"建久四年六月一日"亦即"裾野报仇三日后"一条，恐怕并不是小说。因此，下一步只能在对 tora 这一古语的性质进行研究的同时，对被传为大矶的长者之女的游女为什么会有"虎"这样极为出奇的名字进行探寻。

（大正五年八月、九月 《乡土研究》）

念佛水的由来

发　端

　　有一家的老妇人用石枕杀死旅人的故事，是江户特别有名的民间故事之一，直到今天，仍然有人听到谁说这是假的就会生气。确实，无论如何都不至于要撒这种谎，去当作观音普救众生的灵验证据。而且，关于这个故事还有各种遗迹，不管是多么有创造力的作者，总归不能靠一个人的力量做到这么大规模的事。但是，如果问在过去的某个时代是不是真的发生过这种事，我相信，恐怕也不存在毫不犹豫地做出肯定回答的人吧。实际上，只要让几个人来讲讲就可以知道，我们听到的故事，每次都会有少许不同。

也有人相信古书就是正确的记录，但将德川幕府初期的《江户名所记》①和在此之前一百六七十年的《廻国杂记》做个对比，就会发现故事已经大约有一半不同。较早的故事中是一对浪人夫妇，将女儿打扮成游女引诱男性；较晚的版本则是所谓母女相依，而且女儿看起来非常受宠爱，多多少少开始与近世为永流小说②中的鬼婆相近。观世音化作美少年使女儿心动这样的情节，在较早的故事里也完全没有，而这位少年是第一千名旅人的说法，看起来也只像新的成分。各座寺庙的缘起，在大阪之乱③后的太平时代被进行了明显的改造，加入感激之情和合理化部分，这确是事实。尽管如此，也不能说《廻国杂记》特别忠实于真相，因为它只不过是将路过时听到的一点闲言碎语记录下来罢了。简言之，不过是在这里曾经存在过，一直传讲的非常普通的石枕的故事以及恐怖的老妇人之类的故事，其中两三个流传到了今天。旅人赶路直到日暮，借住在有鬼的家中，命在旦夕之时不可思议地得救之类，是千年以来的普通故事。其形式应各个时代而一点点发生变化的例子，多到需要另设一册进行研究。其中，像石枕这样奇怪的手段，绝不仅见于武州浅草

---

① 《江户名所记》，江户时代初期的地方志，共 7 卷，浅井了意著。

② 为永流小说，以为永春水(1790—1844)等为代表的江户时代后期的世情小说。

③ 大阪之乱，德川家康在大阪城击败丰臣氏，结束战国时代的战争。

的故事。例如，在尾州石枕村（丹羽郡古知野大字）的稻荷神社，据说拜祭的就是过去用同样的手段杀了很多投宿之人的老妇人的灵。虽然作为罪行的恶报被杀，但她还是因为作祟而被当作神祭祀。传说播州姬路以东的平野村的长者，将骗来杀掉的旅人的血挤出来染布而致富，这里也有一位姑娘将石枕的可怕故事编进歌谣演唱，想救行旅的男子的故事。浅草方面也流传着观世音化作割草的儿童形象，吹着笛子，以"宁可卧于野，勿宿里人家"的歌谣告知危难这样一种颇不合理的故事。但是，若说上述东西两例是其中某一个模仿另一个，则又几乎没有可能证明这种说法。那么，这一类故事何以自古就存在于各地呢？用石枕杀死旅人这种事，并不是毫无根据地常常出现的空想。事实有无先放在一边，至少如果寻找一下让乡里之人相信这样恶毒的老妇人在本地曾经存在过的原因，我想应该是会找到的。而像如今江户的浅草这样人来人往的地方，再要寻找故事发生地浅茅原的旧路，恐怕就很困难了。然而，在我看来还是有一点线索，就是故事中有这家老妇人现出原形，变成十余丈的恶龙的情节，而此地有一个池塘，据说就是她跳进去的地方。这个池塘在明王院境内，直到近世以前一般都被称为姬渊。后来这个地方也被逐渐填平，变成出售的住宅或某个建筑的地基。但从这些为世人所轻视的部分，也许可以窥见故事的起源，以及曾经欣赏这些故事，把它们传承下来的旧时之人的所思所想。

念佛感应之池

浅草寺的妪渊，曾经也有人称之为姥池。它的故迹就在浅草区马场道町六丁目三番地。明治二十四年六月，这个只余一点形式的著名池塘在市参事会的指挥下被填埋一事，有以区长名义所立石碑为记。宏大的历史终以小事终结，此之谓也。虽然池塘被填埋了，却至今仍有某种无形之物涌出、流传、发光。姥井或姥池在各地非常多，即便当地人无法说明其由来，也没有毫无意义地冠以这种名字的道理。在认为它们都存在某种已经被遗忘的与老妇人有关的事迹的基础上，将现在书上或人们口中所流传的故事放在一起考察，便可以找到一道信仰痕迹。

我想从与这个问题稍微有点距离的方面开始论述。在京都西南的乙训郡友冈村，有几个名为念佛池的池塘。现在不知道如何，但原本在村民太右卫门的家后面，据说平常都没有水，但只要站在岸边念佛，马上就会有水涌出，因而得名。不管念佛是多大的善事，唤出地下的水这种力量也实在令人怀疑，但其他地方也有人相信与此近似的事。在丰后玖珠郡深处的千町牟田高原，据称是很久以前朝日长者所住的地方，在当地各种稀奇的故迹当中，音无川附近有一个名为念佛水的小池塘。据说对着这个池塘念诵南无阿弥陀佛的时候，池水会应和着冒气泡，发出"卟呲"①的声音，所以称作念佛水。西国三十三番②最后的观音堂，在美浓的谷汲和坂下两地之间，也有一处念佛池，上面架着一座小桥。据说，站在这座桥上念诵南无阿弥陀佛，不仅会有水泡如沸水般涌起，而且如果念佛声舒缓，则水泡徐徐涌出，若敲钲高声急促念佛，水泡便会剧烈翻涌。但是，由于不知道位于现在的哪座村落，即使我要前往一试也无法做到。这座小桥据说可能是高仓宫③所建。也有一种说法，称桥边有一座石塔，只有对着这座塔念佛才会有气泡涌起。上总八重原的念佛池，也伴随着念佛声，会从池底涌出漂亮的沙子，也就是说有沙涌起。

　　想来这些说法，最初应该都是相信灵泉有灵验的人们，一心一意地如此认为，做了穷尽表里的严密试验以后，才讲述传播的。现实中，在关东乡间连名字都没有的池塘，传说当人走近就一定会有

---

　　①　日语"佛"的音读为 butsu，故而以池水发出的"卟呲"声当作念佛声。
　　②　西国三十三番，即关西安置观世音菩萨的三十三个著名灵验之所。
　　③　高仓宫（1151—1180），即以仁王，平安时代末期皇族，曾发出"以仁王令旨"，促使源氏起兵推翻平氏。

气泡涌起的，也颇有几处。大多是在九州被称为 muta，在东部地区称 fuke 或 yachi 等名，由腐败的植物所形成的低湿地。我在学生时代从水户前往常陆的太田途中，当地一位热情的商人就曾告诉过我，说那附近的泉木之森，就是《百人一首》中所唱的"美加原涌出流水"的故迹所在。据闻树林里有一个涌出清水的池塘，人站在岸边跺脚就一定会涌出美丽的气泡。真令人感到不可思议！在这里，是不需要正确地念佛的。甲州富士见村的佐久神社，也有叫作七釜水盆或御釜，无论旱魃如何肆虐也不会干涸的清水池。这里也是只要有人前来，水便会剧烈翻腾，会有一些细碎的沙子浮上来，甚是奇妙。

丰后海上姬岛的比卖语曾神，近世被尊称为赤水明神，其神社的岩石下涌出的水带着锈红色。这里还流传着铁浆附石的典故，作为神体的木像做女性执笔染齿状。据说这里的水含有大量的碳酸和氧化亚铁，对肠胃疾病和皮肤病都有治疗效果。如今它的这种功能很受欢迎，但在此之前曾有"拍子水"之名。参拜的人一拍手，水就会应着掌声翻涌迸射出来，时人谓之为奇瑞。但有些池塘的泉水仅限于念佛才冒泡，而其他灵水则有各种不同感应，我们是很难同意这种看法的。

后妻之池

在有些地方，也有人会用非常牵强的理由解释这种现象。越后三岛郡莲华寺村入口，有一口叫作姨井的古井。只有站在井边大声呼喊"阿姨"，才会有气泡从水底涌出回应。据说曾经有人对此表示怀疑，试过喊哥哥或妹妹，井水完全没有任何反应。而讲故事的人所宣称的理由，完全对应这个故事的要点。据说，此郡在小木城主松本氏治下的时代，当地某个豪族的使女带着主人年幼的儿子在附近玩耍，不小心让小儿掉到井里淹死了，女子见状也跟着跳了进去，因此至今仍然有呼喊"阿姨"，井中便有气泡冒出的不可思议现象。这种因为有两个令世人哀惋的灵魂永远无法离开故而有此现象的解说，应该也算充分。但只要有人呼喊就一一答应，那又是为什么呢？是因为高兴吗？还是因为遗憾呢？仅靠这个例子是搞不明白的，不去问问当地人，就没有办法理解他们的想法。

硬将家婢和"阿姨"扯到一起，也真是有些莫名其妙。或者说，她会不会是乳母呢？又或者说，这是那个时代的某种方言，这也有仔细推敲的必要。然而，同样是在越后国，刘羽郡的吉井又有这样的故事。村中曾地峠这个地方的"阿万井"，有人站在旁边呼唤"阿万阿万"，水面便必定会出现细小的波纹，而用其他名字呼唤，就什么都不会发生。据传，这是因为曾经有一位大人，沉溺于对妾的爱恋中，将正妻阿万夫人杀死并扔入井中，但直呼其名似乎多少有些失礼。在上州佐波郡植木的阿满池，有与此稍微相近的故事。据说只要对着它喊阿满，就会有清水应声涌出，而且一次次喊，会一次次有水涌出。我所读的书上没有说明原因，但是如果这个名字现在仍然存在，我想一定会流传着和越后相似的故事。但这些称呼听起来是因人而异的，而且可以从声音倒过来想象，这里的 oba 和 o-man、ama①，可能原本是从同一个想法生发出来的。伊豆热海的间歇泉，有人说如果高声呼喊清左卫门的话，立即会有温泉从石头间涌出，而有些旅游指南则称之为"平左卫门温泉"，据说因应呼唤声的大小，温泉水面的高低也会发生变化。有一篇游记写到，喊"平左卫门没有用"的时候，才会有温泉涌出。但是，近年人们已经对这种说法不屑一顾，平左卫门温泉仍然正常涌出。这当然不是什么不可思议的事，因为水并不会像有两只耳朵的人那样能辨五音。

关于被呼唤名字的水灵是一种什么样的心情，如果是温泉的

---

① 分别为上述三个称呼阿姨（oba）、阿万（oman）和阿满（ama）的发音。

话，似乎还稍微容易理解一点。通常用到"喷出""翻涌"这样的说法，总是让人觉得这是指生气时吓人的样子。这么一来，关于念佛水就会需要另一种解释，但至少在"阿万井"之类的传说上，似乎是人们觉得她对莫名其妙地被直呼姓名而感到生气，所以会这样喷出气泡。摄津的有马温泉，也有像热海那种不定时喷涌的泉眼，当地称之为"后妻温泉"。在当地过去的学者寺岛氏的记录中，它的名称也写作"妒汤"或"后妻汤"，并注音为 uwanarinoyu。书中写到，这口温泉在往来温泉场的路边，虽然据说对金疮特别有效，但由于这个名称，很多人似乎都想逗乐一番，来到温泉边骂几句，泉水马上就沸腾起来，因而得名"后妻汤"。也许是它后来变得更加难以相处，有人说如果有女性盛装打扮站在旁边，这口温泉就会沸然如怒，久久无法平息。也有人说，仅仅是听到脚步声，它就会翻涌起来，但这些说法都并没有实际检验过它在没有人的时候是什么样子。将 unawari 解释为后妻是自古以来的做法，但其中的理由我还不清楚。总之，有所谓"打后妻"之类的说法，两位妻房中，不得不嫉妒的一方便是后妻。越后吉井的阿万夫人便是如此。但另一方面，这个 unawari 与姥池、姥井中读作 uba 的"姥"发音相近这一点，也是必须注意的。骏河国的姥池之类就有颇为相似的故事。据说这个姥池在静冈以东、江尻以西，从东海道元追分的松树林荫道往北一点的田地中，往来行人来到这里，只要一喊"uba"，就会有气泡从水底向上冒出来。要是喊"没用的 uba 哟"，气泡就会冒得更加激烈。也许是因为评判这里的人比较多，关于这种现象的理由多到令人吃惊。将这些理由做个比较的话，就算不说是谁专门创作的，也至少存在可以称之为各个时代的喜好的因素。我们可以从中觉察到世间自然地迎接其中一个说法，而忘记其他的那些。而且，也许有人认为仅仅喊 uba 还不足以让水涌起来，很早就出现了骂"阿姥没有用"的做法。这个故事最早的形态似乎是，文禄二年的二月还是八月八日，江尻的龟屋九左卫门之妻在这个池塘投水而死。这名妇人平生嫉妒心重，对这种情绪无法自制，所以死去，其灵魂永远停留在这里。似乎是因为嫉妒这种事最能引起年轻旅人的兴趣，所以他们恶作剧式地喊起了"没有用"之类的话来。在用汉文书写的书里，关于这件事有"若骂'拙哉阿姥'，则又喷出"的记载。对向其许愿、担心她作祟的当地人来说，这到底是不敢做出来的失礼之事。也就是说，正因为这件事发生的舞台，是在以不负责任的往来行旅之人为对象的东海道，所以故事才会发展成这个模样。

"阿姥没有用"

江尻的姥池所在地被称为姥原，尽管这里最早为人所知，但让我无论如何也感到不可思议的是，同样的故事在骏河国也有。百余年前江户人的游记中写到，他确实到骏河国去看过，而且试过，所以虽然是赝品，却也是公然的竞争者。书中记到，这个姥池在沼津城下沿东海道西行十余町，绳手的松树林荫道向北约半町处的田间，这样看来，应该就是常说的浮岛式深田。在这里，有供存修道之心的人前来念佛的庵堂。据说，过去有某家的乳母背着幼童来到这个小池塘边玩耍的时候，幼童以为自己的影子是朋友而欢喜雀跃，乳母一时没有抱住，幼童落入水中而死。乳母深感愧悔，也跟着投入水中，但主人来到水边，难忍丧子之痛，恨道："不管怎么说，乳母也太没用了！"话音刚落，水底下忽然发出声音，有很多气泡喷涌上来。自此以后，直至今日，只要有人来到这里喊"乳母没有用"，不管多少次，水泡都会应声从水底"卟咕卟咕"地冒出来。对如此可怜之人的去世所带来的奇瑞之事反复试验，也是没有同情心的做法。但如果这只是发生在骏东的话也就罢了，前面提到的江尻的姥池，其后也出现了同样意义的"阿姥没有用"的解释。不仅如此，向西越过一道山梁，在志太郡的旧田中城内有一口古井，也同样有关于乳母将主人的儿子落入其中，因恐惧主人之怒，投入井中而死的故事的故迹。但因为这口井已经被填埋，只剩下井口的形状，呼喊就会得到回应的说法已经消失。这种故事不仅仅发生在这里，也同样存在于遥远的越后莲华寺村的姨井。关于这一点，我并不认为必定是奇妙的巧合。认真搜寻的话就会发现，很多散布在各地村落里的古井，也有着完全相同的故事。相信这会令人疑惑，为什么过去的乳母们会一个个如此疏忽？在江户，我们所听到的例子位于松平安芸守①在赤坂的中邸②，不知道在如今的什么町，据说即使已经填埋，但也还是被称为儿渊。故事的内容也是家中帮佣的阿姥误将小儿落入水中，因为愧对主人，自己也投水而死。这个例子也许是因为周围有同情心的人比较多，似乎并没有人用"阿姥没有用"这样的话来嘲笑和激怒她。

---

① 松平安芸守，江户时代广岛藩第二代藩主浅野光晟由幕府将军德川家光所赐名号，自此代代世袭。

② 中邸，日语写作"中屋敷"，江户时代大名宅邸的一种，作为上邸（上屋敷）的备用或非常时期的避难场所，位于江户城外城壕内沿。另有位于江户城外近郊的下邸（下屋敷），与上邸、中邸均建在幕府赐予的土地上。部分大名还有购买农民土地建造的抱邸（抱屋敷）。

影取山缘起

因为一个故迹有两个以上不能并立的传说，马上就说其中某一个是假的，断定它就像九尾狐化作的玉藻前①一样，那是不对的。相信传说和童话不一样，认为传说也许实际上曾经有过那样的事，这是听传说的人的本意。因此，无论是何等奇瑞之言，如果与时代的思想相差太大，变成所谓无法全盘接受的情节，那么人们就不会再去对它口口相传。佛堂的看守、寺庙的和尚自不待言，即便是地方故老和茶店主人，对自己稍微不太接受的故事，讲起来既没有成就感，又可能会忘记。如果有人写下过这个传说，以及如果有人看起来记得最准确的话，疑心他们之间哪一方才是真的，想要一探究竟，便是人之常情。但即使是其中比较新的那个故事，几乎也不会出现完全在某个人的想法基础上被创造出来的情况。因为如果是这样的话，讲故事的人自己就无法相信。通常的情况是，各地传讲的故事是零碎的，就像因为缺牙而装上假牙一样，在各个空隙间就会有每个人的想象或者别处著名的说法等加入进来。而这些变化会体现在与一百年、两百年前的不同

---

① 玉藻前，传说中的美女，由从中国到日本的金毛九尾狐化成。

上，传说毫无疑问是通过将与此前极为相似的故事反复讲述流传下来的。若如此，它经过无数个时代变化，是否有始终保持着的部分呢？如果有，那又是从何开始的呢？思考这些问题，实际上就是传说的有趣之处。我的论述风格是以实例进行说明，当然希望读者在读完以后再发表赞成意见，但大体上是各个村落自古以来就存在的名水灵泉，不仅会被力陈其根源的神秘力量，而且很多会把年龄相异的两个人物，尤其是老妇人与幼童的灵魂联结起来。这种奇异的组合，应该不是后世稍做加工而成的。它是如此令人印象深刻，以致人们无法忘记或使之变形，故而一直保留下来。但是，它又实在太简单，前因后果难以理解，因而毋宁说是经对其爱惜有加的人之手，采纳了有可能发生的解释。江户这个太平时代最为人所推崇的道德，就是"对不起"这一类忠义。如果将它使用在这个问题上，便造就了很多姥池故事。

在野州足利的水使神社，就有一个传说变迁的好例子。这座神社原本叫作影取山水使大权现，从名称看像是水神，但现在的神体是穿着十二单的女性，而且是一手持勺子一手抱着饭桶，约七寸左右的彩色木像。据称，如果为妇人之病向她祈祷便灵验，祈祷者会向她供奉画有肚腹部位的罕见绘画。这实在是一位复杂的神。这里有大约一百四十年前安永七年之事的缘起书。其中写道，在中古五十部村领主余部小太郎家中，有一名带着七岁女儿的使女。农忙季节，她将午饭送给留在田中劳作的人之时，女儿误将主人所养的小鸟放走而被刑责致死。使女在归途中听闻此事，又悲又恨，突然跳入路旁的深潭自杀身死。其后，她的灵魂就留在这片水里，将勺子和木碗等浮在水面上诱惑往来行人并拉到水底杀死，因此这个池塘便得名影取渊。其后，她得到一位念佛上人的超度，终于作为权现接受拜祭。所谓"影取"，原本是水中的一种怪物，俗信以为，它们映取往来之人的影子以后，这个人不久就会死去，所以得名。但是，这名使女若是以勺子和木碗之类引诱行人，则影取的名字就令人感到不甚贴切，又或是让人记起另外一个不同的传说。女神的前身是余部家下人，这一点是相同的，但她投身深潭的动机更有牺牲色彩。据说，她与主人的爱子在水边玩耍时，突然不见小主人的踪迹，惊惶之中看到水面上倒映着岸边松树，树梢上一只大雕正在撕食小主人，她悲痛之余投身水中而死，其后也是因为作祟而受到拜祭。这个故事和"阿姥没有用"具有相同的形式。

上面两个由来故事，要辨别其时代先后并不容易。喜欢概括的先生学者们，也许会认为从单纯的献身式忠义气节，向阿菊数碟鬼屋①系

---

①　阿菊数碟鬼屋，发生于江户时代的鬼故事，大意是名为阿菊的下女因为打碎了主人一套珍藏的碟子中的一个，被投入井中杀害，其鬼魂作祟，夜间从井中发出数碟子声。其后，世人以这个故事为蓝本，创作了净琉璃、歌舞伎、落语等多种艺术作品。

统的反抗式态度发展才符合世相，所以小儿被大雕捕食这种奇怪的传说，其发生就应该比安永七年更早。但是，如果深思一下为什么女神会带着餐具，为什么有她给田夫送午饭的情节，以及尝试思考一下女神的名字水使、影取，是由于什么样的机会促使这种信仰发生了如今这样的变化，就会发现，在安永七年这个颇有戏剧性的缘起故事中，令人意外地织入了很多古风传说。有一个话题，若非谈到这里，我是绝不会提到的。在田神的祭礼上，让炊煮午餐的女性盛装打扮，以她们为神主祈求插秧的成效，似乎是乡间的古老习俗。既有直至今日仍然遵守这个习惯的地方，也有仅仅遗留一点所谓嫁田传说痕迹的地方。而且，母子二人同死的传说，和小儿为大雕所捕的故事，都是自古就有的。因此，上面这两个传说都不是很新近的产物，同时我也不认为它们完全保留了过去的形式。

姥火与勘五郎火

时代会为任何东西涂上色彩，没有必要只为水边的老幼二人感到惊讶。较"阿姥没有用"的时代再早一些，也就是我们名之为"武边故事"①时代的战国末期到元禄前后的人们，在听到姨井、姥池等并无特指的传说时，脑海中涌现的是关于居城陷落时的少主和他们的乳母等人的想象。父亲战死，美丽的母亲自杀身亡，不辨东西的尊贵少年被混在普通人中，由乳母悄悄抱着落难而去，又或者由母亲本人带着，像千本樱故事中的六代母子②或常盘③那样迷失在陌生的村野，又或是小姐孤身一人逃到过去在父亲手下的武将家里的故事，自古以来就多如林木，然而当中有多大比例是曾经确实发生过的历史，要搞清楚并不容易。恕我斗胆举一个例子，关于年幼的安德天皇在长门坛浦令人叹息地殒命，很多人认为瞽师所传讲的《平家物语》很接近正史。但是，既有在各地的山村偷偷将其作为后裔藏起来的旧传说，又有像筑后川口这样虽然并无关联却将二位尼④与安德天皇之灵一起拜祭的地方。在东京，二位尼和安德天皇如今作为水天宫祭神受到拜祭，这是一种起于中世的信仰。仔细考

---

① 武边故事，以关于武道的体验等为内容的故事，最初主要在战场夜间警卫时讲述用以提神，后来逐渐发展到日间也会讲述。

② 六代母子，歌舞伎故事《义经千本樱》中，平维盛之妻若叶内侍及其子六代君，在源平大战中平家战败后落难。

③ 常盘，常盘御前的简称，平安时代末期美女，源义朝之妾，源义经之母。源义朝与平家的对抗中战死后，其与幼子一起受平清盛庇护。

④ 二位尼，平清盛之妻平时子，因获授从二位，故称。

察这些例子，令人觉得，故事会朝着社会预期的方向发生变化。到了近世，大量居城陷落的悲惨例子中，我认为可以分为两个类别。亦即，甲类为落难而未能逃出生天，饮下万般愤恨，与刀刃一同如朝露般消失的悲壮剧情，以及乙类为武运可喜，得以复兴的故事。在数量方面，两者几乎各占一半。如果要说其中哪一种是更古老的形态，那未免冒险，但至少可以说，与水有缘的甲类更多一些。下总印旛沼的臼井城址附近，有一座"阿辰"神祠，就是其中有名的例子。但由于论述需要，留待下文再谈。东京附近千住再向前一点的西新井宿的道旁，乃是曾经有一名童子骑马而来，从马上落下死去的地方。一棵名为儿樱的古树据说就是他拴马的樱花树，甚至原来还有称作马塚的塚。在其附近刚好有一处姥池，据说也是与该童子有关系的老妇人因悲痛投水身死而受到拜祭，其墓塚名为姥神塚。然而，奇妙的是，与此相对的道路右方，还存在一处被称为爷塚的地方。

在这个西新井的姥池中，还祭祀着弁才天。肥后山鹿的熊入村也有一座御料人塚，据说是某座居城陷落时，由乳母抱着逃到这里的城主家小姐被杀以后留下的。在它西面很近的地方，有一处乳母塚，其内部以切割好的石块垒砌成墙壁，这一点与古坟相似，而这里也安置着弁才天，据说在深夜里会有不可思议的火出现。尽管是尊贵的小姐，但将这样幼小的孩童敬称为"御料人"，也还是很奇怪的。然而又有一说，称这里实际上是御灵塚。事实上，像这二人一样，所谓死于非命、根本无法往生净土的灵魂，中世的人们会特别称之为御灵。由于御灵的内里会燃烧，因而往往有寻求水边之地驻留的御灵，变成奇怪的火到处飞舞者尤其多。其中，如河内的姥池中的姥火、摄津的尼渊中的尼火等，有不少将火假托于女性怨念的例子。而在此之上，更值得注意的还是阿姥与小儿的故事。例如，丹波保津川上的姥火，据说到了晚上会在河上聚成圆圆的一团飞舞。另外，还有据说在世时住在龟山町的"买孩子的老妇人"，为一己私欲，求取大量人家的孩子后又抛弃，弃童的怨念和老妇的悲苦因而凝结成火的例子。而在尾张木曾川，则是过去名为勘五郎的少年，因村落之间争夺水源被杀，其母不知道这个消息而彻夜寻找，最终因疲劳而死。名为"勘五郎火"的怪火在这里飞来飞去，据说是母亲手中的火把所化，水患也无时稍歇。在距今一百七十年前的宽延三年，当地人请美浓著名的神语者祈请神明后，终于明白个中原因，在村落的境界处设塚，以勘五郎为荒神、以其母为山神加以拜祭，不可思议之事就此消失。这种故事如果是戏剧的话，便是世情剧，与忠义一心的烈妇传并不相似。但如果不认为它们之间曾经有某种如同涂薄漆的木碗上单纯的木纹那样的共通之处，则在如今这样的科学社会便无法解释火的存在。结论可以留待他日，但现在我想说的一句话是：哀叹而死的老妇人成为神一事与据传孑然一身到处飞舞的河内的姥火，它们的发源地都在枚冈神社若宫之侧的姥池。

尼子氏

少主和老女幸运地躲过敌人耳目，代代荣昌这一类故事，我打算称之为尼子流。因为这种故事以出云的尼子氏家族传记故事最为有名。尼子氏是佐佐木京极的支系，原本居于近江，尽管据说他们是以犬上郡尼子乡为姓的来源地，但还流传着某代面临家族灭亡危机，只有一名年幼孤儿，由出家为尼的祖母养育成人的说法，又或说投入尼僧门下成为弟子而逃得一命等，以此缘故，自称尼子。此外，甚至书籍写到其先祖为天人之子，称作天子。故事带有余吾湖羽衣传说的色彩。若非相较于系谱更注重天佑的北亚部族，是没有必要创作出如此夸张的由来故事的，因此这会不会是家中所祭祀的某位特殊神祇，由此传出的种种说法发展而来的故事呢？在羽前最上郡丰里村，有一处叫作尼子盾的住宅遗址。据说为毛利氏所灭的尼子义久的遗族，曾逃到此地住下来。关于这是某种大人物故事的错讹这一点，我也能够想象到。曾为此郡新庄城城主的当今户泽子爵一家，以及据称与其同族的及位①高桥家，据说其第一世都是由京都来的殿上人，为平清盛继母，称为尼子的女性之子，因此以平氏为姓。如此一来，在以事件为理由之前，这里也许与筑后和其他地方的平家谷一样，是以二位尼与八岁天子隐居之处自称的。即便不是这样，所谓落败武者、贵人私生子之类家族传记，原本就特别容易随时代而改变。在某处已经有一个旧家流传着老尼养育幼儿的故事，出云尼子氏又再来到这里这样做的故事，我想至少也应该是误信。与近江尼子氏同族的佐佐木氏，也有在为织田信长所灭之际，其家中三岁孤儿在乳母的保护下住在湖边，躲避世人眼目，制饼卖给旅人以为生计，也就是草津名产姥饼的来源之说。还有另一个关于食物的故事。飞驒白川深处尾上乡的深山里，有一处叫作甘子谷的溪涧，其中有很多甘子鱼②。据说是过去平家的武士逃到此地隐匿之时，在溪中放生了一些鱼，后来鱼名便成了地名。但是，甘子鱼在其他山谷中也有很多，而且一名落败的武士带着活鱼也是很奇怪的事。我想应该是尼子的旧传说生发出了平家残党的故事，

---

① 及位，山形县东北部的一个地区。

② 甘子鱼，即虹鳟。因日语"甘子"与"尼子"同音，且与下文论述有关，故保留原来的日文汉字表记。

其后又变得模糊，恰好可以用栖息在该处的鱼来解释。也就是说，这里也与久留米的尼御前神社一样，因尼子之名而产生了二位尼故事。

为家族兴隆立下大功的女性作为神灵永享祭祀的例子，近的有四谷大宗寺的三途河婆，这个话题留待后面再谈。位于横滨的冰取泽宝胜寺，事实上也祭祀着据说养育了地方小领主间宫氏幼主的乳母，由间宫家代代举行拜祭。但自古以来就在这座寺庙境内的饭盛童子的神祠，除与这位老妇人有因缘以外，神祠建于其下的神树名为雷松，隐约让人想到贺茂的玉依姬神话。由此看来，也许确有乳母养育幼主的历史，也许没有。与此相比较，更能够确定出云的尼子氏家族之名的由来之类是传说，然而如果要追寻说出这种故事的原因，再进一步，对其发源地近江的村落名称由来进行思考的话，会让人认为它应该还是在很久以前由不可思议的女性养育的故事，超越年代隐隐约约流传下来的缘故。在冈山县，有很多其姓写作"天子"而读作amago的家族。在九州，肥后以南也有无数称为"天子之宫"的大小神社。现在流传着很多不同的传说，然而"天子"一说，是不是没有追溯到关于灵姥和灵儿的别雷神话的可能性呢？在琉球诸岛的创世记中，与旧日本一样，神降临并诞下人的祖先，但其故事也有各种变形。例如，铭苅邑天久野的天久社神应寺之类，在相当于日本本土的足利时代中期，邑人名为铭苅翁子者来到这片山野，见到女性由法师送来降临在山顶上，又或是女性由法师从山腹的洞中送出，登上山顶飞升而去，信以为神灵而祭祀山洞时，香不须点火而自燃，因而建起天久社和寺庙。其后，通过神示得知法师是权现神，女性是弁才天。这里的"天久（amagu）"无疑就是"天子（amago）"，但故事只让人想象神的婚姻而没有说到它的结果。与此相反，八丈岛的人类起始神话则是在很久以前，由于天变，除一名怀孕女性外所有人都已死去，其后她与诞下的男儿结成夫妇，再次成为人类之祖。这名女性被称为 tanaba。这个故事中不包含以神为父、母亲单独生下孩子的日本神话成分，取而代之的是从 tanaba 的名字到故事内容，都与遥远的南洋极乐诸岛显示出惊人的联系。

咳嗽阿姥

接下来，我们必须回头再一次谈谈骏州江尻的姥池。实际上，我在前面提到的时候做了些许保留，关于这个池塘的御灵还有一个故事。根据《骏国杂志》的说法，乳母带到池塘边玩耍的幼童突然咳嗽起来，非常难受，乳母把他放在地上，想喂他一点水。就在乳母掬水的时候，幼童突然剧烈咳嗽起来，意外掉进水里淹死了。乳母也因此投身入水，以死谢罪，但不知道是不是因为放不下这件事，此后据说如果有小孩咳嗽，来这里许愿就会灵验。这个故事至少后面三分之一是关于现实的，如果记载有误的话，当地人应该不会同意。然而到了近世，又出现了题为《姥池之由来》的小册子，用以引起旅人的信仰之心，恐怕也是自然变迁的结果。最初也有一位将幼童单独放在一边去打水的粗心乳母，还保留着所谓"阿姥没有用"的痕迹。然而一旦成为一卷缘起故事，便完全变得随意起来，写上了一些毫无根据的内容。其大意是：延历年间，江尻附近有一人名为金谷长者，其爱子一直为咳嗽所恼，乳母非常难过，便向位于池岸的地藏菩萨像祷告，称"以和子之命相抵"，投身入水而死。不仅长者家的幼童因此很快痊愈，她还发誓拯救有同样疾病的稚子，至今灵验。作为仅限于这个地方的缘起故事，可谓巧妙。

但是，关于为小儿咳嗽向阿姥之灵祈祷便会灵验，还存在其他各种不同由来的例子。前面也略有提及的下总臼井"阿辰夫人"便是其中一例。阿辰生前是臼井城主臼井大人的使女，是不会被称为"夫人"的人。在正和三年，志津氏攻陷这座居城的时候，臼井的独子竹若丸在阿辰的保护下从城中逃出来，匿藏在印旛沼的芦原中，不幸咳嗽起来，被敌人发现，主仆二人最终被捕身死。村民怜惜她为忠义而死，在附近的田中为她建造神祠，如今还竖起了体面的汉文石碑。里人专把她当作咳嗽之神供奉，为咳嗽所苦的人会带着炒面粉和茶前来许愿。这是因为"阿辰夫人"是对咳嗽之无情最有切肤之感的灵魂。而献上炒面粉，虽然不清楚到底是不是想要祈求治愈到能够吃下这种粉状物的程度，但其他地方也有这种做法。上总君津郡俵田村大字姥神台的姥神，在明治以后改名为子守社。据传这里祭祀的是大友天皇驾临此地时随行的乳母，并由某人解释过原因，患咳嗽的人供上甜醪糟祈祷，则必会灵验。弘文天皇微服临幸的故事，是上总传说的一大特色，因为会走向细枝末节，所以这里不做论述。然而，这原本是从在中世的某个时代示现的尊贵神灵的信仰生发而来的，这一点可以从其他类例推测得知。在甲州中巨摩郡百田村的上八田组，据说有一位称作"shiwabuki 婆婆"的神灵，如果供上炒芝麻和茶祈求治愈小儿感冒，便会灵验。这只是一块约两贯重的三角形石头，据说是过去埋葬一名死在路边的老妇人时用作标志的石块，被挖出来后出现邪祟，所以至今仍受敬畏。但是，这里似乎没有提到老妇人带着小孩。在武藏，川越的喜多町广济寺境内，据说也有被称作"shiyabuki 婆婆之塔"而一直深受崇信的石头。寺内至今仍然有一座人们不解其由来的石塔，不仅无法确定是否就是它，而且已经没有人再来许愿了。

筑地的老女石像

江户在过去也有几位咳嗽的婆婆。用石枕杀死旅人的某家的老妇人之灵也是其中之一，本所原庭的证显寺旁边的巷子里也有一位。这是由板壁围绕的高约二尺的石质坐像，虽说是老女，但其面如鬼，头上戴着像圆灯笼顶上那样斗笠形的石笠，颈部以下雕刻甚为粗陋，且显得比较小，披着桃色的布。据传，向这座石像许愿治愈咳嗽甚是灵验。这位婆婆在约百年前相当有名，但另有一位比她评价更高，而且有很长的流传史，这就是据说曾经在筑地的稻叶丹后守中邸内的阿姥。不知道她现在大概位于什么町，总之应该是在建有优美宅邸的地方附近。祈愿的人如果恳求，看门人就会放进去。据说，只要带上在江户称作炒豆的，也就是用大豆和米、碎年糕一起炒制而成的食品，加上茶去许愿，咳嗽的病就会不可思议地痊愈，因而不嫌麻烦，前往参拜的人非常多。根据书籍记载，是高约二尺五寸、形似老女的自然形成的石块，但这似乎是错的。此外，也有人说不知其由来，但实际在某种程度上是已经明了的。稻叶家的先代还在相州小田原的时候，曾经皈依过一位名为风外的僧人，僧人在城附近举行风祭，在山村中结庵而居。僧人离开后，曾经住过的草庵中留下了翁姥两尊石像。有人说这可能是风外和尚的父母之像，但不会有人留下父母离开，因而完全无法确定此说真伪。其后，稻叶家将石像带进江户的宅邸。明治维新之后，筑地方面也发生了变化。正在我以为咳嗽的姥神再次不知所踪的时候，山中共古翁却知道，它被好好地迁到了本所牛岛的弘福寺。可能因为弘福寺是稻叶家的寺庙，所以被寄存在那里。由此看来，这是稻叶家甚为珍重之物。但是，迁到牛岛的寺庙以后，信众已经不再许愿治疗咳嗽，而是成为关于下半身疾病的祷告之所。这种变迁完全是因为时代风潮的缘故。供品已经不再是炒豆和茶，而是将拖鞋和草鞋之类作为谢礼供奉。据说某个妇人照着梦中情形尝试了一下，这种习惯便由此产生了。

关于稻叶邸内石头的阿姥，还伴随着一个奇妙的说法。这座石像尽管从过去在相州风祭的草庵开始，到牛岛弘福寺的现实中，始终与老翁的石像相向放置，却不知为什么据传夫妇关系极为恶劣。由于如果将两尊石像并列放置，老翁一方必然会倒下，所以后来将这位男性的石像搬到牌位堂侧，只有阿姥的石像仍然放在稻荷神社前。老翁其实也并非无用，若有患口腔疾病者向他祈求，便会灵验。虽然从面相看，老翁很可怕而阿姥很柔和，但恐怕人们对为妻一方的猛烈性格还是有所忌惮。据说，为咳嗽来许愿的人们，给夫妇二神都奉上相同的供品，先向阿姥祈求，然后再来到老翁面前，对他撒谎道："刚刚祈求老婆婆为我治愈咳嗽，但是她老人家的手段不太靠得住，无论如何劳烦您也帮忙，让我的病能够治好。"有人说，这样做更加灵验。这位神灵也真是够随和的。

三途河的阿婆

但是如此一来，他们到底是不是夫妇就变得不明了了。实际上，也可能并不是夫妇。兄妹也会长久同住在一起，但只要一男一女共处，就很容易马上被判断为夫妇，这似乎是过去人们的习惯或信仰。关于这个问题，我想再进一步讨论一下。在上州高崎的赤坂町，有一块名为"大师石"的灵石。它附近的一尊老妇人石像，据传是弘法大师所作，呼其名为"shaduka 的阿婆石"。据说，为咳嗽所恼的人，如果以炒面粉为谢礼向这座石像许愿，马上就会痊愈。"shaduka"既有人写作"葬头河"，也有人写作"三途河"，在歌中也会被咏作"三濑川"。按照日本的说法，这是在前往地狱路上的河，那里住着被称为"夺衣婆"的可怕老妇人。但是，弘法大师没有道理特意雕刻夺衣婆的石像，也不会将石像放在高崎供人拜祭，只不过这里曾经有一座念佛堂。恐怕是想要通过念佛以躲过入地狱的命运的人们，想到老婆婆时，便自然会想到那位老婆婆。在越后长冈的新町，又有"咳嗽十王"。这里的说法是：如果用炒米粉祈愿，则咳嗽马上会被治好。"十王"就是地狱的判官，原本是十人共议的制度，后来权势完全集中在阎魔王身上。长冈的十王堂在名为长福寺的古寺中，内有十尊木像。不确定三途河的阿婆是否在旁列坐，但通常在东京等地，这位老婆婆也会居于阎魔王堂，一眼看去，像是大王夫人的模样。若说随侍在阎魔王身侧的话，除其他九王这样的俱生神外，还有蓝鬼和红鬼。将一个相当于看门人妻子的老妇人放在身边不仅奇怪，而且夺衣婆本来就有身份相当的配偶，名为"悬衣翁"，在和制《十王经》中也出现过。然而，只要说到阎魔王，就总是会联想到这位老妇人，因而他们共同生活的情状就变得与筑地的稻叶邸内那两尊神灵颇为相似。伊豆日金山顶上的石像，更是在百余年来的长久岁月中，隔着一条细细的山路相向而栖，完全如世间翁媪一般。但只要通过服装之类，就可以知道其中一方为地狱的官吏。仔细想想，让人觉得奇怪的是，三途河的老妇人身在地狱，不会得病自不待言，也不会像地藏一般挂上儿童的口水巾。但是，从其他地方对一般的姥石也会有人许愿来看，可以推测出这是她来到日本以后的新任务，而与十王有关的说法，则是那以后才被赋予的任务。也有人认为三途河的老妇，完全是在日本才产生的故事。

若如此，则对她的信仰与其他姥神相近就是理所当然的了。总而言之，来自地狱的老妇人的故事绝不是偶然讹误的证据。除京都的清水、尾州的热田、越中立山等的姥堂以外，没有名气的例子在全国很多，而且往往都对类似的祈愿灵验。例如，远洲见付大地藏堂的夺衣婆，为祈祷小孩顺利成长而向其献上小儿的草履，向出羽庄内下清水天王寺的"shaduka 阿姥"祈求妇人多乳，人们对羽后金泽专光寺的"婆婆"也有同样信仰……数起来恐怕会没完没了。尤其是东京的三途河婆婆，虽然其信仰特别盛行，但由于起源特别新，所以其信仰也是近世式的，特别复杂。例如，浅草奥山的婆婆大人，对一切口腔疾病，尤其是蛀牙甚有妙处，信众供奉的牙刷总是堆成山。据说似乎是因为这座石像掉了一些牙，所以有了这样的说法。又据说石像是慈觉大师①所制，但是手上拿着茶笼。传闻这里也会向信众提供育儿的平安符。其流行大约始于一百四五十年前的安永年间，不知道是不是模仿她，一时间府内外出现了二十处三途河婆婆，正月十六日很多人去参拜。由于太过盛行，嘉永二年颁布了禁止的法令。四谷新宿的正受院的老妇人像，信众也为口腔疾病向其许愿，但据说参拜这里是从文政年间开始的。尽管与阎魔王同住一

---

① 慈觉大师，平安时代初期天台宗僧人圆仁（794—864）的谥号。

处，但这里流传着很特别的由来故事，完全是因为在故事流行之前她就在这座寺庙里很久了。幕府御医人见友雪的祖先，身为浪人的时候在山中迷路，夜宿山贼家中面临危难，恰如小栗判官①一般，为一名妇人所救。其后，人见娶其女为妻，便是这尊木像的真身。人见住在四谷城壕边的高力松下，亦即如今救世军士官学校附近。应该是出于某种原因，有人将这座木像托付给菩提寺。这是史实还是尼子系统的传说，我并没有特地搞清楚它的打算。只是由此可知，当时节到来时，姥神也会被当作夺衣婆而受到拜祭。仔细想想，将正月和七月的十六日当作揭饭锅盖的日子，又或是作为年少僧人的休息日，都不会是在地狱发生的事。归根结底，很久以前的姥神信仰，若不深入其中，广泛观察，是不可能搞清楚它的真正理由的。

关寺小町

有一种说法认为，向老妇人的灵祈求治疗咳嗽的风习，最初可能是"seki 的老婆婆"之名讹误而来。"关口阿姥"②即道祖神，可能

---

① 小栗判官，中世到近世流行的故事文学中的登场人物。
② 在日语中，"关口"的"关"与"咳嗽"发音相同，均为 seki。

是守在生命的界线三途川上的夺衣婆，本来就像是关口的老妇人一样，因为对她与路上的石造神体使用同样的名称表示尊敬，也就产生了这样的信仰。说起来，自古以来道祖神也是以石头刻成的男女两尊人像者居多，而且无论在何处，他们都非常喜欢小孩。广岛等地也有向道祖神祈求治愈咳嗽的例子。完全不知道是什么理由，信众供奉了很多套在马蹄上的草鞋作为谢礼。道祖神的祭日，在很多乡间都是正月十五。这与左义长①临时草棚的风习有关，主持祭礼的通常是儿童。可以想象，祭日后第二天放假回家，与这个祭礼甚有渊源。但是，如果这样断定"咳嗽的老婆婆"就是"关口阿姥"是不是合适呢？因为在为其他儿童疾病、夜哭、母乳太少等祈愿的情况下，这种说法就无法解释了。但是，在多种多样的儿童疾病中，百日咳正是让父母极为头疼的难症，所以为这种疾病祈愿的人特别多。这应该也是有可能的，但如果不是自古就有姥神是宠爱小孩的神的信仰，只有"seki 的老婆婆"这样的名称，应该也不会有那么多人专门去祈愿并等待结果吧。此外，姥神未必是道祖神中的妻

① 左义长，正月举行的灵魂供养火祭，在很多地方同时也是道祖神的祭礼。这一天，人们将各家各户的正月装饰等物收集起来，在村落中的特定地点集中焚烧，就着余火烤年糕或糯米团子，或将灰涂在身上祈求健康。在很多地方，左义长都被视作儿童的节日，有的地方在祭礼前夜，儿童会用稻草等建造临时棚屋，在里面饮食游玩，最后用火烧掉棚屋。

神。也有像逢坂的百岁堂①那样，即便供奉在关口旁边，故事也朝着与儿童无关的方向发展。实际上，仅以天才一人之力，无论如何努力都不可能做到的巨大改造，因时代和民众之力，自在而且完全地施加于古来的传说之上。浅草明王院的姥渊，在《江户名所记》的时代就已经有了为咳嗽祈祷的信仰。人们甚至会用竹筒装上酒，挂在岸边的树枝上，向姥神祈愿，而其由来仍然未能详尽。在现存的缘起书中，有如下记载：

> 其缘起曰，此野地荒漠而多盗贼，观音命娑羯罗龙王化作老妇，命第三龙女化作美姬，以美色引诱恶徒，以磐居和磐融二石击杀之。自恶党之首意麻吕以下，杀贼甚多。后姥投入池水，以俱利伽罗示现，姬化为弁才天，同垂迹于此池之中，救诸人病苦。就中以除婴儿咳气，若令饮当寺之醴，即可痊愈。报赛之时，亦将奉纳之。磐居石枕及姬之镜，至今以为灵宝云云。
>
> 江户三十三所观音第二号之缘歌

---

① 逢坂的百岁堂，位于滋贺县大津市逢坂关附近，供奉着小野小町百岁像。据说小野小町住在逢坂山的关寺附近，并在此离世。

念此世间罪孽深重，姥池浮沉的誓言在一家中

　　以上缘起文已经尽其所能，写得让信徒安心，而且努力使本尊的形象光辉起来。如果这里的记载与时代的道理不相协调，勉强墨守旧传的话，应该早就为人嘲笑而被抛诸脑后了。因此，传说的变化，可以说反倒是其保存的有效方法。

　　　　　　　　　（大正九年四月—七月 《新小说》）

关于"虚舟"

一

有一篇旧记记载道，距今一百六十五年前的宝历七年八月某日，在因辩庆法师①的劝进帐②而为世间所知的加贺国安宅的海滨，有一艘虚舟漂泊而至。虽然"虚舟"的说法广为世人所知，但它实际上是四方各约九尺，以厚木板制成的箱子，其角落以白色石灰加固而成。打开一看，有三名男子死在其中。据说在近岸大船遭遇海难

---

① 辩庆法师，平安时代末期、镰仓时代初期僧人，生卒年不详，号武藏坊。追随源义经并成为其随从，在安宅关以谋略救下被幕府将军源赖朝追杀的源义经。

② 劝进帐，原意为佛寺、神社、佛堂、佛塔等募化的文书。传说源义经假扮成修验者逃亡途中，经过安宅关时被守关人怀疑其身份，从者辩庆法师伪称一行是为重建被烧毁的东大寺募化，手持空白卷轴念诵劝进帐，得以脱险。此处的"劝进帐"，即指这一传说。

之时，船主和其他重要的人，又或是不谙水性的人便会进入这样的箱子，将运气交给上天，漂到哪里是哪里。到底是不是真的存在这种事，原本就是毫无必要的担心。对在海上谋生的人来说，即便身死，哪怕仅仅是躯壳，也希望被冲到某处的海边，这是事实。

据说当地人为了搞清楚这些人到底是什么来历，拜托郡代找了很久，但最终全无头绪。于是，他们先将三人的遗骸葬在海滨的角落，拆毁木箱，将木板用来建桥，以作为他们的供养。其时，有佛教各宗派的寺庙一起为三人举行葬礼，举办了盛大的追福仪式。但不知道是因为在海上身故而迷茫之念深重，抑或因为是西洋耶稣的信徒，佛法无法与之相应，到了夜里，不时会有阴火从这座墓中燃起。关于遗念火的恐怖故事，在这一类坟墓发生得最多。恐怕是因为，即便未必是眼前的幻象，当想起某件在其他情况下并不会注意到的事时，人总会看向那个方向，便会发现这些阴火，因而大呼小叫起来。河内的姥火、尾张的勘五郎火，在全国数以百计的同类例子中，不仅地点和时间是一定的，而且连理由都很相似。由此看来，即便是普通的自然现象，归根结底也是人们同情死于非命者的心理活动，制造了这些不可思议的现象。

此外，用箱子的木板建桥，也同样是古风日本人的淳美体贴之情。奈良药师寺佛足石的石碑，长久以来也被用作佐保川的桥板。

只要是曾经尝过在冬天徒步涉河滋味的人，都能够理解这种让万人无须濡湿双脚的做法是何等高贵的善业。而将人渡向对岸的思想，在佛教上又有更多深意，甚至有像地藏菩萨这样想与牛马结缘，发愿化作桥梁让牛马踩踏的例子。也许，过去发生在北国海边的一件简单的事，一旦被这样记录下来，便使人不得不思考它接下来将会一个接一个发生的那些问题了。

但是，我打算在这里作为话题略做讨论的并不是如此深刻的民族心理法则之类的问题。被大海环绕的日本国，在漫长的年代里漂流到海岸的事物不计其数。在半岛的洪水冲刷之下，刻着所谓天上大将军的恐怖面貌的木桩从朝鲜漂来的事，非止一次两次。在羽后的沙滩上，还有刻着"峨眉山下桥"的桥柱被渔民打捞上来的奇闻。近海之外的未知世界，尽管可以有直达想象边际的千变万化，但不知道出于什么根深蒂固的经验之力，越过海洋漂浮而来的异常事物，即便是里面躺着死人的木箱，我们的祖先都将它们用一个词概括，通常称之为"虚舟"。如果这不是偶然的一致，那么就应该是隐藏着某种原因的、不可思议的国民习性之一。看起来像是没有价值的问题，但如果以此为基础能够发现新知识的话，不应该也是一种学问吗？

二

　　虚舟是用挖空的木头制成的，也就是说，它只能是南方诸小岛至今仍然在使用的那种独木小舟，但长久以来，很多日本人都已经忘记了它原来的模样。我们的父母辈所想象的"虚舟"，是像潜水艇那样有盖子的。可能是因为越来越多的人认为，如果不是这样，便无法越过狂暴的大海，从遥远的地方来到这里。加贺的那件事以后又过了四十二年，享和三年二月二十二日的大中午，据传在常陆国称作"原舍"之类名字的海滩上被拉上来的虚舟，如香盒般呈圆形，长约三间①，其底一段段地铺着像筋骨一样的铁板，缝隙用松脂填充，其上覆以完全透明的玻璃格子，内部毫无遮掩。透过格子向里张望，只见一名女性正微笑地看着周围的人。

　　这个故事常常出现在《兔园小说》②等当时喜欢动笔的人所作的随笔中。所有这些记录的出处似乎全部来自同一个地方，毫无疑问

---

　　①　间，长度单位。通常 1 间为 6 尺，但在测量田地时 1 间为 6 尺 5 寸，测量室内面积时为 6 尺 1 寸，各有不同。

　　②　《兔园小说》，江户时代后期的随笔集，泷泽解（1767—1848，号曲亭马琴）著。

是虚构的。舟中的女性年纪很轻，桃腮赤发，只有填在髻中的假发又白又长。除两块垫子以外，舟中还有一个瓶子，里面约有两升水，还有馃子样的东西和用肉精制而成的食物。此外，她还抱着一个大约两尺见方的箱子，片刻不离，绝不允许别人触碰。书中记到，当地渔民判断这很可能是某蛮国王女，因有不伦之夫一事暴露，男人被处决，而对王女则不忍下手，便放在这样的虚舟之中推入大海，将生死托于天意。虽然言语不通，但却有人带着惊人的自信向别人解释，照这样看来，她万般珍重的木箱，其中必定是心爱之人的头颅。

对实际住在海边的人来说，这无疑是超过他们自身水平的判断，但在此之前，附近沿岸也有过同样载着蛮国女子的虚舟漂来，而在这个例子中，还有像砧板一样的东西上面放着一颗人头的说法。无论今天还是过去，常陆海边谈论这种不可思议之事的风气似乎特别旺盛。因此，可以认为，这些流言的根源在于他们对大海超乎寻常的信任，但至少记述的文采，尤其是所谓蛮女和虚舟的结构图之类的内容，着实太把人当傻子了。据说这种事如果惊动了官府，各种琐碎的手续就不易处理，因而当地人依据先例，将女子照原样送回舟中，送出附近海面并推入海流中，便不会留下一点证明的痕迹。但据说照舟中所写模样抄下来的几个异形文字，至今仍然是此事乃大言吹嘘的最明白证据。曲亭马琴在这里做了注解，称最近停靠在浦贺海边的英国船上，也有这样的蛮字。因此，这名女子可能是英国或孟加拉，也可能是美国等地的蛮王之女。并且，他还写上了"这也是难以知晓，不值得花时间追寻的事"之类事不关己的话，着实令人吃惊。就这样，直到今天，这些吹嘘的证据依然如故。

不用说，我并没有打算以自己仅有的关于近世的知识为根据，去嘲笑古人的轻信。首先，如果说这样的船、这样的美国王女之类不可能会漂泊而来的话，那要是问为什么会出现这样的事或者传闻，直到如今也没有人能够回答。即使仅仅是耳目的错觉，又或者是夸张，也必然会有某种基础。哪怕完全是谎言，我想至少在最初也会有"如果这样说，别人就会上当"的预见。正如现代的文学才子一定亲身尝试过那样，生造出来的如果是镀金的东西，作为基础的仍然是稍微便宜一点的金属，绝不可能是豆腐或蒟蒻。无论什么样的空中楼阁，也一定会有一点站得住脚的地方。又或者说不定是无意识的，但也是因为不知道在什么时候大家都有了关于"虚舟是这个模样的东西"的大致固定形式，只有恰巧与这个形式相当的虚构之物，才会偶然取得前文那种成功。关于人类归根结底无法谈论绝对的虚妄这一点，如果能够通过"虚舟"得到证明，那必须说也是一个愉快的发现。

三

很久以前，曾有与此很相似的虚舟，同样是漂到常陆国的丰良海滨，被渔夫救起的故事，作为《广益俗说辩》①的一节偶然流传下来。据传，在钦明天皇时代，天竺旧中国霖夷大王之女金色女，由于为继母所恶，被载在此舟中随海流冲走。不久因病身故，其灵化蚕，这就是日本养蚕的开始。这个俗说应该也是在中世生造的故事，但其起源未必很简单。住在奥羽各郡的盲目巫女们，至今仍然传承的作为神秘之曲的故事，内容全都是与骏马成婚的贵女灵归上天，其后再次降临在桑树上化成蚕虫。丰后则有以著名的真野长者为其父之名的例子，但故事内容与中国最古老的传说集——干宝的《搜神记》中所记载的类似。需要解说蚕的由来的人，很可能也是参与蚕神信仰的人。他们在某个时期由于某种机缘接受了这样一种外来的旧传，用以满足认识自己和他人过去的愿望。这是可以想象的，但是将它和虚舟漂来乍一看天衣无缝地连接在一起的，必然还有海国居民在数千年岁月里形成的一种观念在另外发生作用。

---

① 《广益俗说辩》，江户时代随笔集，井泽蟠龙（1668—1731）著。

除以上例子以外，在东部日本并没有听到其他虚舟的故事。其信仰似乎也有像舟中少女一样，浮在海浪上由西南方逐渐漂来的痕迹。因为这不是完全根据人的计划被开拓的通路，所以作为奇瑞讲述神的由来，又或是夸耀自家过去的人们，并不会忘记是海流将自己从遥远的故乡带到现在的所在地的。作为归化者的后裔，九州的原田一族直至最近仍然保留着这样的传说。这个记录也出自《俗说弁》，其称筑前怡土郡的高祖（takazu）明神神社所拜祭的是汉高祖。根据传说，高祖的一名皇子被放入虚舟之内，送入苍蓝色大海中，最终来到这里的海边。由于皇子的姿容超越同侪，当地人共同奏闻上听，承蒙恩准，成为此地之主。据说其苗裔以原田氏为姓，takazu写作高祖，皆是依其所言。但是，这个传说与历史不符，此外即使是相同流派，还有更富于宗教色彩的大藏氏，提出了与此不同的关于由来的主张。因此，换言之，可能只是受后来的世间风气所浸染，才有了这样的观点。

　　虽然濑户内海沿岸的古老移居者当中，还有非常多与此相似的家族传说，但仅靠这些去推定历史的做法，是最不安全的学风。例如，周防的大内氏是归化人后代的说法，最初出自百济的琳圣太子在该地多多良滨上岸的故事，但我认为，这种说法原本的主旨在于将家族起源与遥远时代在此地降临的北辰妙见宫结合，以说明其到来是基于神意，太子恐怕是尊神御子之意，其本国并不一定是百济。而且，也许是因为佛法经由百济输入，又或许是因为后面将要讨论的第二个理由，像备前的宇喜田氏那样，其家族系谱中最不可信任的，便是以百济王子为一世祖。所谓大治二年，已经是百济国灭亡四百余年后。按照他们的说法，身怀王子的王族女子，乘着虚舟被放入大海，从百济国漂泊到今天的儿岛，名为三条中将者娶其为妻，腹中王子长大后成为三条宇喜多少将。又或是他恰好位列千人稚儿①中的第一千人，所以被赋予拖拽京都的三十三间堂梁木的任务（大治二年的说法可能就来源于此）。另有被有名的鬼面附身而变成食人鬼，因此再次被流放到儿岛，在这里偶然遇到不知姓名的山伏，为其将鬼面取下来打碎，降伏了邪祟的故事。儿岛瑜伽寺的鬼塚据传就是用来埋葬这个鬼面的，至今与当地的信仰和传说等混同起来，很难再轻易搞清楚它原来的模样。

但是，如果将这些传说仔细进行分辨，则没有一个是除备前以外在其他地方听不到的。其中虚舟的系统已经明了，简言之，由于某种因缘从遥远的大海彼方到来的，无论古今都需要此虚舟，实际

————————————

① 稚儿，神社的祭礼或寺院的法乐等仪式中，扮演天童起舞或在队列中一起巡行的儿童。

上，在对岸的伊予，据称是河野家始祖的小千御子也是如此。据说，在很久以前，兴居岛上渔夫和气五郎大夫出海时遇见一艘虚舟，拉回家打开一看，其中有一名十二三岁的少女，自称乃唐土之人，由于某种原因而如此情状。于是，他给这名少女取名为和气姬，妥善养育。后来，和气姬成为伊予王子妃，生下小千御子，在船越这个地方至今仍有这名妃子的墓。常陆海边的所谓美国王女绝不是突然出现的空想，此一例便足以证明。

<h1 style="text-align:center">四</h1>

因此，时至今日，与将各地的类例列举出来，惊讶于当中偶然相合的不可思议之处相比，我们必须搞清楚的是，什么力量能够如此有力且长久地引导和约束这个民族的想象。伊予的和气姬说自己是由于某种原因而来的，这里的"某种原因"便是非常大的神秘之处。因为它曾经是不会被随意讲述的神话，因此尽管被逐渐遗忘，但也仍然保留着些许痕迹。在奈良的手向山劝请之前，正式的文书当中八幡的祭神都是应神天皇，但在宇佐还有另外一个不同的传说。虽然这里与在意大利成长起来的耶稣教一样特别重视母亲神，后来发展到称神功皇后即大带姬，但仍然以比咩神或玉依姬之名奉

祭在中殿。养老年间，大隅的隼人作乱，据说宇佐的神部参与平定，功绩甚著，而后大隅正八幡宫尽管和宇佐本社之间往来不断，但作为其本缘，自古以来所记录的故事与北方所传完全不同。母亲神之名为大比留女，若宫则是太阳之子，同样是虚舟中人。不仅《八幡愚童训》和《惟贤比丘笔记》等对这个由来做了详细记载，而且男山的八幡神社也记录了大比留女之名。恐怕是因为忌惮与官方的认定无法两立，于是逐渐将这种说法压缩到了南端的一座神社。

简单地说一下这个旧传，内容如下：震旦国陈大王的女儿大比留女，七岁怀孕，其父王为之惊讶，问之曰：汝尚幼小，与何人有子？答曰：梦中朝日之光覆于胸前，遂有孕。王愈惊怖，刻虚舟，将女与所诞皇子同置舟中，具印鉴放流大海。敕曰："着陆之处，可为所领。其舟来至日本国镇西大隅矶岸，尊太子以八幡之号，由是其岸名曰八幡崎。时为继体天皇之世云。后大比留女飞入筑前若椙山，显身为香椎圣母大菩萨，王子驻于大隅国以正八幡享祭，以幼稚之年讨平隼人。"

所谓日光覆于少女胸前，是一种比较隐晦的说法。在《八幡大菩萨因位缘起》中，则记作朝日之光照射下来，恰好落在躺卧的少女胸间，但似乎因为这样还不能使人满意，后世的俗说又改成大比留女称梦中吞下太阳。太阁秀吉恐怕是最后一个，在此之前高僧们的生平记中，日轮入怀或吞日之类的母亲非止数例。每一个应该都是单独的想象，其空想着实奇异。众所周知，这一系列故事中最早出现在记录上的，是关于百济和高句丽两个王国的始祖王诞生的奇瑞之事。由于这是坚信此事之人记下的，其记述较前面的故事更加精彩。故事内容是：有一年轻女子，因被预言若产子则会成为国王而被幽闭于一室，与外界断绝音信，就在此时，日光透过门缝照入室内，直射少女身体。不管少女躲到哪里，日光都一直追在身后，其终于感应成孕。根据佩里①的文化传播论，东印度诸岛也往往有这种传说，经验过有能力使日光凝结成实物的人当中，会逐渐形成解释神话的一些例子，但仅仅如此，也并不会出现这种指定具体个人的想法。年深日久在密林底部游玩，又或是隐居于岩窟深处，太阳的光线如黄金之箭一般，常常看起来像是有意要接近人。看见太阳光这个模样的人，便会在梦幻之间将它视作雄壮男神的迎接和亲近。崇拜太阳的原始人的信仰，反过来在刺激之下出现异常受孕的奇瑞之事，其崇拜又因此而越发强烈。这种情况不能说没有，因此，流传至今的记录中，即便是以扶余两种族的建国故事最为古老，也不能将其理解为传说的根源。这是自不待言的。在日本，也

---

① 佩里，即 William James Perry（1887—1949），英国文化传播学派学者。

有山城贺茂的玉依姬在山川间捡到美丽的白羽箭带回家，感孕而生别雷神，又或是大和的三轮大物主神变身朱漆的箭矢，顺水而来，刺入少女的身体之类很多仅凭衰微已久的太阳为男神的俗信无法解释的故事。不仅如此，人们还在日光如虹，照射在身份低贱的女子身上，生下红色珠子这个来自新罗的古老故事的基础上，加上这颗珠子化作美丽姑娘并成为日矛王子妃，其后逃到日本，成为难波的比卖碁神社的祭神的情节。由此可见，我们的祖先在两千年前的遥远过去，未必需要经由大陆历史家的中介，就已经知道了以太阳为父、以人为母的尊贵神祇的存在。平安京初期大为活跃的武人之家坂上氏是百济遗民，他们将家族由来向朝廷奏闻之时，详尽地叙述了少女为太阳所占有的传说。这个故事不仅与《后汉书》的记述一致，而且与大隅正八幡的缘起很相似。如果理解为同一时期在西海兴盛起来的宇佐信仰对此进行了模仿和利用，应该也并非难事。但是，我们并不会如此机械地认为某个故事会一个地方接一个地方地在诸国流布。我想很可能是因为，在很多个不同的民族尚未像如今这样分散开来的远古时代，有一些虽然是错误判断但却在朴素的人们心中留下了深刻印象的实际经验被传承下来，并在机缘巧合之时在各处重新出现且被大为珍重地保存起来，不经意间被相互比较。但是，如果要深究这一点，论证就会非常复杂而没有尽头。而我首先想要思考的问题是，为什么要将大海另一方的大比留女用虚舟载着送到这个岛国？又或者说，比卖古曾神社的阿加流姬神原本是新罗的太阳之后一事，又是通过谁得知的呢？我想，这绝不是很容易就能够回答的问题。

五

出云的佐陀大神据传也同样是知其母而不知其父。他走进加贺的岩窟去追寻时，有一黄金箭矢浮在水上流到面前。与神化作朱漆箭矢来访的故事一样，无论是如何美丽明艳的想象，和从门缝射入的阳光追着少女的肚腹射去这种单纯的故事相比，黄金箭矢、朱漆箭矢原本就是同一种故事。但无论哪个民族都会根据各自文化的境遇，以让听众能够理解为上，因此它们最初必然是更加露骨同时也更加令人感动的故事。智力和兴趣总是需要新的文饰，即使是神话这样保守的文艺，也有眼睛所看不到的成长。形式已经固定而无法适应时代的，便会逐渐被推向圈外。这就是在今天，哪怕是俗间的猥琐笑话也不能轻视的原因。若举关于虚舟的一两个显著例子进行论述的话，则台湾东岸的高山族排湾人中，有很多将美女装进涂成红色的木箱中放入大海的故事。据说名为知本社的村落曾经捞起过这样的女子。传说这名女子身上有吓人的獠牙，接近她的男性都受伤而死，所以她被当作无用之人抛弃。但是，知本社的年轻头领施法将獠牙除去，娶其为妻，子孙繁盛。这个故事作为所谓金势大明神的本缘，是奥羽的村人至今仍然笑着向他人讲述的民间故事之一，但既然在相隔遥远的海岛沿岸保存着同样的例子，那么它便不是近代的才子所发明的恶趣。但是，其共通的起源依然是不可解的。所幸台东地区，无论是阿美人的马兰社还是卑南人，身长獠牙被放进大海的姑娘，据说都漂到了知本社的海岸，而知本社自己也承认这一点。由此可见，两个以上已经有交流的部落之间，其中一方以为无用而不屑一顾的人，另一方则欢迎并珍而重之地保护起来的故事，使人感到日本各州乡间关于相信神与当地居民的因缘约定，顺水而来，或是飞来，甚至是偷来之类的传说，似乎原本是从这个虚舟信仰分出来的。

此外，高山族的各个族群中，关于人从树木中生出的传说特别多。又或者，既有从竹子中滚出的蛋变成最初的男女的说法，也有相信人从壶中或是瓠中出现的部落。印度也不乏异人卵生的古老传说，在日本已经通过佛典为人所知。因此，这可以说是不应该通过传说故事的类似性去论断比邻民族的血缘关系的反证之一。我认为，对同样的思想以稍微不同的样式，在未开之民中令人意外地长久传承的事实，将其起因归于单纯的偶合是非常重要的。新罗国王出自金色的卵的神话，与讲述瓠公乘瓠从日本渡来的奇迹的朴姓一族的祖先故事，已经有人主张两者出自同一个本源。也许在能够想象乘着葫芦而来这样一种《列仙传》式的画面之前，像葫芦这样内部空洞而外观完备的东西，对三韩人民来说终归是奇异之物，因而从很久以前就产生了这一类传说。尤其是在岸边群聚村居，每天日月出入之时举目远眺，总是看到海天一色的人们，应该没有多少比这更大的问题了。实际上以人的智力和机巧，要制作箱和桶之类的东西，天然的样本并不多，因此当中空的木头、葫芦之类浮在水上漂来时，他们的好奇心之强烈，足以诱发无论多么错误的宗教观又或是后世的诗人都难以企及的想象之境。其印象在一点点发生变化的同时，永久留存于世间。我想这也并不是什么不可思议之事。

以上这些，正是推定我们的民间故事大多没有作家的有力理由。话题再次回到台湾的神话上来，其中某个社代代传承着一个据说先祖生出的壶。这里的神话当中，有很多也是关于太阳的光线透过墙壁，又或是变成细细的一束射在壶上，于是当地人认为这可能是太阳之子而善加养育的故事。而在日本，《竹取物语》等故事，除今天讲述的版本以外，还有各种其他异文。从莺卵出生的说法也是其中之一。还有一个版本，不是赫夜姬身上散发光芒，而是竹取翁在茂密的竹林中发现了唯一一处得光芒照射的地方，这个情节与其后赫夜姬回归天上一段相呼应，应该足以视作一种太阳之子神话类型。此外，还有像被认为是桃太郎的前一个形态的瓜子姬子那样，在童话中被山姥轻松吃掉的例子。如此，跨过山川载浮载沉漂流而来就毫无意义了。也许像剖开狼腹救出小羊的故事那样，后来再复活的版本可能更加古老，但作为关于诞生的奇瑞故事毕竟还不完整，因此，也就只能假设，在二次冒险故事，也就是和山姥或天邪鬼的斗争故事相结合之前，另外有一个瓠公神话的系统，在这方面曾经繁盛过。而葫芦这种瓜给我们东方民族的生活带来的影响，是最为复杂而有趣的。

六

当今流行的日本人类学，用我们的话来说，几乎就是陶器学。在陶器之前，又或者是与陶器并行的，应该还有葫芦学，但因为葫芦全都腐败了，即便想用铲子去做学问也挖掘不出所需要的资料来。但是，葫芦和人类生活的关系，只要付出若干忍耐的代价，要搞清楚也并非不可能。

像日本这样深受自然恩惠的国家，植物对人的作用在物质方面和精神方面如此绵密而无处不在，无论是水稻还是樱花都连绵不绝，过去的品种今天仍在种植，却要依赖留在土中不会腐败的遗物去描述前代社会，是极为不合理的做法。考古学越是发达，与之相对立的无形遗物的搜集就越是必须加紧，两相助力以抑制虚假论断的跋扈。不幸的是，考古学这种无法容易获得的本国学问，迄今为止仍然以译述为主，而由于我们是千古以来的大倭人继承者，在这个被称为"国民文艺"的广大地层中，除葫芦的歌谣、口碑和习俗以外，还有各种珍奇纹样和色彩，形成无数的大小碎片。其发现令人意外地容易。这实际上是能够自己对自己的过去进行研究的民族的幸福，这样的文明国家如今已经不多了。

葫芦的用途极为广泛而久远。相信土制的壶中有神而加以奉祭的神社极少。即便是在饮食和其他普通用途中，因便利而改为使用陶土器后，由于对信仰来说形式非常重要，因此古风仍然很难改变。在土制的壶之前，人们是用木箱和薄木板盒子收纳神体的。（当然，通常情况下，即使在打开以后，里面也并没有任何肉眼可见之物。）但即使是这种形式，也不会比木器加工工艺更古老。因为人眼所不能见的神寄身于某物之中的思想，没有理由在中世才开始出现。在人能够制作箱子和薄木板盒子之前，可能是使用像木碗那样挖凿而成的容器的。因此，臼至今在各家各户仍然深受重视，而且保存着在臼上祭祀氏神的传统。如果问更早之前是使用什么的话，则除天然的中空木头和葫芦之类，不可能有其他选择。就这样，这两种物件保留着古风的模样，至今它们在各地仍有很多作为神灵寄身之所而受到尊重的例子。

我们的神灵反映着日本民族的特性，颇为喜爱移动，并且期待分灵。由是，因空洞的天然树木原本就无法移动，似乎一方面出现了折下其中神圣的一枝，在所到之处插在地上的风习，但很多时候仅用这样的方法并不可靠，于是在此之外还用上了各种虚舟。据说由八幡太郎发明的箭囊，最初可能也是旅行用的魂筥，但比这更为普通的，应该还是天然的葫芦。因为它从外观看与人形有几分相似，坚固而且轻巧，不会沉入水中，也不会损坏，无论在哪个民族都会被认为是所谓"灵魂的容器"。

但是，很多虚舟故事中，乘客是与神最为接近的半人类，无法居于葫芦内部漂浮而来。从古老的神代史中的少彦名神起，到据传以吉丁虫的模样居于木箱一角的倭姬命，又或是赫夜姬、瓜子姬子，以及成为童话人物的一寸法师等，日本的小型人思想可谓彻底。但是，神灵的人性，也就是要讲述与侍奉神灵的家族之间的血缘关系之风兴盛起来以后，便需要形状更加像船的东西。然而，随着利用天然中空木头开始漂泊的独木舟越来越少，人们开始发挥各自遗传的想象力，最后创造出享和年间漂泊到常陆海滨，用铁条加固，装上玻璃，像某种带盖子的容器的船，并写着世界上哪里都没有的文字，结果终于露出了马脚。但最为神奇的是，船中所载的依然是看起来像来自遥远国度的王女之类的年轻女性。

七

实在不想让人觉得厌烦，最后加上三个由这个故事发展而来的例子，为我的饶舌长文做一个完结。在舞本《大织冠》所唱的故事中，镰足在奉皇命向海底求取明珠之时，龙王因为不想归还，将名为 koisai 的美貌公主放进虚舟之中，推到海面上。

> 一根流木漂水面
> 将它捞起看一看
> 的确不是沉香木
> 感到奇怪剖开看
> 千言万语难尽述
> 美女一人在其中

从歌词可见，漂来之物乍一看就如流木一般，如果不剖开是无法知道其中有美人的。也就是说，如果不是这种形状，就很难往来于海底龙宫和水面之间。

与此相反，在肥后的八代地区至今仍然被歌唱的牡丹长者故事中的虚舟，则是非常用心、精细加工而成的，连潜水艇都甘拜下风。牡丹长者有三个儿子，其中两个儿子都从很好的人家娶了妻子，最小的弟弟也想求娶贵人之女。将歌中主要的文句抽出来看看，内容如下。

三子之妻从何来

本是源氏公卿女

只因犯下小过错

纳入虚舟流海岛

紫檀黑檀好木材

请来京都好木工

巧技做好一虚舟

玻璃天井涂沥青

船中亦可分昼夜

花费金银难计数

美丽贵女纳舟中
推出海滩顺水去
这里海边摇五日
那里海边摇七天
漂泊靠岸淡路岛

岛上太夫眼见之
虚舟也曾听说过
眼见其实是初次
拉近打开看一看
尊贵美人在其中
天冠坠下轻轻摇

问其每日食何物
苏铁团子黑糖馃
馃子也都是贡品
一个可供七日食
两个足供十四天
真乃尊贵之饮食

家乡何处姓名谁

若说来由羞煞人

本是源氏公卿女

只因身犯小过错

纳入虚舟流海岛

太夫闻言再问之

回乡抑或许在此

故乡不可再归还

劳烦求许好人家

太夫闻之甚欣喜

遂嫁牡丹长者第三子

　　这个故事中的太夫与常陆的海边渔人一样，对虚舟中的饮食特别好奇，但苏铁团子不管怎么说都实在煞风景，与头上天冠轻摇的女性无法联系起来。因为说到玻璃和沥青，歌谣传唱的时代也大概可以窥知。以近代不负责任的说唱者之力，要做到这种程度的润色也并不困难。应该感谢思想统一的影响，九州南端的人也将平安京视作梦中乐土，而没有必要求之于遥远的唐土天竺。

但是在之前久远的年代，似乎唯有一点关键之处并没有得到村人的理解。鹿儿岛西北一隅，大隅牛根乡的麓部落，在山腹处有一座居世神社。根据旧记，在很久以前的十二月廿九日晚上，住在此地的一名农夫，为汲取潮水来到海边，见到一艘空船，其中有婴儿啼声。用火照亮一看，有一年约七岁的童子，啼哭不止，农夫不知道是怎么回事。据传这是钦明天皇第一皇子，某次雪中来到庭院，赤脚踏在泥土上，被认为举动轻率，不应该继承大位，于是将他用空船流放到海面上。这里所说的空船，恐怕指的也是虚舟。传说皇子得到农夫的侍奉和养育，十三岁时薨逝，因此被奉祀在这座神社中，另有潜居之所在神社以东约三町处。皇子流寓的传说，无论在什么地方，大抵都会被作为神社的由来。萨摩和大隅的说法是，天智天皇在某年巡幸之时，曾经召幸名为玉依姬的美人，在几个地方留下了若宫男女数人。这个说法无论如何都与正史不一致，当地的学者们解释为这很可能是彦火火出见尊的事情的讹传，但这到底还是想要将神话历史化的人之常情。居世神社的皇子的"身犯一点小错"之说，很难被认为是史实。但是，仅从这篇旧记即可推测，乡间相信至尊土不应被踩踏、神社里的祭神由远方而来接受拜祭，这种风习曾经兴盛过。由此也可以隐约推知，每年十二月廿九日汲取潮水为迎接新年神做准备的做法，不知什么时候固定下来了。

神代的旧史中写道，诺册二尊①最初的孩子被放进苇船顺水送走。《书纪》中则记载有天磐樟船，但它是什么形状，除西村真次②君之外已经没有人知道。而对出于什么样的理由在正史中必须有这样一条，也没有人尝试过思考。但是，到了后世，以著名的难波堀江弃佛③一事为例，有将不要的客神送出海的风习。这是基于神自己的意志，或反过来回流到其原主之处，又或者漂流到远处停靠在新的地方，都是在第二个去处已经确定以后，其说法才得以形成。然而只有上代的水蛭子神④，仅仅以被流放这一条记述出现。恐怕这不是完整的记录。以此为例有些唐突，过去赖政⑤在紫宸殿外廊所降伏的啼声像鹎的怪物，也有尾、足、身、首被砍断，漂到内海

---

① 诺册二尊，日本古代神话中，诞下国土和火神、日神、月神等神的男女二神，即伊奘诺尊（又写作"伊邪那岐命"）和伊奘册尊（又写作"伊邪那美命"）。

② 西村真次（1879—1943），明治到昭和时代的历史学者、人类学者、考古学者，研究领域非常广，其中尤以古代船舶研究著称。

③ 难波堀江弃佛，指6世纪中期佛教传入日本时发生的弃佛事件。当时的豪族对是否接受佛教存在很大的分歧，佛教被视作其时流行恶疾的原因，支持派苏我氏处于劣势，反对派物部氏将佛像丢弃在难波的堀江，后被捡起运到信浓，收在善光寺中。

④ 水蛭子神，即前文所说的诺册二尊最初的孩子，伊邪那岐命和伊邪那美命所生的第一位神，由于神体没有骨头，三年仍然不能站立，被双亲放入船中顺流送走。

⑤ 赖政，即源赖政，平安时代后期武将、歌人。

各处岸边变成犬神和蛇神元祖的传说。而且，尽管在京都东郊有埋葬它的鹈塚，除神户附近的芦屋浦的鹈塚也自称是它漂流到此后的葬身之所外，据说它的承载之物也被设塚埋葬，在滓上江的村落里有一座鹈虚舟塚。虽说难免会有鹈不需要虚舟的想法，但实际上在谣曲《鹈》中，鹈灵自己现身唱道：

> 赖政美名扬
>
> 我名付流水虚舟中
>
> 推入淀川里
>
> 时滞时流终去往
>
> 淀野的芦屋

所以虚舟塚这种说法应该是比较古老的。

如果仅仅由于文艺上的趣味，那么无论事情如何奇异，关于它的记忆也不会如此广泛，而且贯穿达数千年之久。正如深深打动过去朴素的人的心那样，在我们之间即使是虚构的故事，也会不时举出新的实例，以使我们重温刺激的感觉，同时还会持续举行足以使这种信仰得到保存的宗教仪式。虽然在官方的记录中无法确认，但宇佐直到最近仍然举行将神顺水送走的仪式。伴信友翁在其《八幡考》中引用松下见林①的笔记称，作为宇佐神体标志的荐席，是每年从菱形池中割取荐草编成的荐筵，用它包着木枕，分别安置在三殿之中，前一年的旧物则取出来顺次安放在品级比较低的社殿。最末位的小山田神社中的旧物，则载以虚舟放流海中。它们必定会漂到伊予国海上被称作御机石的石头上停下来，在那里朽败。这是以我们今天的知识尚不能了解的神秘之事。但是，在尾张的津岛神社也有作为每年的仪式将神顺水送走的例子，称为御葭神事。据说，这个仪式的规定是：从水边割来芦苇捆扎起来，祈祷以后再放入河中，使其顺水流走。漂到远近海岸的村落后，这座村落必定要新造神祠以祭祀。就这样，天王的神社越来越多。这无疑是分灵而不是本社的迁移，但可能就是这样不断地让神体的标志漂到各处，神的教义由此得以存在。津岛所拜祭的是京都八阪神社的祇园神。在各地的乡间，普遍有旧历六月十四日以向祇园供奉的理由，将黄瓜放在河中流走，这一天以后就不再吃黄瓜，称瓜中有蛇的做法。想来这里的黄瓜应该也是一种虚舟，是将顺着自然之水的力量的引导，从一个地方流传到另一个地方的旧时代的信仰，无意识地保留下来的做法。神最初以蛇的形状现身，是日本相当古老的习惯。大和三

---

① 松下见林（1637—1704），江户时代前期国学者。

诸山的天神，也是以蛇的形象来到大御门，而据称神在世间流传下来的家族，也是以少子部为其氏的。

（大正十五年四月　《中央公论》）

附　记

希望读者将我在《民间故事与文学》中所载的《虚舟的王女》，与本文结合起来阅读。那是对这个古老传说文学化以后的情况进行的论述，尽量注意与这里所论述的内容不重复。我在《海南小记》中的《炭烧小五郎的事》，与这一卷中的姬神根源说有不小的关联。虽然写作的时期相隔略远，但我的见解并没有很大变化。

小野阿通

一

　　吉川英治君的《宫本武藏》①中写了一位名为阿通，与主人公来自同一个故乡的美女，并让她在作品中漂泊流离。到底作者在最后会给她安排什么样的命运，我们这些看客实在揪心。光悦和泽庵是名士，毫无疑问，自然会活下来。佐佐木岩流的前途，我们已经知道了，觉得无比哀伤。本位田又八和阿婆乃是乌有先生，无论怎样都无所谓。唯有在作州的古人物中，我们一直以来都牵肠挂肚的名为阿通的女性，总是这样在行旅的虚空之中逐渐老去，但凡是人都

---

① 《宫本武藏》，以江户时代剑豪宫本武藏为主人公的长篇小说，小说家吉川英治(1892—1962)的代表作之一，1935年8月至1939年7月在《朝日新闻》连载。本文写作之时，连载尚未完成。

会难忍惜春之情。甚至有人会希望她在差不多要死去时便死去，若要成神升天的话，那便请登天而去吧。

我认为，历史小说的作者和读者之间有一种隐藏的约定。最近不知道是什么原因，像岩野泡鸣、岛崎藤村这样一些传记资料有些过于丰富的现代人作为文艺作品主人公的风气流行起来。但一般来说，因为作品与社会大众已经完全认定的史实无法相背离或相对抗，以前大多是以如云中龙一般，只能隐约窥见一鳞半爪的历史上的人物为对象，如此才可以尽情自在地挥洒笔墨。姑娘以阿通为名的例子，在三胜半七的净琉璃中也有一例，但寻常的双亲是不会这样做的，而长大以后本人或周围的人改成用这样的名字去称呼她，应该也是很罕见的。在女性的名字上花心思这种做法，是到了近世以后才令人稍感吃惊的程度发展起来的。就如只用作女性名字的"松""末""清""春""阿叶""阿吉"等一样，"阿珊"和"阿玉"也限定用于女性，"阿清""阿鹤""阿菊"出现在全国共通的故事中，但时至今日，以上这些都已经成为任何一个家庭都可以用在女儿身上的名字。我想，这是因为每一位女性都需要一个名字，而这是近世以后才出现的新倾向。在那以前，女性并不希望被不认识的人称呼自己的名字，而在自己所属的群体中，她们都有依自己的角色而定的称呼，个人的名字这种所谓固有名词是不需要的。无论谁都可以随便称呼名字的，是离开自己的家族过着孤身生活的女性，其数量非常有限。随着关于姓名禁忌的俗信逐渐淡薄，对女性名字的需求大量产生，在此之前就已经为人所知的那些名字，便开始用在普通人身上。即便如此，阿通这样的名字似乎仍然不是普遍现象。名字好得过了头，或者名字不好之类的感觉，直到最近仍然存在。我甚至觉得，在宫本武藏时代的美作国，能够用"阿通"这个名字的美女恐怕只有一位。近世著名女性文人，赞州的井上通女①名字中的"通"字，也许当时是读作 michi，但我第一次听说这个人的时候，曾经将她与小野阿通混同起来。"通"便是如此罕见的女性名字。

二

很久以后，人们关于美作国的阿通的记忆虽然已经模糊，但在当地仍有流传。这位美人在二十九岁升天后第一百五十二年的享和二年，自称与她有血缘关系的岸本某从江户回来，在她的神祠前立

① 井上通女(1660—1738)，江户时代歌人。其名字的通常读法是 inoue tsu-jyo，与"阿通"的"通"读法相同。

了一座纪念碑。山本北山受托写了碑文，但由于文章被收入《东作志》中，因而恐怕以此为基础，又有了各种各样的解释。毫无疑问，令人难以置信的传说会随着时间被附加其上，但即便如此，似乎仍然可以得知过去世人的心情。这使我们无比感怀。

要搞清楚小野阿通的问题，有一件事必须先知悉。美作国的阿通是平沼首相①的故乡津山城下以东一里余，押入下村的地方武士岸本彦兵卫之女。她五岁能咏歌，七岁能纺织，是技艺、典籍无一不晓的才媛。从出生之夜便多有奇瑞，风貌举止皆绝常伦，以美人之名著称，十六岁便嫁入京都颇有势力者之家。据说她在婚礼当天悄悄脱身，一刻②间便回到父母之乡，于是越发被视作有神通之人。她在故乡为人们所长久记忆的，似乎主要是这以后两年间的事迹。当然，近来的巫女当中没有这样气质高贵的美人，但阿通也是去患除祟、攘灾愈病，无一不有奇验的人。其名远近皆知，做着与巫女同一类的营生。十八岁那年，她再次辞别父母开始在各地旅行，并冠以母家姓氏，以小野阿通之名自称。虽然以上事迹特别说明了她与那位在天正年间擅长和歌的小野阿通原本是不同的人，全

---

① 平沼首相，即 1939 年就任首相的平沼骐一郎（1867—1952）。
② 一刻，旧时的时间单位，1 时辰的 1/4，相当于现在的 30 分钟。

无关系，但这正是我想要再次思考的问题。

阿通在京都被召入宫中，为尊贵之人祈祷的事，似乎是岸本一族特别引以为荣之处，但这也是传说中最具有空想色彩的部分。贵人所患的病为龙蛇作祟所致，阿通在天皇的日间御座处设坛十二座，每座坛上放置水桶，竖起金银色的币帛，献上供品，焚起清香，以至诚之心祈愿，忽然桶中水涌起，小蛇腾空，互相撕咬，全部死去，贵人之病随之痊愈。据说贵人大喜，亲手写下"白神大明神"的号赐予阿通，这是罕见而又值得细究之处。但后世子孙都将白神大明神解释为阿通的名字，庙前所建的石碑上也确实刻有这样的内容。据说这座石碑在阿通故乡村落的天神社境内，但其后又发生了什么样的变化，是我希望实地去搞清楚的。

无论如何，应该并没有人意图虚言妄语，但一百五十年间，故事发生了很大变化。美作的阿通在奏修法之功后被留下来位列后宫的说法，固然与记录不合，且更加没有可能性，但这种说法又流传下来一个类似小督局①的故事。阿通身为宫中第一美女，虽然以天

---

① 小督局，平安时代末期宫廷女官。据传小督局为高仓天皇所宠爱，诞下皇女后，不为平清盛所容而出家，在嵯峨附近隐居。在《平家物语》中，高仓天皇曾经遣人寻找并秘密迎回宫中，后因触怒平清盛而再次被迫离宫出家。

人之名为人所知，但并不耽于荣宠，不喜好歌舞，终于在壁上题下一章和歌，杳然出于九重之外。天皇见她留下的和歌章句中有"身留嵯峨菅草荐"一句，便解之为应该是隐居在嵯峨，遣庭臣前往找寻她的踪迹。在嵯峨果然找到一座新结的草庵，其主人名为小野氏，但人已经离去，又留下和歌一首，托于婢女之手：

莫访求花与红叶

自在恋慕之心内

这样的辞章，恍惚有天龙大觉师尊口吻，也着实令人敬畏。天皇想，既然如此，便随她之意，不再干涉。阿通在此地修业三年，神通愈进，频频跋涉于名山灵峰之间，飞翔如鸟兽。现在爱宕山作为里程路标的町石，据说便是此女怜悯众人攀登劳苦所立。这最后一条，对我们来说是一个线索。爱宕山的旧志和传说，说不定会有关于立町石之日的记录。这些记录和作州的传说之间有什么不同呢？即便前者没有为我们提供任何旁证，然而正如很多老女化石传说那样，这样一种攀登灵峰的女性，每次都必定会如影随形一般留下结界之石的传说，作为其登山的纪念。

三

自吉野御岳的都蓝尼以下，传说中以山岳为修炼场而不顾在家在室的生活，孤独漂游度日的女性虽然罕见，但在日本，知其名者也须屈十指方可历数。若以所谓《神仙传》中之人来看，这位岸本家的小野阿通，因为接近近世而反倒有几分近于平庸之处。首先，行旅的岁月稍微有些短暂，而居处又实在接近都市。其后因憎恶繁华而返归故里，在父母亲族的悲叹之下，结束了二十九年的如花生涯，这也颇有人间意味。那天是宽永七年九月十三日，据说其辞世之歌是如下一首：

世无永不凋谢盛开之花

今辞浮世如秋之红叶

有这样的辞世之歌留在故乡之人的记忆中，享有如此待遇的女性，可谓绝无前例。其事实应该有误听之处，又或是有幻想侵蚀的余地，但这样的辞章，则应该只能是照记忆原样流传下来。而在这样的吟咏中所能够窥见的，仅仅是这个时代的上流教养，又或是略为样式化的人生观，并无些许卓越神女的模样。在传说与现实交错的界线上，也许原本就容易发生这样的现象，但我们可以由此解释近世之力，也就是巫道的末世之象。

　　要完全搞清楚巫女和文艺之间年深日久的关系，从与我们的见闻相近的这样一种零落状态进入，反倒可能是更加自然的方式。例如，与净琉璃的历史有着无法割裂的因缘的小野阿通问题，无论对今天所知的种种文书资料如何整理，终究也得不到一点来自这位据称是同名不同人的作州女性的暗示。净琉璃中的小野阿通的传记，比其他都麻烦的地方在于计算年份的话，会有数十年的差别，若寻找其故乡和身故之地，则有东西相距甚远者数处。这些情况让我想到，会不会是有什么原因，既使只有作州山村的偶然一例的情况能够成立，又使有其他几个名同实异的人相继出现的情况也能够成立呢？在近世的杂书中，讲述这名女性来由的书很多，但也都只是将风闻之说记下来，即便被否认也并不会对谁造成任何妨碍。但她与信州松代的真田氏有关系的说法，因为有自称后裔者的主张，而且保存有她所写的东西，因此听起来有几分合理之处，似乎逐渐排除了其他说法。但这些证据如果细究的话，也还是令人觉得不可靠。实际上，据说是她自己手写的书籍《金叶集》的卷末附记中所标记的年份为天正十一年，较据说阿通来到信州的时间早五十年，而且称小野阿通是美浓国北方里小野政秀之女，因而与其他书中的记述显然无法并立。最经常被引用的《望海每谈》①本身似乎也有很大的矛盾之处，此书中小野阿通为前水户家藩士小野和泉之女，而被收录在《一话一言》②中的《玉露证话》一书，则称其生于播州网干。两书均称她在晚年与一年轻女性结缘，移住到信州，此外还有她是《十二段草子》作者的说法，但仅有这些相似的片段，实际上并不代表有很多证据。

四

较上述部分更加广泛存在的一致之处，在几乎所有的阿通传记中都能够看到。其一，包括美作同名不同人的这位在内，无论哪一位阿通都没有一直留在出生之处。其二，她们当中的很多人没有过世间通常的家庭主妇生活，而是终身独居漂泊。其三，得到贵人的宠爱，其文学技艺一直得到世间认可，在所有小野阿通身上也是共通的。只有其爱护者传为信长、秀吉、家康，又或是浮田秀家这一点，根据书籍而各有不同。按照后世之人的想法，拥有如此出色姿

---

① 《望海每谈》，江户时代中期随笔集，作者不详。
② 《一话一言》，江户时代后期随笔集，大田南亩（1749—1823）著。

容和才能同时又度过如此奇异一生的女性，并不会有好几位。这样的想法当然是合理的。但是，因为如此，就对这些主人公的经历和年龄互有出入的故事，将其中一种说法当作真的而认为其他说法都是错的，恐怕是一种稍显粗暴的结论。

日本称作净琉璃的说唱艺术出现的时期，还在织田信长的时代之前，这一点已经由江户的学者证明了。尽管如此，我们也不会认为它与小野阿通之间完全没有关系。有一个说法是，即便她不是《十二段草子》的原作者，至少也是她将这个作品和三味线结合起来进行了改造。但如果是这样的话，就又是另一种情况，她在文学史上的角色定位自然也必须与此前不同。这个作品经过数度改编的事，从任何一点看都是毫无疑问的，从里面找到原初的部分反倒可能更加困难。即使是同一标题的诸种传本也有详略之差，托言于药师如来十二因缘的段节数，据说也有几个版本。虽然我没有比较过这些版本，但是现在流传的一个版本中，似乎也能找到其变化的轨迹。例如，在第十段的末尾，有"经过骏河的蒲原田子浦，来到吹上这个地方"一句，以下两段的源氏公子①的疑

---

① 源氏公子，即源义经，牛若丸、判官（因任检非违使尉而被称作"九郎判官"）亦指同一人。

难病症等，明显与整体脉络相分离。即使不是完全新作的部分，至少也可以想象这是从别的什么地方拿过来加上去的内容。这种关于神佛赐予长者子女的故事中，原本最后没有得到大团圆结局已经很不寻常，在我看来，将小姐配偶的贵公子变成牛若丸这种结果，也恰如前文所说，宫本武藏故事中的美女名字必然是阿通一样，可以称之为历史的必然。此外，这种变化也可以视为对近世"有仇不报"那种稍微有些疲弱的流行文艺审美的别开生面的尝试。

净琉璃御前的故事与牛若丸结合起来的趣向，比现在所知道的最初的小野阿通，也就是织田家的侍女还要早。虽然并没有书面证据说明此前没有，但至少在这个说唱曲目的名称上不仅完全看不出它有《义经记》外传的意义，而且从它的构造来看，无论怎么看，判官都只是配角，比鬼一法眼①故事中的关系还要疏远。就这点而言，与净琉璃御前的母亲矢矧长者和父亲金高，又或者其母是矢矧宿场的游女等相比，牛若丸是远较他们更加可有可无的人物。仅仅因为净琉璃之名的来源是绝世美女，尤其是因为峰药师②的灵验而

---

① 鬼一法眼，传说中的人物，在《义经记》中是住在京都一条堀川的阴阳师，文武双全。牛若丸在其女儿的帮助下，偷看了他所藏的兵书《六韬三略》。

② 峰药师，位于爱知县南设乐郡风来町的真言宗寺庙风来寺的俗称。

神奇诞生的，如珠如玉的尊贵小姐，身处之地又是源氏著名的贵公子东下途中偶然经过的地方，于是不管年代是否相合，在任何时代都可以将二者结合起来，未必需要经过阿通这样有才之人的笔。但我仍然认为，兼具两方面知识，能够将它改编传播到如此程度的，必然是风来寺山下的人，而且应该是女性。也就是说，应该还有几位尚未现身的"小野阿通"。

以前，在《和泉式部的袜子》一文中，我曾经论述过这个观点：周游讲述风来寺本尊灵验故事的女性，似乎是成群住在东三河山间的。其中一个故事与《今昔物语》中的鹿母夫人相似，并被搬到遥远的北九州乡村。长着像鹿一样的腿的美女，也同样是矢矧长者向神佛祈求而得的子女。此外还有关于患有疮疾，与药师如来以和歌唱酬问答的故事，在日向法华岳寺流传的版本中主人公是和泉式部，在伊予、备中、美浓和上野的版本中则都是小野小町的传说，且至今仍然为人们所相信，而这些故事又另有在矢矧宿场发生的例子。因为这些故事中的歌和事迹都是相同的，看起来似乎是主人公从三河的峰药师出发，带着这些故事周游于各地。问题在于，据说改作了这部净琉璃的历代小野阿通和传说在药师寺堂上由咏歌而得遇奇瑞之事的小野小町，这两名小野氏女性是不是有什么关系？我想，不久就能够得出肯定的结论。

还有两个未能完全搞清楚的。其一，据说直到最近仍然在东三河的各个村落流传的净琉璃御前故事中的内容，我还没有直接听到过，但似乎每个故事的脉络都是向药师祈求而得到的鹿儿，也就是这位净琉璃御前。如果用心留意的话，也许有一天我会得知全文。其二，据称是净琉璃御前遗迹的地方在这个地区有很多，而这些遗迹所在地流传的故事大多不是《十二段草子》中的内容。安永七年，净琉璃御前的六百周年远忌①确实在冈崎附近的某座寺庙举行过。若如此，则她应该是在承治二年，也就是以仁王举旗出兵讨伐平氏那年身故的。这样的故事不仅在《十二段草子》中无法见到，当地也是在其后很久，甚至可以说到了近世，才留下她带着一名应该称作冷泉的侍女在各地周游的说法，还留下了几处据称与她有关的庵室遗迹、墓等。如果认为此事不可能，我也没有异议。但是，通过对这种模糊的故事进行搜集和比较，便会知道后世是如何误信的，又或者说唱作品的主人公和说唱者的名字是如何混同起来的。

---

① 远忌，人死后以 50 年或 100 年为周期的年忌。

五

　　《八十翁畴昔物语》①说到净琉璃的起源，写道“名为小野阿通的游女”云云。现在的人可能会认为“游女”是一个很恶劣的说法，但这里似乎仅仅指行游妇人，更接近这个词的古老用法。实际上，在传奇小说中就可以看到“名为和泉式部的游女”的说法。歌咏“身作浮草绝其根”的女性，才是这种意义上的游女的核心，但这里先不讨论这个问题。像和泉式部这样的女性，也同样从九州的南端，北达陆中羽后，留下了足迹。与曾我的故事密不可分的大矶之虎，也远行到中国和九州地区。更加惊人的，据说是十郎、五郎之母的满江御前②，从伊予到土佐的山间住下，而东北也流传着一位拥有如此罕见名字的女性被秃鹫抢走孩子的故事。若狭的八百比丘尼在关东和东北留下了众多纪念物，在近畿和四国也有不少踪迹，甚至到了被马琴写进小说的程度。虽说其生涯达八百年之久，但未现身人前的时期很长，八百岁以后也没有可能再这样旅行，因此到处流

---

　　①　《八十翁畴昔物语》，江户时代中期新见正朝(1651—1742)所作江户风俗见闻录。

　　②　满江御前，传说中曾我时致(五郎)和曾我祐成(十郎)之母。

传的故事都统一在她在庚申讲①的晚上吃了外乡人所建议的人鱼肉，又或是吃了九孔鲍鱼的内容上。所谓八百比丘尼，仅仅意指讲述得到八百岁长寿生涯的女性故事的比丘尼。她们分头巡游于各地，讲述同样一个故事的情形，大概可以想象得到。小野阿通和这些先行存在的模式的不同之处在于，自身以作者留名世间，与净琉璃御前相分离。后来似乎仍然有人想传承其流派，但因为时世变化而无法保持统一，其艺能不得不逐渐转移到男性的大夫②手上。在京都，有名为千代的女性，自称是阿通使女，手持所谓阿通的书信在街头游走，高声诵读，因而得到"展文狂女"之名。故事见于《畸人传》③，但她手上的所谓书信，不过是虚有其表的空洞文艺作品而已。同时，"千代的书信"这种说法在东北的民谣中也出现过，可见这是相当有名的事物。关于小野阿通的诸种传说，很可能就是从这样的后继者口中产生的。可能的话，她们应该也想把这些变成新的故事，奈何小野阿通本人实在为太多贵人所知，又或者

---

① 庚申讲，在庚申日聚集起来彻夜等待神祇降临的信仰集团。佛教徒等待青面金刚或帝释天，神道信徒等待猿田彦神。

② 大夫，多种艺能的表演者均使用这一称号，具体参见本书《雷神信仰的变迁——母神与子神》中的注释。这里指净琉璃艺术中负责说唱的艺人。

③ 《畸人传》，关于近世诸阶层有特色的百余名人物的传记，正卷和续卷共5卷，1790年在京都出版。

说知道她的人逐渐都变成了名士。而她实在是过于深入现实中光鲜体面的生活，终于无法充分诗化和神秘化。旅行中的女性带着年轻女弟子的例子，古老的从传说因登上白山和立山而石化者起，到江户中期仍然存在的伊势熊野比丘尼为止，都可以见到。这似乎是很久以前的说唱者要将技艺长久保存的必要条件之一，只是碰上过渡期的小野阿通，由于其和上流社会的因缘有几分过于密切，无法守住所谓游女的本分，其行动痕迹被限制在中央的小区域内，在个人得到了比较高的名声的同时，千年之道却因之衰微，只留下一点点杂乱的残景。

但是，如果像我所认为的那样，小野阿通这一女性的名字并不专属于两三个人的话，那么这种凋落的责任恐怕就应该由时代和社会，又或是小野一党共同负担。在全国的小野氏中，当然也掺杂着其他系统的人，但总而言之，现在似乎已经没有人能够回顾与其同姓的某些人曾经为日本的精神文化做出过多么大的贡献。与此相反，最后的小野阿通至少没有失去家族的传统。她的家族超越凡俗的特征：第一，有精细的记忆力；第二，这个家族的骄傲是以美丽而文采斐然的言语进行表达的能力；第三，在新的地方进行尝试、在各自的实际生活中加以利用的智力。如果这些人没有辗转移居，而是全部扎根于自己的故乡，对远方不屑一顾，恐怕日本人的信仰将更加分裂，不同地方的思想将更加隔绝。我们无法期待像现在这个新国家所见的那样，将信仰如此容易地统一起来。似乎某一派的人想根据上代的记录而无视以后数百年的变迁，但国民并非完全过着仅仅保存旧态的生活，这一点只要看一看卜部氏以来对神道的解说中令人目不暇接的新陈代谢便可以得知。在全国的每一个角落，将信仰引导到如此一致的形势，我想是因为另有新的感情教育的共通根源，简言之就是移居文艺的力量，又或是托小野氏、铃木氏等的单一世袭想象之福。作为其本源的人已经不再回头，世间之人对所谓上代记录的否认，也未必能够说就是忘恩。

简言之，文艺从口头的语言向笔头文字移行的同时，这些家族也发生着使他们忘却过去的激烈变化。当他们定居耕作，女性就成为单纯的主妇，从女性到女性的传承就不再是需要。音乐和歌舞伎不需要很久，就变成了完全的男性职业，也是这个缘故。我想，小野阿通可能因为恰逢是这个变化节点的女性，所以拥有波澜壮阔的人生。据说在尾张德川家的内室中做过琴艺指导的一位阿通，将小野这一姓氏赠予名为神子上典膳的剑客，后来的小野次郎右卫门即由此而来。此事见于《望海每谈》。以文书身份随侍在丰臣秀吉夫人北政所身边的另一位小野阿通，亲手修理了洛东藩谷玉章地藏堂的本尊像并给其上色。据传这尊地藏像是小野小町收集情书制成的。[1]《山州名迹志》等书中都写到，因为阿通是小町后裔，所以对这尊像特别崇敬。虽然小野次郎右卫门的故事甚不可信，但小野小町却并非如此。事实上，在净琉璃御前的本山寺凤来寺的峰药师，就有被称为《疮疾问答》的和歌故事，作为小野小町的虔信故事流传在东西部各地。小町与三河国的关系很久远，阿通不可能对这位同姓前辈没有私淑之情。

六

对于小野小町的遗迹充满全国的事实，江户时代以来的学者们认为，除存在众多同名不同人以外没有其他解释。但是，这仍然多少无法完全解决的问题是，这些小町们一个个留下了著名歌句，而且是绝世美女，每个人都过着身如浮萍的生活，其事迹互相结合，彼此间的分界线无法确定。被谣曲所创造加工的几个某某小町自不待言，包括

---

① 传说小野小町自感曾经使很多倾慕者深受情伤，为赎罪而请人造了这尊地藏像，并将自己收到的大量情书纳在佛像胎内。这尊地藏像因被认为能够保佑结良缘、断恶缘而广受尊崇。

出处最为可疑的《玉造壮衰书》①，都无法抽取其中之一，将其当作其他系统的故事。这是为什么呢？长久以来，文学史上将小町臆想为一个人，恐怕也是造成这种现象的原因。但即便如此，其后陆续出现的传说始终保持着同样的小町特色，无论如何都不像是为了让她的形象变得纷乱而产生的。我的想法是，这是因为带着小町的故事周游四方的女性，最初很可能是从一个中心出发的。如果能够将西部从九州的熊本附近起，直到奥州和羽州，与数目多到无法列举的小町塚又或是小町诞生之井之类有关的，至今仍然在人们记忆中的无数传说搜集起来，细细分类比较的话，应该就会知道，这种想法并非空谈。

将行游各地讲述小野小町故事的人，直接传为小町本人到来，在今天不用说是很怪异的事，但如果讲述的人本身就是上臈，而且以附身的形式，用第一人称讲述过去的事情的话，即使不是误解，也可以将她们称为小町。事实上，宣讲净琉璃御前的奇瑞故事的人，在三河就有恍如小姐本人一般讲述的例子。但是，原因还可以向其他方面寻求。例如，如果像小野阿通这样与小野家有渊源的女性自称小野小町的传人，讲述先祖美女的故事，那又会如何呢？又或者

———————————

① 《玉造壮衰书》，即《玉造小町壮衰书》，平安时代后期的汉诗文学作品，作者不详，全1卷。

有人在所谓有缘之地，叙述氏神本尊的灵验，或讲述地名来历，人们心甘情愿且相信这些说法的态度必然与我们对普通故事的态度不同。在奥州，高馆陷落的悲惨历史之前，熊野信仰就已经广泛存在，现在当地的铃木氏中有一部分应该是当时移居过来的，但铃木和龟井兄弟的忠烈事迹①在人们心中深深扎下根来，甚至促发了家族传记的改写。更何况小野氏中很多人自己也奉祀神祇，而且抱有超乎寻常的对祖先的敬慕之情和对家族的自豪感。向这些小野氏讲述过去的人，即使不是由其他地方来的小野氏的人，应该也会让他们留下深刻的印象，慢慢地忍不住酝酿自家的新传说。但是，至少到战国时代结束为止，曾经有过小野氏的女性怀揣着优雅辞章在他乡巡回游走的情形，由此推断有两个以上阿通的例子，便可大致清楚。

七

日本民族的国内移居史，尽管已经具备了相当多的史料，但不知道是什么原因，至今还完全没有搞清楚，学者们仍然在谈论传说与神

---

① 铃木和龟井兄弟的忠烈事迹，指源义经的随从武士铃木重家及其弟龟井重清。源义经被源赖朝一方逼至绝境，在高馆准备最后决战时，兄弟二人前来参战，在高馆陷落前最先自杀。"铃木"一姓原是由熊野信仰推广者的共同称号而来的。

话中的虾夷、熊袭、出云族之类。就讨论固有文化的构成而言，这不得不说打了一个相当大的折扣。我所关心的不过是文艺成长的一个小方面而已，但我认为，移居的方式有两种，即直接从甲地到乙地，以及在到达之前经过可以称作迦南时代的某个长度的搜索期，最后终于在一个地方定居下来，小野氏应该就是属于后者的典型一例。关于这一点，在这里无法详细论述，但我可以举出几个证据来。其一，侍奉神灵的小野氏的人数在全国非常多。不同于在土地上耕作、在海边拽网，这种地位和机会并不会在所到之处俯拾即是。也就是说，这是不经过选择和计划并不会很容易获得的职业。当然，这当中发生了极其古老甚至令人无法相信是从外地传来的事情，但他们必然是向来就培养了优于普通民众的力量，否则不可能统御和指导一个地方的信仰。他们是供奉着自己的氏神来到这个地方还是仅仅带来了对原本就有的神灵的新祭祀方法，无法一概而论，至少在所知的例子中，看起来属于后者的情况比较多。虽然当事人看起来并没有注意到，但他们当中很多同样以小野为姓这一点，让人不得不推测在外部存在某个共同的中心。

神灵由并非其氏人①祭祀的做法，在日本的神祇之道上是一个

---

① 氏人，日本古代的氏的成员，在称为"氏上"的首领率领下服务于朝廷，祭祀氏神。不同于血缘关系集团氏族的成员，氏人是作为政治制度的"氏"的构成人员。

很大的变革，但这一风习的产生也并非新近的事。现在有很多并非神灵后裔而是从者之末的人世袭神职的例子，可见其原本就不限于小野氏。但是当向其起源探究的时候，总是会碰到小野系统的传说，这恐怕就是这一族特别强大的动力之一。古老的例子有太宰府天满宫，座主三纲是菅公后裔，其下有三宫司或三家文人，三家均是小野氏。据说其本姓也是菅原，但并没有解释为什么改为小野。大阪天王寺的秋野坊①，是持续五十余代的有家室僧人，这也是小野氏。按照他们自称的系谱，其远祖小野妹子②是圣德太子臣下，奉敕任一山护卫，代代连绵。是否真的有这样的历史就不得而知了，总之这一族人不知道在什么时候坐上了如此重要的位置，可以说是古老的事情。另外，在关东也有近代以后的例子。简言之，同样的状态在长久的时期里仍然持续。如果一个例子都不举的话，那就会有不负责任之嫌，所以还是试着说一下。例如，在下野足利的小野寺氏，至今仍然是人们记忆中的地方豪族，虽说是旧家，但繁荣起来是近世的事。如其名所示，这是以小野篁③和小野小町的传

---

① 秋野坊，大阪四天王寺主要负责年贡收取的各种事务的僧众集团。"天王寺"为"四天王寺"的略称。

② 小野妹子，飞鸟时代官人，遣隋使，生卒年不详。

③ 小野篁（802—852），平安时代前期汉诗人、歌人，小野妹子后代。

说为依据形成的一个信仰中心。相较之下，出羽的小野氏更为古老，也是兴盛于《永庆军记》①时代的豪族，由其支持的小町村小野宫后来成为芍药的名所，还保存着很多传说。这两家的移居，应该都离战国结束不远。

此外，各地名为横山氏的旧家当中，担任神职的也有很多。虽然这个家族是小野氏分支的证据已经变得模糊，但武藏七党的横山氏始祖名为刑部丞野三成纲②，实际上就是小野氏。其一族移居到下野后改称小山氏，也有一部分重新改姓小野，相关记载可见《佐野本系图》。加贺藩家老横山男爵一家到了近世才在京都的西阵建立纪念先祖小野篁的石碑，估计他们也是自称出自武藏。在东北，关于陆中宫古附近的黑森八幡神社的社职横山祢宜，流传有其祖先与和泉式部在阿波的鸣门斗咏和歌的有趣传说。为了宣扬这一点，大约二百年前，他们在这里建了一座石碑。同时，这个家族还流传着自己是猿丸太夫子孙的说法。关于东北的猿丸太夫，此前在名为《救神故事》的书中已经详细论述过，其根源本是野州日光山的神

---

① 《永庆军记》，即《奥羽永庆军记》，记载了16世纪中叶到17世纪初陆奥、出羽两国群雄抗争与兴亡之事。

② 野三成纲，平安时代末期到镰仓时代初期武士成田野三成纲，在流放时代便开始追随源赖朝，平家平定以后在京都任刑部丞。

话。会津地区是这个故事的中心，很久以前这里住着被称为朝日长者的小野氏，其女儿朝日御前招京中贵人有宇中将为赘婿，所生的儿子便是小野猿丸。小野猿丸形如猿猴，却是弓箭名手。他救下二荒大神、降伏神敌的故事，在林道春的《二荒山神传》中也有记录，此外还流传着较此更早数年的相关古老绘卷。其父母后来变成男体女宝的二山之神，猿丸则变成大真名子的山神，可见这是与当地在东照权现合祀之前的信仰相关联的故事。翻开《日光山志》可以看到，这里也有称作小野的旧家担任神职，大约在江户时代中期前后灭亡了。而这个关于救神的故事，与近江自古便有的俵藤太郎传说并无不同，因此我认为这个故事是与田原一族的移居相伴随的。同时我认为，如果没有像小野氏那样长于文艺且熟悉信仰生活的人支持着盘踞在这两个地方的豪族的话，这些故事恐怕是无法做到如此顽强而又广泛地流传的。

八

旧家热心于记忆自己与神之间有深厚因缘所以长久以来享受特殊恩宠的传说，不是什么不自然的现象。但是，日本的与众不同之处在于偏向这样一种几乎固定的样式，而且广泛分布在全国各地。

如果这是基于某个系统特别有力的参与而形成的现象，那么小野氏的历史便是首先必须尝试探究的。在九州，丰后佐贺关早吸神社的祠官，原本便是小野氏。不知道这个家族的由来对外是如何描述的，但在当地流传的说法是，过去这家有一位美丽的姑娘，被沉堕渊的水神娶去，自己的身体也变成蛇的形状。原本她每年会在特定的日子回到父母家小住，因为某次有人偷偷窥视，从此永绝天人往来。与此有一半以上相同的传说，至今分布在我国东西的各处乡间。其中部分传说已经民间故事化，结果是靠智谋击退了蛇女婿，姑娘再次恢复到安全而凡俗的生活。但仍然有一些家族至今以一族之中出过这样的神女为荣，也不会去否定附近的这种传言。此外还有像丰后的绪形三郎、越后的五十岚小文治这样在人与灵物之间的婚姻中诞生的勇士后裔的传说。我打算作为问题的是，若是有遥远的神代，不知道会是什么情形，但这样的故事那么多次在那么多地方被反复讲述，一直作为后世的话题，除人的误听或剽窃以外，必须有某种将它们带到各地的机制，这种机制是以什么样的组织和方法为基础的呢？如果说已经不得而知了，那便只能作罢。如果说文字的使用受到限制的话，那么口头语言也是平和而美丽地排列起来的言辞文句，至少这一点应该是不能否定的。我们想要将说唱的历史上溯到净琉璃姬之前的动机，便完全在于此。阿通一个人的传记，实际上并非我们所关心的问题。

我们想象关于救助过神灵的小野猿丸太夫的故事可能出自近江，实际上还有其他理由。据我所知，琵琶湖以南的众多村落，是小野氏的传说重合散布最多的地域。《三国传记》①中已经可见小野的神主受小野一万大菩萨的神示，前往磨针峠迎接百济寺源重僧都的记录。到了近世，又有被奉为木地师祖神的小野宫惟乔的皇子小椋在入山途中经过的数处遗迹。此外，在很多神社和寺庙都有名为小野时兼的美男，因有凤缘而与平木之渊的龙女相交，分别时受赠玉笠的传说。这些奇谈没有一个是孤立的。说起来，话又会拉得很长，蛇形之妻遗下宝珠的故事，其形式略有变化，从九州的云仙岳，北到奥羽的尽头都有分布。尤其是后者，将这个故事与三井寺的钟的由来结合起来讲述。古来由人所尊崇的丰玉姬的故事也是同一系统的，但将它改造成现在这种形式的，我想最初就是在近江。

九

关于近江是我国第一流的小野氏籍贯地，在《新撰姓氏录》中已

---

① 《三国传记》，室町时代的说话集，共 12 卷 12 册，1407 年成书。

有明证。现在的滋贺郡和迩村大字小野，据传便是其旧地。认为《延喜式》中的小野神社便是今天存在的同名神社的推测，应该是准确的。但是，这里还有小野小町的生活用具塚，此外还附设着祭祀篁和道风①的神祠，而他们都是近江以外，且是《延喜式》出版以后的人。因为小野氏的分散在很久以前就已经开始了。《类聚三代格》②中所录延历四年的太政官符，对我们而言是有力的资料。当时的族长小野朝臣野主已经住在山城京。他向朝廷的申奏中，记其有一门留在近江的族人，已经为猨女③养田之利所诱，与猨女氏的女性缔结姻缘，令人困扰。这样做不仅有损旧家名望，而且因为猨女背负着不能进贡异姓之女的古来规矩，因而他恳请撤销这门婚事。从这篇简单的文书便可判断，古来以说唱者头领为人所知的猨女氏虽然有名，但确实是身份低于小野氏的家族。猨女氏很乐于以小野家的年轻男子为婿，女系家族的特权往往会因此转移到小野一族。这些婚姻当中无疑应该隐藏着温柔的动机。恐怕猨女氏的女性眉清目秀，身姿秀美，又或是聪慧多才，巧于歌曲辞章，惹得住在

---

① 道风，即小野道风(894—964)，平安时代中期书法家。

② 《类聚三代格》，平安时代中期法令集，共30卷，现存15卷。

③ 猨女，也写作"猿女"，传说其祖先为神话中以舞蹈将藏身于岩窟中的天照大神引出的天钿女命，古代属于神祇官，为在大尝祭、镇魂祭等举行之时舞神乐以供奉的女官，享有朝廷配给的养田。进贡这种女性的古代氏族称为"猨女氏"。

邻近乡里的年轻人倾心不已，恋慕情切。住在京都的宿老们不察内情，一味将原因视作年轻人眼目为养田，亦即女家财富所障。这种新旧观念差异在今天也并无不同。太政官的命令能够控制男女之情这种事，也是难以想象的。最终，这个地方的援女君氏便不再出现在人们的视野中，只剩下以说唱为生的小野氏，渐渐分散在全国各地。关于天钿女命的遗迹不应由他氏承继，在《古语拾遗》中已经强调过，但这原本指的就是朝廷的仪式。进入平安京以后，这个家族就出现了明显的衰落，已经无法期待能够获得支持人口逐渐增长的整个门党的收入。当他们分散开来进入各地之际，以小野氏自称的便宜应该是很大的。女性出任公职的家族，如果说绝不能与他姓相混淆，那么就只能以女系继承。这与我国一般的婚姻习俗显然不一致。实际上，甚至有这个家族最初想以猿田彦之名为家名的说法。如果他们不是势力强大、声望很高的小野氏的邻人，男子可以自由取各种名字，能够创造新的家号的话，日本说唱者的盛衰可能又会更加难以探究清楚。如历史的偶然被一份珍贵的文书记录下来一样，所幸因为小野氏之名，我国的特殊艺术长久以来得以避免被埋没。

也许防止说唱艺术被埋没的，是小野妹子的正统子孙，但这样的情形只会见于其结果对家族不利的情况。在众多著名家族消失得踪影全无的情况下，只有小野氏和其他少数状况与之相似的家族一起，直至今日仍然在国土上富有、繁荣，有能之士、有才之女辈出。即便这全是因为有猿女君氏之女为母，也有理由向祖神铟女命深表感谢。更何况还有尚未明确的原因、有其他完全不同的理由，全国的小野氏才得以如今日般繁荣。他们完全可以因为在历代的词客才媛中有如此多同姓之人，获得了可以随意想象自己家族由来的资格而感到高兴。

最后，就猨女君氏血统的遗传，尤其是关于婚姻的特殊习惯，留给文艺史研究者的问题还有很多。我在这里想要讨论而做不到的，例如，丰后的绪形氏元祖，其父乃是有鳞灵物的传说，显然继承了大和的三轮山神传，它与大神氏这一家名相一致并非偶然，说不定也有人曾经论述过，这种情况也许能够推测出其初期移居的情形。但是，在这种现象背后，会不会有记忆与表现的技术优于常人的其他系统女性暗中参与呢？因为野州的田原氏将入龙宫的故事从家乡近江带来的过程中，实际上小野氏一直都在其身旁，从而使这种想象变得更加强烈。如果小野氏的女性一直带着容色与才藻、虔信之心与美丽梦想、高贵自负的气质，那这些特点便会从小町到作州的阿通身上一直持续。因为我们不能说不会发生其中某一位曾经侍奉过秀乡①流的某位大名，将技艺留给其家子孙便隐身而去的事。检阅中世名家的系谱图，注记母亲是家中侍女又或母亲是游女的例子非常多。她们隐姓埋名，不将文学与自己的一个名字结合起来的时候，文学的传统便会长久不灭。到了近世，小野阿通身处武将和豪族之间，并与之为伍，成为与自己一族相比稍微有些特异的存在，从此这种传统便走向衰微，而小野一族也不得不终于变成平庸之民。

（昭和十四年五月 《文学》）

---

① 秀乡，即俵藤太故事中的田原藤太秀乡。

稗田阿礼

一

关于《古事记》的传诵者稗田阿礼是女性的事，可以说已经由已故井上赖国①翁的《古事记考》证明了，但其后并没有听说谁关心这个问题，也没有谁思考过。既然如此，会得到什么样的结论，应该更不用说了。然而，前代日本的女性社会地位问题不时会被讨论。这种情形难道不是太轻率和太不用心了吗？如果时间允许的话，我希望能够就此事做些许探究，但因为实在没有信心，所以在这里只把问题提出来，留给以后对学问感兴趣的新女性们继续研究。

关于阿礼是女性的说法，伊势的学者们很早就已经提出。井上

① 井上赖国（1839—1914），江户时代末期至明治时代初期的国学者，江户人。

翁只不过是承认和支持了这个说法而已。《古事记》的朝臣太安万侣所献序言中，有文如下：

> 时有舍人，姓稗田，名阿礼，年二十八，人甚聪明，过目口能诵，拂耳勒于心。遂敕命阿礼诵记《帝皇日继》并《先代旧辞》。

虽然从这里无法举出阿礼不是男性的证据，但所幸稗田这一家名并不常见，因而现在可以安全地得知她是属于什么家系的女性。若对其说法的要点做一介绍，在《大和志料》所引《大倭社注进状》的背面附注中记有："斋部连首、中臣大岛连等，奉敕撰录稗田阿礼所诵《古事记》，即今《古事记》是也。阿礼，宇治土公庶流，天钿女命末裔，又奏天钿女命之子猿女命神乐，子孙之女等永奉神乐之职。"猿女君氏之人，讲述天岩户古事，以天钿女后裔的理由在朝廷奉侍之事，在记、纪当中也可以明确看到。而稗田阿礼同样为神灵之末，早在《弘仁私记》①的序的注中就已记载。在大和国，现在的添上郡平和村有大字稗田，

---

① 《弘仁私记》，即《日本书纪私记》甲本。《日本书纪私记》是平安时代将《日本书纪》讲解的讲义内容整理而成的书籍，有甲、乙、丙、丁四种，其中甲本也称《弘仁私记》。

以式内社比卖神社的所在地而引人注意。也就是说，很可能是一族当中分居在此地的人以稗田氏之名自称，为朝廷所招用。

二

前面所说的猿女君氏，是由于某个理由必须代代由女性继承的家族。本居翁[①]等人都曾经认为女神是否有子孙一事甚是可疑，但这是建立在继承必然从父母到子女基础上的议论，像伊势神宫侍奉神膳的御子良子自不待言，而像常陆鹿岛的物忌这样一生清净，不使神以外之人一见的情形，其相关神职也是相互继承，只出自特定的家族，由此传袭家族职业的例子直到现代还有，并没有只有男性才能世袭的理由。但是，随着时移世易，女系继承的习惯越来越稀少，猿女君家族开始致力于说明其中的特殊缘由。在《书纪》的《神代卷》中，有"敕命皇孙天钿女命，汝宜以所显之神名为姓氏，因赐以猿女君之号。由是猿女君等，男女皆称'君'者，其缘故在此"一段。所谓"所显之神"即猿田彦命。后世称传达降言，且在祭祀中充任媒介者为"显祀"，但在这个朝廷的旧话中，仅指担当迎接之责。

---

① 本居翁，江户时代国学者本居宣长（1730—1801）。

关于此事始末,《古事记》中有较为详细的记述:

> 诏天宇受卖命①曰,汝前所立猿田毗古大神,特显身于
> 汝,汝宜送之。又诏曰,其神之名,汝可得之。由是,其后
> 猨女君等得猨田毗古之男神名,此女称猨女君缘由……

其后还有猿田毗古大神在海中打鱼,被比良夫贝夹了手的故事,
以及天宇受卖命用带有挂绳的小刀将海参的嘴割开,责骂这个嘴是
不回答问话的嘴的故事。两个故事都是稍带传奇色彩的逸事。《古事
记》不仅说明了女性以猨女君之名出仕的由来,而且关于这个家族的
记述特别显眼、特别多。如果稗田阿礼也属于猨女君一族的事得到
证明,则想象这两个事实有某种共同的脉络,应该就不无道理了。

三

至今为止,学者怀疑女性是否具备这样的能力,是因为他们将
阿礼所诵的先代旧辞理解为与推古天皇时代厩户皇子等所编纂的

---

① 天宇受卖命,即猿女君氏始祖天钿女命。

《旧事本纪》①那样形式完备的书籍。确实，那样的长篇文章，若要囫囵暗记，则对女性来说应该特别困难。但从以下两个理由可知他们的推测是不对的：第一，现在的《古事记》文本中，看不到撰录既成著述的痕迹；第二，如果能够写出像《旧事本纪》那样形式完备的书籍，应该就没有必要找一个人来先记住它的内容了。

作为历史书籍的《古事记》的特色，是前后记述不平衡，时代越是新近，其简略越甚。在《日本纪》中内容最为充实的继体天皇以后的记录，在这里却完全没有保存。即使是朝廷的原因，导致出现《古事记》的编修已经完成而尚未笔录这样奇怪的程序，但只要记述这项工作是由稗田阿礼之口流传下来的，应该就不会出现这种前后不平衡的状态。也就是说，她所能背诵的，只能是以前就有的正确言传，并不是所谓《百八十部并公民等本记》②那样的内容。关于这一点，不仅《弘仁私记》的序文中已经有所误解，而且朝臣太安万侣所表达的，因为太想强调由来的庄重，反而与文本的实际情况不相吻合了。

《古事记》从其体裁和资料的选择来看，实际上有一些让人推测

---

① 《旧事本纪》，即《先代旧事本纪》，日本史书，神道神典，亦称《旧事纪》。共10卷，记天地开辟到推古天皇间事，作者不详。

② 《百八十部并公民等本记》，全称为《臣连伴造国造百八十部并公民等本记》，推古天皇时代圣德太子和苏我马子所编纂的历史书。

传诵者是一位聪慧女性的地方。例如，多有美丽的歌谣和故事，以歌谣和谚语的有趣由来故事为中心，常常记住一些公私琐事，促使政治推移的大事件反倒不时会被忽略，因而事迹多少有些不连贯，以及包含少许误解等，这些便是她背诵的并非被告知的内容的证据。换言之，《古事记》令人思考的是，它不是作为史实而是作为能够打动人心的故事，长久以来在有怀古之情的人们当中传承的理由。履仲天皇受到御弟墨江中王的攻击，在从难波的皇宫逃出来的途中，回头看到宫殿燃烧的模样时，咏歌如下：

> 站在波迩赋坂遥见火焰
> 燃烧家屋在妻家那边

记录这样一首非常优雅的恋歌，便是无论多么古老的书籍也有令人难以置信之处的一个例子，但这个误谬却又无限打动我们的怀古之心。

四

关于阿礼是舍人的记述，也曾经是反对她是女性的说法的一个理由。但这里的汉字只是借用而已，并不能作为论据，而且直到那个时代，还有只要是身份比较低的宫中官员，无论男女都称 toneri 的习惯，因此说阿礼是舍人并没有什么问题。但问题是，这样的女性舍人，是如何恰好在御所附近被召而供事于朝廷的呢？这同时也关系到猿女君这个家族的官方职位是什么的问题。如造酒司的刀自等，似乎曾经还有很多不同的世袭女官。猿女与其他众多在神事中奉仕的女官一起，担负着必须参加大尝祭等宫中盛大仪式的任务。关于这一点，直到后世仍然是必须严格遵守的惯例。仁治三年十一月的大尝祭中，第一次没有出现猿女而被作为史上罕有的违例遭到批判的记录，可资佐证。虽然最近大正年间的大尝祭上也无猿女，但元文三年再兴之际，特地指定山口中务少辅之女为猿女，此事在荷田氏①的《便蒙》中有所记载。

当然，作为其职位的由来，天岩屋户的著名神话从很久以前就一直被援用，由此转而解释在每年的镇魂祭中，猿女君都会奉侍的原因。根据我的想象，正是由于有这样重要的任务，所谓覆

---

① 荷田氏，指江户中期的国学者荷田在满（1706—1751）。所谓《便蒙》，指其在 1739 年根据此前受藩命所撰的《大尝会仪式具释》抄约本公开出版的《大尝会便蒙》。

槽之舞①的由来谈才会被反复讲述，因此，可能是由于有这样的故事，猿女君才被允许参加这种仪式。尽管如此，与这个家族流传下来的所谓旧辞的丰富程度相比，进入山城京时代以后，猿女出席奉侍的职位并不多。这恐怕与斋部氏的失意一样，意味着由于某种新的情况，这一家族渐渐衰落了。也就是说，他们最为繁荣的时代远在《古事记》之前。我们对这个原本廷臣对其言听计从、以女性为主人的家族的故事，还有很多需要了解的地方。考虑到《古事记》中最为精彩且重要的天孙降临一段，特别细致地叙述了天宇受卖命的功劳，因而对《古事记》的传承者是稗田阿礼这一事实，我无法认为是偶然性的。毋宁说，很可能因为她是猿女君氏的女性，所以才会以舍人的身份随侍左右。

但是，在远较《延喜式》更早的时代，猿女只不过是缝殿寮的一种属员。她们为什么被配属于缝殿，我还不能解释，但从这个寮的仪式可以看到，她们在镇魂仪式上身着绿袍绿裙，佩饰湖蓝色的衣带和绯色的帻帽参加仪式。但其人数只有四人，而且往往会有其他姓氏的人担当这一任务。她们无法一直保持古来的传统，安居于故

①　覆槽之舞，也根据读音写作"宇气槽之舞"，指镇魂祭上将一个盆状的中空道具覆在地上，女官站在上面以鉾冲击其底部十次的仪式。据传，此舞起源于猿女君始祖天钿女命为将隐在天岩户中的日神诱出，而在天岩屋户前所跳之舞。

乡之地，应该也确实是无可奈何之事。

五

稗田氏是猿女君的最为明显的证据，在《西宫记》①的"猿女由缝殿寮之解内侍上奏补之"条的注中，有"延喜二十年一月十四日，昨尚侍奏，缝殿寮请以稗田福贞子替稗田海子死缺……"的内容。不知道是侄女还是女儿，总之必须以同族女子补充缺员。其次，有"天历九年正月二十五日，右大臣奏，缝殿寮请给官符大和近江国氏人，以进猿女三人死缺之替"的记载。这就是推测她们的原居住地在大和北部稗田村的根据。都城搬到平安以后，大和的猿女境遇不佳，还给近江的同族带来了令人同情的混乱。她们原本所居之地应该是在离京都比较近的湖西区域，具体位置现在已经不明。但是，猨女的养田在今天的和迩村附近，以及越过律令制旧国境的山城小野乡。住在附近的小野臣和和迩部臣两个有势力的家族，逐渐巧设名目将养田兼并。与此同时，他们还从自己的族党当中上贡猿

---

① 《西宫记》，记录朝廷仪式等规矩的书，作者为西宫左大臣源高明（914—982），平安时代中期成书。

女。小野氏是小野妹子以来的名家，身为其氏人，位列朝贵者甚多。其族人耻于这种混淆，自诉其非的事件，可见于《类聚三代格》。曰："猨女之兴详于国史，其后未绝，今犹存焉。已有非其氏而供猨女者，于神事则乱先代，于氏族则秽后裔。积日经年，恐成旧习。望请有司严加捉拿，以断非氏之用也。然则祭礼无滥，家门得正。"这证明，在弘仁时代，与小野氏相比，天钿女的后裔地位似乎已经甚为低下了。

然而，小野与和迩部两家贪其人而利其田，不顾耻辱，施计上贡猨女，简言之即通过赘婿或娶妻，使外孙女继承巫女之职。朝廷也注意到这个弊端，尝试过重新以正统之家所出女性为限，但一时间应该也很难打破因习。斋部广成在《古语拾遗》中，很早就指责过其他姓氏之人继承天钿女命遗迹之事，个中情由恐怕也是一样。不是单纯排挤有当然资格者，非法占据其职务，而是通过婚姻的过程，不知何时便将血统和传统带到家族以外。像日本这样以为女儿觅得佳婿为荣的社会，如果一定要沿着女系计算世代，便不会执着于其他的家族构成方法，母亲的特权就自然附随于女儿身上，向外转移了。

因此，正如左中弁兼摄津守朝臣小野野主所担心的那样，积日经年便成旧习，小野氏成为神主之家，四散移居到各地。我在数年前研究猿丸太夫救助神灵这种旧传时，曾经论述过一种应该称为"猿女小野氏"的部曲，最初从近江出发，向东西远方之地移居，奉祀地方神祇而形成一个新的系统的神话的过程。神以蛇身为形，从人类中选定清洁美丽者为配偶的部分，不能说是这些神话独有，但神与蜈蚣相斗，向勇士寻求助力的情节，显然是从近江出发，被搬运到奥州的山间的。而参与其中的有猿丸太夫，有小野氏，还有如今某个神职的始祖。因此，可以推定这是与小野家相融合的猿女君后裔，故土已经不能容纳其人口，便走出家园，占领他乡。

六

相同的情形如熊野的榎本、铃木，以及越后的五十岚，并非没有其他相似的例子，但如小野氏的迁徙般久远且成系统，其源头如此容易寻得的，应该很罕见。今后恐怕只要经过很少的比较调查，就可以确定其一族开始移居的大概时代和状况。小野小町在各地留下了为数众多的塚和传说，关于其出身也有各种说法，但从中能够发现若干的共同点。这种情况确实是小野氏分散的有效证据，而她们从《古今集》撰述之时开始，似乎已经不被认为是寻常人家的妻女，而是以歌谣为生的一种漂泊女性。这一点仅从名字便可以想象。在武藏扎根的七党中的小野氏，应该也同样是来自近江的移民。虽然这一点尚未确定，但如下野的足利学校等各地互不相关的地方都传说小野篁来住过的原因，必然是相信并宣扬其家族曾经尊贵的人所言。另外，篁氏曾经往来于地狱的说法在京都流传，是相当古老的事。而与近江国的江州隔着湖水，在琵琶湖南岸的村落里，留存着几个关于小野氏的故事，这一点早就已经为人所熟知，而其中特别重要的是辘轳师及其祖神的故事。这个故事也绝非近世所为，因此至今仍然有人坚信小野宫的惟乔亲王之事，以身为其子孙从者为荣，这也确实有根据。事实上，为史家所承认的旧记、系谱之类，关于这位亲王的事迹和生殁，自古以来就有很多不同的说法。

小野相对于大野，可以算是更有古风的地形之名，不仅在京都四周，而且今天在远近各处还有叫这个名字的村庄和聚落。住在这些地方，家号被称作小野就是很自然的事。我也承认应该存在很多互不相关的独立的小野氏，但是，我们相信小野氏的广泛分布是这个家族移居的结果的理由，并不是基于前代各个家族之间有非常大的生活能力差距，其中大多很早就埋没灭绝，只有少数适应环境，掌握繁殖之术的家族能够没有限制地分蘖这样一种空洞的新理论。我的方法是枯燥劳累的归纳法，将实际上在各地的小野氏的主要家族，长久以信仰之力统括着一乡一地的事实，以及古来的大社大寺中小野氏居世袭管理者之位特别多的事实搜集起来，再加上这些家族珍而重之地保存的故事，在互不相接的地方常常呈现出显著的类似现象。相信这个推论基本上可以拿出来介绍给别人。如果有反对意见的话，早晚必定会有人说出来。在反对的证据还没有出现之前，先假设就是如此。

这样想来便会发现，日本从非常久远以前流传下来的故事，名字和外形或有更改，但其骨干长久保留下来的特别多。神子降临便是其中非常重要的一例，与此相伴的国神归顺故事，由异类通婚而诞生灵异的半神半人，在一乡永久指导其文化、保障其安宁之类，作为上代朝廷语部①的子孙，只要没有失去与风土和民情相调和的能力，便只能这样歌之舞之，别无其他选择。那些见惯外国古神话每每破碎残缺的杂乱集合，沉迷于输入既有学说的人当中，由于日本的民间文艺可能实在过于古今一贯，有人会误将之视作最近的拟作亦未可知。但如果不是生长在这样的国家，要探寻人性的自然变化，尤其是人类对不可知之物的感觉的细微成长，便无法做到了。对这些丰富资料的保管者兼养育者之一——猿女君氏中的优秀之

---

① 语部，在大和朝廷中负责讲诵旧辞、传说的部民，主要职责为通过口诵、记忆传承历史和神话。

人，人们直到如今仍然在讨论其是男是女。日本史学的繁荣也可以算是没有底气了。

但幸运的是，除了单纯的名称以外，还有各种保存在传统的记录之外的资料，让我们将来能够思考这个生命力旺盛的大氏族，在世事变化中不得不衰落并终于湮没的原因。例如，木器师小椋氏的小野神信仰，通过他们的巧智、明辨与对自身由来的强烈自豪，以及惯于行旅的癖性，成为猿女君血统尚未稀薄的最好证明。同时可以窥见，在勺子被世人当作最为普通之物的时代之前，他们仍然保留着勺子舞招请神祇的古风动作，并以为别人也会如同自己陶醉于其中乐趣一般，被个中兴味吸引。这种主观的弱点，会不会正如它终于让木器师变成山中逸民一样，也妨碍了过去的猿女永久独占帝都伎艺界呢？

继承猿女血统的小野一族的迁徙，似乎也如同上古的宇治土公①氏离开伊势，迁到大和近江一样，一代又一代宿命性地反复发生。这些一层一层、一点一点变化的时代色彩，也许现在还很难以一个纵断面清楚显现，但有希望在不久的将来，靠我们的能力指出

---

① 宇治土公，发祥于伊势国度会郡宇治乡，以猿田彦神子孙宇治土公大田命为始祖的猿田彦神社宫司家。

它的先后和系统。例如，"猿女"这样一个氏的由来，虽然以所谓"所显之神名"表面上解释了，但被称为"猿"必须有一个根本的理由。正如《古史传》①中指出的那样，以模仿过去猿田彦神奇怪而罕见的遭遇为名，其后又有女神留在世间的招请神祇的动作，也与天岩屋户前的舞一样滑稽而粗俗，因此将这样出奇的名字赋予了彦神和女神双方。虽然后世出现了各种合理化的解释，但表示滑稽的"猿乐"一词的起源，很难有另一种解释，而这可能也是她们从严肃的仪式场合逐渐被疏远和排除的原因。

这样的旧习惯，小野一族的移居者在多大程度上保存下来，又是什么时候带向哪个方面的，曾经是我所感兴趣的问题。在近江山间一隅，与山城国交界之处的所谓都之巽方，至今仍有一处传为猿丸太夫遗迹的地方。虽然"猿丸"只是将猿猴拟作人称呼时的叫法，但将其当作神祭祀或是作为家族祖先的例子在很多地方都有。其中，加贺金泽附近笠舞的猿丸神社，就有猿丸被召回都中而欢快起舞的故事，并称由于模样太难看而用斗笠遮住颜面，隐约让人窥见当初的模样。在能登半岛尖端祭祀的三崎权现的高座和金分两社的

---

① 《古史传》，江户时代后期的史论书，平田笃胤（1776—1843）著，1925年成书。

神主并非小野氏，而是猿芽①氏，这恐怕也是因为与此系统相同。

野州二荒山神社的旧祠官虽是小野氏，却是猿丸太夫的子孙。这座神社的大祭的特色之一，是有牵着猴子加入队列的旧例。近江国的耍猴人会出席，担当这一神事中的任务。近江国和耍猴者关系深远，小山氏是纪州贵志的耍猴者本家，其家纹与下野的小山同样是二巴纹。而下野的小山氏，是将帮助龙神击退蜈蚣的猿丸太夫的故事从近江带来的田原一族，如此一来，就更觉得家纹相同不是偶然的结果了，这也是猿女君进入当地的一个侧面。此前人们跳猿舞，后来取而代之的则是加入耍猴的伎艺，可见还有一派是逐渐朝这个方向转变的。

八

但是，人扮成猿猴舞蹈的例子，包括壬生的念佛狂言在内，今天也还保留着一些，例如，靷猿②之类模仿猴戏的舞蹈。考虑到其中有很多是宗教仪式，即使不知道教导猴子在厩前戏耍的习惯是从什么时候进入日本的，但反过来推测由猴戏转而成为人扮演猿猴舞蹈，也

---

① 猿芽，发音为 sarume，与"猿女"相同。
② 靷猿，狂言的节目之一。大意是某大名为了取皮做箭囊，命令耍猴人交出猴子，但最后被可爱的猴子打动而打消了念头。

是不可能成立的。日向饭隈山的新熊野三社权现中，有称作猿神乐的古老仪式。据说，在往昔山上的树木尚繁茂的时代，祭礼当日会有白猿从山上下来，踏着神乐的节奏舞蹈，反过来证明了如果不是人类，便不可能表演这样的灵异。也就是说，应该视为这是以歌舞的形式传颂在遥远的天孙降临槵触峰的神代，名为猿田的地祇出迎天孙的故事。猿田和猿女两尊神灵参加祭礼，表演滑稽的动作，今天仍然娱乐村中众人之心的例子非常多。由于它在某些地方与官方的仪礼有不一致之处，有一些学者视之为退化和讹误而深感厌恶，但顺应时代改革古意的需要，反倒在作为文化中轴的朝廷更为多见。因此除非加以细致的比较研究，否则应该不能轻易地断定民间的事物是比较新的。

如果要举例说明的话，像肥后国的木叶猿，至今仍然由于某种信仰，珍而重之地保留着丑怪的形态，又或是如东京附近足立郡三木的山王社的社殿上，安置着极为露骨的母猿的像，偷偷祈愿者甚多。如果将其视作后世的新主意则实在是不成体统，但如果因为这是太初以来的久远习惯，至今仍然无法从其因缘中脱离出来的话，则对希望了解固有宗教的褴褛形态的人而言，没有比这更为有力的资料了。因此，完全不探究其原因便为之蹙眉的做法，至少不是做学问者应有的态度。近世在大和的桧隈墓附近发掘的，在考古学家中争论不断、扰攘许久的男女四尊石人，给当地居民看时，发现仍是猿石或山王权现。这些石像难看而猥琐的模样，与木叶猿和三木的猿神无异，但由于它们甚是古老，故而有这是照钿女命招请日神的动作的说法。为了招请墓中魂灵而雕刻的说法，《古事记传》①也大体上对此表示认同。简言之，由于猿女氏的舞蹈中有很多所谓袒露胸乳、解开裙带露出阴部、神灵附体之类的动作，故而从朝廷的正式仪式中逐渐被排挤到农人百姓所住之处，应该就是它一方面大大衰落，另一方面其故事又在遥远的乡间长久而广泛流传的原因。

九

最后，还有一个我认为非常重要的问题，这就是稗田舍人阿礼的名字。"阿礼"进入平安朝以后，几乎仅限在上下贺茂神社中通常称 areotome 也就是斋院的王女时使用。因为词语的意义是"有"或"在"的行为，亦即应该是出现或显现之意。被神灵附体的女性都用这样一个词称呼，是理所当然的。但是，贺茂有天神御子借人类少女之胎的神话，因此自古以来就有御生野（miareno）的神事。所谓 miare 解释为"诞生"，应该是没有问题的。这无疑也是神灵出现的

---

① 《古事记传》，本居宣长就《古事记》全文所作的注释书，共44卷。

重要一例。以女性作为代代奉侍者的日本神道，同样的说法在其他地方还有很多，形式更有多种变化。仅仅在所谓神灵降临，借其神力以讲道的情况下，我们的祖先应该也会认为这位女性身上发生了miare。若非如此，则无法解释某宫某树的传说为何在各地有很多。而在九州常常会遇到的俊宽①僧都传说，实际上应该是更胜于某王传说的往来于京都的痕迹。这些都暗示着"阿礼"这一词的广泛用法，曾经长久地存在于京城。在奥州及其僻陬之处，至今仍然称神灵附体之人为arisama。即使是身份极为低微的行游妇人，只要被认为是miare，她所说的话也会被信奉。虽然一个稗田氏的阿礼所传诵的事迹非常有限，但无数人所传诵的"古事记"长久以来活在平民之中，发挥着作用。在朝廷很早以前就已经衰微的艺术，民间却在不断耕耘着广袤的沃土，终于让我们看到今天繁花盛放的景象，主要也是因为那些被埋没的猿女君氏的力量。正如众多新女性自己所认为的那样，女性与这个国家过去的文化并非全无关系。

（昭和二年十二月 《早稻田文学》）

---

① 俊宽，平安时代末期真言宗僧人，因被发觉在鹿谷与藤原成亲等密谋讨伐平清盛而被流放，殁于鬼界岛。

附录一 日本历史时代及分期[①]

历史时代			起始年代
原始	旧石器时代		数十万年前—1 万年前
	绳纹时代		1 万年前—公元前 3 世纪
	弥生时代		公元前 3 世纪—3 世纪
古代	古坟时代		3 世纪后半叶—6 世纪末
	飞鸟时代		6 世纪末—710 年
	奈良时代		710—794 年
	平安时代		794—1192 年
中世	镰仓时代		1192—1336 年
	室町时代	南北朝时期	1336—1467 年
		战国时期	1467—1573 年

① 王京制表。明治时代以前不包括北海道及冲绳地区。

历史时代			起始年代
近世	安土桃山时代		1573—1603 年
	江户时代		1603—1868 年
近代	明治时代		1868—1912 年
	大正时代		1912—1926 年
现代	昭和时代	昭和前期	1926—1945 年
		昭和后期	1945—1989 年
	平成时代		1989—2019 年
	令和时代		2019 年至今

附录二 日本古国名及其略称与都道府县对应表①

五畿七道②	令制国名		略称		都道府县	大区名称
东山道	陆奥	陆奥	奥州、陆州		青森县	东北地区
					岩手县（秋田县）	
		陆中				
		陆前			宫城县	
		磐城	磐州		福岛县	
		岩代	岩州			
	出羽	羽后	羽州		秋田县	
		羽前			山形县	
	下野		野州		栃木县	关东地区
	上野		上州		群马县	

① 王京制表。

② 五畿七道按 701 年《大宝令》，国名按 927 年《延喜式》，陆奥、出羽分割为 1868 年。

続表

五畿 七道	令制国名	略称	都道府县	大区 名称
东山道	信浓	信州	长野县	中部 地区
	飞骡	飞州	岐阜县	
	美浓	浓州		
	近江	江州、近州	滋贺县(关西地区)	
北陆道	越后	越州	新潟县	
	佐渡	佐州、渡州		
	越中	越州	富山县	
	能登	能州	石川县	
	加贺	加州		
	越前	越州	福井县	
	若狭	若州		
东海道	安房	房州、安州	千叶县	关东 地区
	上总	总州		
	下总		茨城县	
	常陆	常州		
	武藏	武州	埼玉县	
			东京都	
	相模	相州	神奈川县	
	伊豆	豆州	静冈县 （东京都）	中部 地区
	骏河	骏州		
	远江	远州		
	甲斐	甲州	山梨县	
	三河	三州、参州	爱知县	
	尾张	尾州		

366　女性的力量

五畿 七道	令制国名	略称	都道府县	大区 名称
东海道	伊贺	伊州	三重县	关西 地区
	伊势	势州		
	志摩	志州		
南海道	纪伊	纪州	和歌山县	
	淡路	淡州	兵库县	
	阿波	阿州	德岛县	四国 地区
	土佐	土州	高知县	
	伊予	予州	爱媛县	
	赞岐	赞州	香川县	
畿内	大和	和州	奈良县	关西 地区
	山城	山州、城州、雍州	京都府	
	河内	河州	大阪府	
	和泉	泉州		
	摄津	摄州		
山阴道	但马	但州	兵库县	
	丹波	丹州	京都府	
	丹后			
	因幡	因州	鸟取县	中国 地区
	伯耆	伯州		
	隐岐	隐州	岛根县	
	出云	云州		
	石见	石州		

五畿七道	令制国名	略称	都道府县	大区名称
山阳道	播磨	播州	兵库县(关西地区)	中国地区
	美作	作州	冈山县	
	备前	备州		
	备中			
	备后		广岛县	
	安芸	芸州		
	周防	防州、周州	山口县	
	长门	长州		
西海道	筑前	筑州	福冈县	九州地区
	筑后			
	丰前	丰州	大分县	
	丰后			
	肥前	肥州	佐贺县	
	壹岐	壹州	长崎县	
	对马	对州		
	肥后	肥州	熊本县	
	日向	日州、向州	宫崎县	
	大隅	隅州	鹿儿岛县	
	萨摩	萨州		

图书在版编目（CIP）数据

女性的力量／（日）柳田国男著；彭伟文译. —北京：
北京师范大学出版社，2020.9
（柳田国男文集）
ISBN 978-7-303-25937-3

Ⅰ. ①女… Ⅱ. ①柳… ②彭… Ⅲ. ①女性心理学
Ⅳ. ①B844.5

中国版本图书馆 CIP 数据核字（2020）第 105738 号

营 销 中 心 电 话	010-58805385
北京师范大学出版社	http://xueda. bnup. com
主题出版与重大项目策划部	

NVXING DE LILIANG

出版发行：北京师范大学出版社　www.bnup.com
　　　　　北京市西城区新街口外大街 12-3 号
　　　　　邮政编码：100088
印　　刷：北京盛通印刷股份有限公司
经　　销：全国新华书店
开　　本：890 mm×1240 mm　1/32
印　　张：12
字　　数：232 千字
版　　次：2020 年 9 月第 1 版
印　　次：2020 年 9 月第 1 次印刷
定　　价：69.00 元

策划编辑：宋旭景	责任编辑：周　鹏
美术编辑：王齐云	装帧设计：王齐云
责任校对：包冀萌	责任印制：陈　涛